AF523999

KATE YOUNG

EXPERIENCED

DIE LIEBE BIETET UNBEGRENZTE MÖGLICHKEITEN

Aus dem Englischen
von Christiane Sipeer

ROMAN

HarperCollins

Die Originalausgabe erschien 2024 unter dem Titel
Experienced bei 4th Estate, an imprint of HarperCollins*Publishers*, London.

1. Auflage 2024

Deutsche Erstausgabe

Gesetzt aus der PT Serif
von GGP Media GmbH, Pößneck
Druck und Bindung von GGP Media GmbH, Pößneck
Printed in Germany
ISBN 978-3-365-00553-8
www.harpercollins.de

Für die Girls, die neben mir
auf dem Sofa Nudeln essen

KAPITEL 1

Die Pause

Das Gespräch begann in Meis Bett, was sehr gut passte. An dem heißen Sommermorgen Mitte Juli fiel das Licht klischeehaft durch die dünnen Vorhänge und wärmte Bettes Haut. Es hatte etwas unleugbar Luxuriöses, im Sommer so zusammen im Bett zu liegen, am Abend zuvor hatten sie stundenlang Zeit gehabt, das letzte Tageslicht auszukosten und den goldenen Schimmer auf der Haut der anderen zu bewundern.

Normalerweise hasste Bette Schwitzen, hasste den Sommer. Wenn es heiß war, fühlte sich ihr Körper so dick an, als würde sie zu viel Platz beanspruchen, prall und warm wie ein aufgehender Teig. Aber es war was anderes – etwas völlig anderes –, mit Mei hier zu liegen, erhitzt und warm in ihrer Leinenbettwäsche, also sah sie gern darüber hinweg.

Irgendwann demnächst wollte Bette sich mit ein paar Freund*innen im Park treffen und die Sonne genießen, solange sie da war. Aber als Mei und sie um acht aufgewacht waren, schien der Nachmittag noch eine herrliche Ewigkeit entfernt. Sie hatten keine Eile. Mei verschwand, um Tee zu machen, und Bette … Bette *vermisste* sie. Sie war höchstens zehn Minuten weg, nur nebenan. Bette hatte gehört, wie sie das Radio einschaltete und Wasser aufsetzte. Dennoch vermisste sie sie. Also stand Bette auf, ohne darüber nachzudenken, wie lächerlich das war, wie schnell sie wieder zurück gewesen wäre, und folgte ihr.

Mei stand an der Spüle, schaute aus dem Fenster, hatte den Kopf schief gelegt und drückte sich die Finger im Nacken gegen die Wirbelsäule, die nach einer Woche im Atelier immer verspannt war. Ihr Morgenmantel war auf einer Seite von der Schulter gerutscht, und sie summte mit der Radiomusik mit, die Bette nur als »irgendwas Klassisches« identifizieren konnte. Bette trat dicht hinter Mei und presste ihr die Lippen in den Nacken, wo gerade noch ihre Hand gewesen war. Mei summte weiter, neigte den Kopf, griff nach hinten und schob Bette die Finger ins Haar, brachte sie dazu, an ihrem Ohrläppchen zu knabbern und die Lippen zu ihrem Kiefergelenk wandern zu lassen. Bette zerrte am Knoten von Meis Mantel, drehte sie um und hob sie auf die Küchenanrichte, direkt neben die Kanne mit dem ziehenden Tee. Mei zog eine Augenbraue hoch und ließ den Blick über Bettes Körper schweifen. Sie stand nackt in Meis Küche, als würde sie das ständig so machen, als sei es nicht die jüngste in einer langen Liste von Premieren. Als sei Mei sich nicht völlig im Klaren darüber, wie absolut neu das alles war.

Bette glaubte, ein Zögern bei Mei wahrzunehmen – wahrscheinlich lag es an der heißen Kanne direkt neben ihnen oder der offenen Jalousie in der Küche oder daran, dass Bette so offensichtliches und peinliches Verlangen nach ihr empfand, dass sie nicht einmal zehn Minuten auf den Tee warten konnte – aber einen Augenblick später war sie sich sicher, es sich nur eingebildet zu haben. Denn Mei schlang die Beine um sie, küsste sie, weich und offen, zog sie an sich und hüllte sie beide in Seide. Irgendwann schafften sie es zurück ins Bett, ließen den viel zu starken Tee stehen. Schließlich war es wichtiger, viel wichtiger als Tee, in Meis volle Lippen zu beißen, sich auf die zarte Haut über ihrem Hüftknochen zu konzentrieren, sie zurück aufs Laken zu drücken.

In den nächsten Stunden verlor Bette aus den Augen, auf wie viele Arten sie zusammenpassten. Erst, als ihr Puls sich wieder normalisierte und sie mit der ganzen Welt im Reinen war, sprach Mei es ganz beiläufig an. Als sei es die logische Fortsetzung einer Unterhaltung, die sie bereits geführt hatten.

»Ich finde es toll, dass du das hier so toll findest«, hauchte Mei, ihre Stimme klang immer noch weich und intim, und sie legte unter der Decke die Hand an Bettes Hüfte. »Dass es dir so gut gefällt. Macht mich echt traurig, dass du das all die Jahre nicht hattest. Dass du so viele Erfahrungen verpasst hast.«

Ihre Worte hatten ein solches Gewicht, viel zu schwerwiegend für einen Samstagmorgen, dass Bette die Erschütterung spürte, als sie zwischen ihnen auf dem Bett aufschlugen.

»Du ... du findest, ich sollte mehr Erfahrung haben?« Bettes Stimme hatte einen seltsamen, langsamen Ton angenommen, sie konnte das sich einschleichende Grauen nicht verbergen. Der unbändige Stolz, mit dem sie ihre sexuellen Fähigkeiten noch vor wenigen Minuten erfüllt hatten, als sie Meis in das Laken gekrallte Hand gesehen hatte, ihren komplett angespannten Körper, verflog.

»Nein, nein.« Mei lachte, beruhigte sie sofort. »Mehr Erfahrung*en*. Plural«, betonte sie. »Ich meine, ich ... ich glaube, ich hätte dich einfach lieber erst kennengelernt, nachdem du mehr Zeit hattest, diese Seite an dir zu entdecken.«

Bette nickte, tat entspannt, verständnisvoll und locker, aber ihr Mund öffnete sich wie von selbst. »Okay, aber das klingt trotzdem ein bisschen, als sollte ich deiner Meinung nach besser sein.«

»Hör auf! Du weißt genau, dass das Blödsinn ist. Jetzt versuchst du nur, mir Komplimente zu entlocken. Na gut, dann hör mir jetzt mal genau zu. Du bist großartig. Fantastisch, überwältigend großartig.« Mei beugte sich vor und küsste sie ermutigend, bevor sie fortfuhr. »Aber ich meinte damit alles, nicht nur den Sex. Ich date seit Ewigkeiten Frauen. Ich weiß, was ich will. Und ich will, dass du auch die Gelegenheit dazu hattest.«

»Aber ich …«, setzte Bette an, doch Mei legte ihr die warme Hand über die immer noch geschwollenen Lippen und das Kinn, beugte sich vor und saugte an ihrem Schlüsselbein. Leider Gottes hatte sie herausgefunden, wo genau sie Bette küssen musste, damit sie den Mund hielt. Es war fürchterlich (unglaublich), dass jemand sie so gut kannte. Bette wartete darauf, dass sie weitersprach.

»Das mit uns ist toll. Wirklich toll, und so easy. Das geht bei mir sonst nie so schnell.« Obwohl Mei zu oft blinzelte, merkwürdig nervös, und obwohl Bettes Eingeweide sich immer noch vor Angst zusammenzogen, konnte sie sich des befriedigten Gefühls nicht erwehren, sie die Wahrheit aussprechen zu hören. Dass es für Mei genauso ungewöhnlich war. Bette war so was noch nie passiert. »Aber – weißt du – ich muss einfach die ganze Zeit daran denken, dass du irgendwann später bereust, dass du dir nach deinem Coming-out nicht mehr Zeit genommen hast, zu daten, mit anderen zu schlafen. Ich will dir diese Möglichkeit nicht nehmen. Ich will nicht, dass du mir das irgendwann vorwirfst. Dass du es bereust, dich an die erste Frau gebunden zu haben, mit der du geschlafen hast. Verstehst du?«

Bette schwieg. Nein, beschloss sie. Sie verstand es nicht. Vor drei Minuten hatte ihre größte Sorge noch darin bestanden, ob sie es noch einmal treiben könnten, bevor Mei in ihr Atelier ging. Wie hatte alles in ein paar Minuten so aus dem Ruder laufen können? Meinte Mei das ernst, sie könnte das hier bereuen? *Sie* bereuen? Das war das genaue Gegenteil von dem, was Bette die ganze Zeit dachte. Sollte sie ihr sagen, dass sie sich vorgestellt hatte, wie sie Weihnachten gemeinsam Meis Familie besuchten? Dass Mei ihre Schwester in Tokio erwähnt hatte und Bette seitdem mehr als einmal nach Flügen geschaut hatte? Dass sie sich letzte Woche gefragt hatte, wie es wäre, wenn sie ein Baby hätten? Wenngleich Mei sie immer wieder angespornt hatte, ihre Gefühle offener zu teilen und mehr von sich selbst preiszugeben, als sie gewohnt war, kam ihr das dann doch überstürzt vor. Es waren ja erst ein paar Monate. Also drückte sie es auf andere Weise aus.

»Ich meine es ernst, genau wie ich es vom ersten Tag an gesagt habe. Ich bin aus Überzeugung monogam. Ich muss mich nicht durch die Dating-Wildnis schlagen und so viele Frauen vögeln wie möglich. Ich will dich. Ich will das hier.« Bette lag auf dem Rücken, die Augen zur Decke gerichtet, und suchte nach den richtigen Worten, um es auf den Punkt zu bringen, um Mei zu sagen, wie viel ihr das alles bedeutete. »Ja, du bist die erste Frau, mit der ich geschlafen habe. Aber ich kann mir trotzdem nicht vorstellen, dass es sich mit irgendjemand anderem so gut – so richtig, meine ich – anfühlen könnte.«

Bette drehte den Kopf und stellte fest, dass Mei sie mit dem Kopf auf dem Kissen ansah. Ihr gerader Pony war zu kurz (am Dienstag war sie stinksauer gewesen, nachdem sie ihn hatte schneiden lassen), das dunkle Haar stand ab, weil sie vorhin daran gezogen hatte. Ihr Augen-Make-up vom Abend zuvor war verschmiert, die ehemals perfekt geschwungenen Wings blätterten ab und hatten sich auf ihren Wangen und am unteren Wimpernkranz abgesetzt. Bette sah den deutlichen Knutschfleck an ihrer Brust, direkt unter dem hervortretenden Schlüsselbein. Sobald sie es entdeckte, würde Mei genervt tun. Es war unerträglich intim, Mei sah unfassbar umwerfend aus, und Bette konnte nicht glauben, dass sie ihr immer noch nicht gesagt hatte, dass sie sich in sie verliebt hatte. Konnte nicht glauben, dass sie es sich verkniffen hatte. Sie wollte es aussprechen, wollte es ihr sagen, aber etwas an dieser Unterhaltung machte es unmöglich. Es war nicht der richtige Zeitpunkt.

Stattdessen drehte Bette sich ganz auf die Seite, schlang Mei den Arm um die Taille und strich ihr mit den Fingern übers Rückgrat. Sie schob das Knie zwischen Meis Beine, verschränkte ihre Körper unter der dünnen Sommerdecke. Mei lächelte ihr richtiges Lächeln, bei dem sie ihrer Meinung nach zu viele Zähne zeigte, und Bette küsste sie auf den offenen Mund. Es war ungeschickt und unbeholfen, und Bette erschauerte. Sie kicherten beide hilflos. Mei zog Bette fester an sich und legte ihr die Hand unten an den Rücken.

»Das verstehe ich. Wirklich. Ich will dir nicht erklären, was du fühlst. Ich denke einfach darüber nach, weißt du? Über uns, meine ich, über die Zukunft.« Mei sprach in einem lockerleichten Ton, der sich erzwungen anfühlte. »Unsere Zukunft.«

»Ah ja.«

»Aber ... Ich finde einfach, wenn es einen richtigen Augenblick dafür gibt, dann jetzt. Also, du weißt schon, um eine kleine Pause einzulegen.«

»Eine Pause?« In Bettes Hirn setzte ein schwaches Läuten ein, ein verspätetes Warnzeichen einer nahenden Katastrophe – die Glocke auf der *Titanic*, die erst erklang, als es längst kein Zurück mehr gab.

»Natürlich nicht für immer, keine Trennung. Nur eine Pause. Damit du Zeit hast, zu erleben, wie es ist, geoutet zu sein. Gay zu sein. Spaß zu haben, bevor du dich festlegst. Bevor *wir* uns festlegen.«

Bette ging mit pochendem Herzen den Morgen noch einmal durch, versuchte die Bruchstücke wieder zusammenzusetzen, aber es gelang ihr einfach nicht. Sie zog das Bein zwischen Meis Knien hervor und rutschte unter der Decke rückwärts. Ihr wurde bewusst, dass sie vergessen hatte, wo ihre Klamotten gelandet waren. Deshalb sollte man die Nacht nicht nackt miteinander verbringen. Sie war verletzlich. Entblößt.

»Du willst, dass wir uns nicht mehr sehen? Damit ich mit anderen Frauen schlafen kann?«

Das kam ihr irrsinnig vor. Lächerlich. Bestimmt hatte sie was falsch verstanden.

»Ja. Mit ihnen schlafen. Ein bisschen daten, wenn du willst. Die Zeit haben, die ich hatte. Damit du das alles erkunden kannst, weißt du? Aber ja.«

Die Stille zwischen ihnen dehnte sich immer weiter aus, bis Bette klar wurde, dass Mei auf eine Reaktion wartete. Sie ergriff den erstbesten Gedanken und bereute es beinahe sofort.

»Wäre ... ich weiß nicht. Wäre eine offene Beziehung da nicht die bessere Lösung?«

»Ich will eigentlich keine offene Beziehung.« Meis Stimme klang so ruhig, beschwichtigend und bestimmt, dass Bette eine Welle des Zorns in sich aufsteigen spürte. Sie hatte genug Zeit gehabt, sich eine Antwort auf alle möglichen Einwände einfallen zu lassen, die Bette vorbringen konnte. Ihrem Tonfall nach war das hier ein vollkommen alltägliches Gespräch, eine Unterhaltung, die absolut dazu passte, dass sie in diesem Bett gerade noch Sex gehabt hatten. Als hätte sie bereits festgelegt, dass es keine große Sache werden würde, als hätte Bette keinerlei Mitspracherecht bei dieser Entscheidung. »Außerdem hast du doch gerade gesagt, dass du auch monogam bist. Ich glaube, dann würde alles einfach so bleiben, wie es ist.«

Dass alles so blieb, wie es war, war genau das, was Bette wollte. Ihr wurde schlecht. Und was noch schlimmer war, ihre Klamotten, da war sie sich nun sicher, lagen im Wohnzimmer. Alle. Sie musste nach dieser Unterhaltung nackt hier rauslaufen.

»Also findest du, wir sollten uns lieber trennen.«

»Doch nicht für immer!« Mei schien Bette eine Schwimmweste zuzuwerfen, während sie langsam abtrieb. »Nur ein

Weilchen. Und dann, nach drei Monaten …« Bette riss die Augenbrauen hoch, und Mei geriet zum ersten Mal ins Stocken. »Oder, na ja, was weiß ich … Ich fand einfach, drei Monate wären gut, dann könnten wir ein paar Wochen vor Erins und Niamhs Hochzeit wieder zusammenkommen? Jedenfalls, nach drei Monaten können wir es richtig ernsthaft angehen. Aber du sollst vorher rausfinden können, was du willst.«

»Ich will *das hier*«, beharrte Bette. Mei hatte sich das alles gut überlegt, erkannte sie nun. Der Plan war so detailliert, so schrecklich durchdacht. Und so haarsträubend bescheuert. Aber dann dachte sie an Ryan, wie sie mit ihm Schluss gemacht hatte, als sie an einem verregneten Sonntagnachmittag auf dem Sofa saßen. Dachte daran, wie er so erbittert um sie gekämpft hatte, dass ihr Mitgefühl sich in Mitleid verwandelt hatte. Verzweiflung war nicht gerade attraktiv. Eher demütigend mit anzusehen. Sie holte angestrengt Luft und merkte, dass sie den Tränen gefährlich nahe war.

»Ich weiß, dass du das glaubst. Und ich will auch nicht abstreiten, wie wunderbar alles ist«, sagte Mei voller sanfter Aufrichtigkeit. »Aber vielleicht fühlt es sich mit jemand anderem auch großartig an. Du hast ja keinen Vergleich. Und ich will, dass du dir ganz sicher bist.«

Dagegen konnte sie nichts sagen. Aber es schien so unfair. Bestand nicht bei jeder Beziehung ein gewisses Risiko? Es war doch immer so, dass man voller Hoffnung und Risiko gemeinsam von einer Klippe sprang, ohne zu wissen, wo man landen würde.

»Aber … Mei … ich … ich liebe dich.« Bette hasste die Verzweiflung in ihrer Stimme, eine störrische Träne entschlüpfte ihr zusammen mit ihren Worten. Was für eine Qual, es auf diese Art zu sagen.

»Ach, Bette.« Meis Augen schimmerten feucht, und sie streckte die Hand nach ihrer aus. Bette klammerte sich daran fest, als könnte sie sich so vor dem Ertrinken retten. »Ich verliebe mich doch auch in dich. Genau deshalb glaube ich ja, dass wir das tun müssen.«

Vielleicht ergab doch alles auf schreckliche Weise Sinn. *Woher* sollte Bette das wissen? Plötzlich fühlte sie eine Last, als würde ihre Unerfahrenheit sie niederdrücken wie eine zu schwere Reisetasche. Vielleicht hatte Mei recht damit, sie davon befreien zu wollen. Vielleicht würde dann alles besser werden. Leichter. Weniger vorbelastet.

Sie holte tief Luft und ließ Meis Hand los, spürte ihre Abwesenheit wie körperlichen Schmerz. »Na dann. Also eine Pause. Gut. Wenn das … ich meine, wenn wir das machen wollen … kann ich dann einfach … Würdest du dich bitte umdrehen? Ich muss meine Sachen holen.«

Und statt ihr zu sagen, sie solle nicht albern sein, statt zu lachen und sie quer übers Bett an sich zu ziehen, nickte Mei und hielt sich die Hand vor die Augen.

KAPITEL 2

Samstag, 16. Juli
Noch 91 Tage

Bette rannte. Dabei hasste sie Rennen. Aber ihr Weg von Mei zum Park führte an dem Pub vorbei, in dem sie ihr erstes Date gehabt hatten. Deshalb verspätete sich Bette. Sie hatte ihrer Mitbewohnerin Ash versprochen, sie würde sich nicht ablenken lassen, sie würde zur Semesterabschlussfeier kommen und sei nicht die Art Mensch geworden, die jemanden kennenlernt und sofort ihre Freund*innen sitzen lässt. Wobei sie am Ende lieber so ein Mensch wäre als der hier: der zu spät kam, weil er eine Ewigkeit lang in der Öffentlichkeit wegen einer Nicht-Trennung geheult hatte.

So sah es nämlich aus. Der ganze Morgen mit Mei lief letztlich auf diesen einen springenden Punkt hinaus: Es war keine Trennung.

Natürlich fühlte es sich trotzdem so an. Als würde Mei sich eine Weile irgendwo aufhalten, wo sie weder technologisch noch physisch erreichbar war, als würde sie eine Installation am Südpol errichten. Nur dass sie in Wirklichkeit in Bristol blieb und sie oft zusammenarbeiteten, also würden sie sich unter Garantie in der Zwischenzeit über den Weg laufen.

Das würde die Hölle werden.

Idealerweise, überlegte Bette, sollte sie einfach nach Hause gehen, sich im Bett verkriechen und erst wieder aufstehen, wenn die angeordneten drei Monate vorüber waren.

Aber Ashs zahlreiche Nachrichten machten deutlich, dass ihr so ein Samstag nicht vergönnt war. Nein, sie kam zu spät in den Park. Außerdem sollte sie Chips und Dip mitbringen, die sie nicht hatte, und wenn sie jetzt noch einkaufen ging, würde sie sich noch weiter verspäten. Bette hatte dem Plan vor Tagen zugestimmt, als sie sich noch hatte vorstellen können, dass Mei sich zu ihnen gesellte, sobald sie im Atelier fertig war. Sie hatte sich vorgestellt, wie sie zusammen auf einer Picknickdecke lagen, wie sie dösend den Kopf auf Meis Bauch legte. Sie hätten ausgesehen wie eine Werbung für Dosen-Gin-Tonic.

Aber so würde es nun ganz und gar nicht laufen. Ash war schon da, Anton und Carmen auch. Sie würden alle annehmen, dass sie so spät kam, weil sie noch mit Mei im Bett gewesen war, was streng genommen auch stimmte, und mit der Diskrepanz zwischen ihrer Vorstellung und der Realität der Situation konnte sie nicht so recht umgehen. Schrecklicher Gedanke, es ihnen erklären zu müssen.

Sie würden es nicht verstehen. Sie verstand es ja selbst nicht.

Also beschloss sie außer Atem vor dem Chipsregal im Laden an der Ecke, dass sie es lieber gar nicht erst ansprach. Wenn sie nach Mei fragten oder wie ihr Vormittag gewesen war, konnte sie ganz unverbindlich bleiben. Fröhlich. Sie konnte so tun, als wäre sie spät aufgestanden, hätte sich in Windeseile angezogen, und als hätte es das Gespräch im Bett gar nicht gegeben.

Sie sah sich selbst kurz in einer Kühlregaltür, während sie in der Kassenschlange stand, und erschrak über ihr strähniges Haar, das ungewaschen eher schmutzig braun als rot wirkte. Hinter der Sonnenbrille spürte sie, wie verkrustet ihre Augen waren, der Lidstrich von gestern Abend war mit Sicherheit auch verschmiert. Sie trug ein Hemdkleid aus Denim, das über ihren Brüsten immer wieder aufging und das natürlich gerade jetzt auch tat. Sie war zu spät dran *und* sah unmöglich aus, dachte sie, als sie die Chips auf die Theke fallen ließ, die Sisyphosknöpfe wieder zuknöpfte und ihr Haar zu einem verschwitzten kleinen Knoten band.

Wie unwirklich, dass sie achtzehn Stunden zuvor mit Mei in einer Van-Gogh-Ausstellung gestanden hatte, voller Licht und Farben und Polster.

Ihr erstes Date war vier Monate her, und alles war ein Traum gewesen: spätabendliche SMS-Marathons, lange Spaziergänge am Fluss und Mei, die sie bekochte. Eines Abends hatten sie im Restaurant so sehr lachen müssen, dass sie zur Ordnung gerufen wurden, und an einem anderen hatten sie in einem so gut wie leeren Kino rumgemacht. Als Meis Eltern zu Besuch waren, hatten sie in einem französischen Bistro gegessen, Mei hatte Bette ganz selbstverständlich unter dem Tisch die Hand auf den Oberschenkel gelegt, und Mr. Hinota hatte sie eingeladen, sie doch mal in Cheltenham zu besuchen.

Und gestern waren sie spät mittagessen gegangen und danach Hand in Hand durch die Ausstellung geschlendert. Sie hatten eine ganze Stunde in der Ecke eines der Räume verbracht und zugesehen, wie das Licht auf ihre verschlungenen Arme fiel, während Mei Bette den Kopf auf die Schulter gelegt hatte. Sie hatten über ihre Lieblingskünstler*innen gesprochen, über die Drucke, die sie während der Uni gekauft und die ihre Persönlichkeiten geprägt hatten. Wie Mei sich in Yayoi Kusamas Pilze verliebt hatte, in die Zypressen von van Gogh und in Matisse. Wie Bette einen Druck von Hockneys Pool gekauft hatte, von Paul Fischers Frauen am Strand und von Klimts Frau in Gold.

»*Wie* konnte dir nicht auffallen, dass du lesbisch bist?«, hatte Mei gefragt, als würden Bettes billige Kunstposter keinen anderen Schluss zulassen. Und sie hatten beide gelacht. Als sei das alles kein Grund zur Besorgnis, sondern einfach ein Teil von Bettes Vergangenheit, über den sie sich amüsieren konnten.

Ash hatte ihren Standort geteilt, und Bette ließ sich durch den Park zu einer schattigen Ecke führen. Aus der Ferne sah sie Anton mit dem Kopf auf Carmens Bauch liegen, und einen kurzen Moment hasste sie die beiden. Dann winkte Ash, Carmen rief »Hallo!«, und sie spürte einen nervigen Anflug von Liebe für sie.

»Da bist du ja«, sagte Ash, und darin schwang echte Freude über ihre Ankunft ebenso mit wie ein sanft passiv-aggressiver Ton, wahrscheinlich wegen der Zeit. Sie war schon aufgesprungen, bevor Bette etwas erwidern konnte, und nahm sie in die Arme. Ihr schwarzes Haar glänzte seidenglatt in dem Dutt auf ihrem Kopf, ihre Sonnenbrille war gigantisch und ihr Shirt so blendend weiß, dass man es kaum ansehen konnte. Sie verkörperte den perfekten Sommernachmittag. Bette war sich bewusst, wie zerknautscht und schmuddelig sie in ihrem Outfit von gestern aussah.

»Sorry, dass ich so spät komme«, entschuldigte Bette sich sofort. »Aber ich hab was mitgebracht.« Sie griff in ihre Tasche und holte nacheinander die Chipstüten hervor: Skips, Monster Munch, Pom-Bären und Walkers und was sie sonst noch alles gefunden hatte, und warf sie in der Mitte der Decke auf einen Haufen.

»Meine Heldin!« Anton hatte sich die Cap tief in die Stirn gezogen, schnappte sich eine Tüte Prawn Cocktail und riss sie begeistert auf. Er fischte einen besonders großen Chip heraus, schob ihn in den Mund, wischte sich die Hand vorn am grauen T-Shirt ab und griff erneut zu.

»Perfekt zusammengestellt«, stimmte Carmen zu, die sich dank Antons Kopf nicht bewegen konnte, Bette aber trotzdem zur Begrüßung die Hand gab. »Wie geht's dir, Süße? Kommt mir vor, als hätten wir uns ewig nicht gesehen.«

Etwas übertrieben, es war höchstens einen Monat her, dass Anton und Carmen zum Essen vorbeigekommen waren. Aber Bette schien es auch wie eine Ewigkeit – seitdem war so viel passiert, dass sie gar nicht wusste, wo sie anfangen sollte. Sie ahnte, worauf Carmen hinauswollte, sah das leicht anzügliche Grinsen. Aber sie wählte lieber ein unverfängliches Thema.

»Ja, bei der Arbeit ist es zurzeit voll stressig.«

Art's Aflame (der Name war so peinlich, dass Bette ihn so selten wie möglich benutzte) war eine Stiftung, die bildende Künstler*innen in Grundschulen und zu sozialen Initiativen schickte. Sie arbeitete seit ein paar Jahren dort, lange genug, dass die Routine ihr langsam auf die Nerven ging. Aber sie hatte die Finanzierung für ein paar neue Projekte gesichert, die im September losgehen würden, und die Planung hatte sie im letzten Monat auf Trab gehalten. Carmen war Theaterautorin und verstand, wie anstrengend die Jagd nach Finanzierung war.

»Ist bestimmt ein großartiges Projekt, das du dir da ausgedacht hast.« Carmen unterbrach Bettes Gedankengänge. Sie blinzelte sie durch ihre Goldrandbrille an und versuchte, ihre Augen vor der Sonne abzuschirmen. »Aber das wollte ich eigentlich gar nicht wissen. Dein Job ist toll, aber nichts Neues. Im Gegensatz zu deiner Freundin.«

Noch vor ein paar Stunden hätte Bette das genossen. Da war es immer noch ein aufregendes Vergnügen gewesen, im Mittelpunkt von Gesprächen über Sex und Beziehungen zu stehen. Über Liebe. Als sie Anton und Carmen zuletzt gesehen hatte, war alles noch so herrlich frisch gewesen.

Sie hätte Carmen eine Menge erzählen können. Wie sie

Meis Eltern kennengelernt hatte zum Beispiel, oder wie Mei sich mit Ashs Freund Tim zum Klettern verabredet hatte oder von Meis Freundin von der Kunsthochschule, mit der sie essen gegangen waren. Ihr Leben war so von Mei bestimmt gewesen, dass sie sie nicht einmal aus einem Winkel rausretuschieren konnte.

Carmen lauschte erwartungsvoll. Sie könnte es ihnen allen erzählen. Das mit der Pause. Dann würden sie ihr Mitgefühl und Umarmungen spenden und wahrscheinlich noch den ganzen Abend mit ihr verbringen, um sich um sie zu kümmern. Bei dem Gedanken wurde Bette ganz schlecht.

Wenn sie sagen würde, sie wollte sich mit neuen Menschen treffen, würden sie das verstehen. Aber eine Beziehungspause mit Mei, damit sie ein paar One-Night-Stands haben konnte? Sie wusste immer noch nicht, wie sie das verpacken sollte, ob sie sagen wollte: *Ich habe mir wichtige Erfahrungen entgehen lassen und freue mich darauf, das nachzuholen,* oder: *Ist es ein Problem, dass es mit Mei so gut läuft, dass ich mir gar nicht vorstellen kann, mit jemand anderem zusammen zu sein?* Sie war sauer auf Mei, sauer, dass sie komplett missverstanden hatte, was Bette brauchte. Andererseits fürchtete sie auch, dass Mei genau wusste, was sie brauchte, dass Bette – wieder einmal – etwas Fundamentales an sich selbst entgangen war. Wäre ja nicht das erste Mal.

Also: »Sie ist toll. Wir waren gestern in der Van-Gogh-Ausstellung. Die mit den Lichtern. Würde euch bestimmt auch gefallen.«

»Aaah genau, dafür wollte ich mir auch bald ein Ticket besorgen«, sagte Ash und holte allen Ernstes eine Quiche aus einem Korb. Bette war so dankbar. Wenn sie alle über die Ausstellung und Ashs Backkünste sprechen konnten, fiel es vielleicht nicht auf, wenn sie die Sache mit Mei den Rest des Nachmittags nicht mehr erwähnte.

»Sollen wir Tickets für August buchen?«, fragte Carmen Anton.

»Na klar! Freiheit! Wir sind fertig.« Anton streckte bei jedem Wort die Arme aus und erwischte Carmen fast an der Nase. Sie schlug in seine Richtung und schob seine Schulter von sich, bis er sich aufsetzen musste. »Das Jahr kam mir echt lang vor. Endlos. Dabei soll die Zeit doch immer schneller vergehen, je älter man wird.«

Er nahm das Stück Quiche von Ash entgegen, biss die Spitze ab und hielt kauend den Daumen hoch.

»Tut sie auch. Hat was mit der Wahrnehmung zu tun«, erwiderte Ash. »Jedes neue Jahr unseres Lebens ist ein kleinerer prozentualer Anteil unserer gesamten Lebenszeit, deshalb fühlt es sich kürzer an.«

»Das ist … das ist ja … Ash, das ist ganz schön deprimierend.« Carmen verzog missmutig den Mund.

»Echt beunruhigend«, stimmte Bette zu.

»Klappe, ist doch was Gutes!«

»Nee, ist es nicht«, widersprach Anton, und Ash schnaubte spöttisch.

Bette biss in ihre Quiche und hätte fast angefangen zu weinen. Die Quiche war toll, Ash war toll, Carmen und Anton waren auch toll. Alles war toll, wirklich alles, außer dass ihr Herz gebrochen und sie müde war und ihr jeden Moment jemand noch eine Frage stellen konnte. Sie legte sich neben Ashs Hüfte auf die Picknickdecke und schloss die Augen.

KAPITEL 3

Sonntag, 17. Juli
Noch 90 Tage

Als Bette am nächsten Morgen in die Küche kam, füllte Ash – immer noch in Pyjamahose mit Schottenkaro – gerade den Wasserkocher und ließ dabei einen Podcast aus ihrem blechernen Handylautsprecher schallen. Ash hatte ein verblasstes Fun-Run-Shirt an, und ihr Haar hing ihr lose ums Gesicht. Eindeutig kurz vor den Sommerferien, sonst war Ash selbst am Sonntag schon lange wach und angezogen, bevor Bette aufstand.

»Soll ich Kaffee machen?«

Ash zuckte übertrieben zusammen und kreischte auf, sie reagierte in allen möglichen Situationen gern mal über.

Sie legte den Arm um Bette und gab ihr einen extravaganten Wangenkuss, bevor sie sie aus dem Weg schob und sich im Schrank über dem Kühlschrank auf die Suche nach der French Press machte.

»Morgen! Nö, bin schon dabei. Gut geschlafen?«

»Ganz okay«, log Bette. Sie hatte die halbe Nacht ihre Notizen-App auf dem Handy mit Message-Entwürfen an Mei gefüllt, die sie sowieso nicht abschicken würde.

»Okay.« Ash hatte die Hand immer noch im Schrank. »Du

bist irgendwie komisch. Gestern warst du auch total komisch. Bist du müde? Bringt Mei dich immer noch um den Verstand?«

»Na ja, eigentlich sind wir ...« Bettes Stimme stockte und blieb ihr merkwürdig in der Kehle stecken. Es war Zeit. »Wir machen eine Pause.«

Ash ließ beinahe die Kanne fallen, die sie endlich gefunden hatte, und sah Bette fassungslos an.

»Ihr macht was?«

»Eine Pause«, wiederholte Bette und merkte, wie seltsam das klang. »Eine Beziehungspause.«

»Eine Pause.«

Bette nickte.

»Mei und du habt euch getrennt?«

»Ja ... na ja, nein. Nein, haben wir nicht. Sie hat das – also – das hat sie so nicht gesagt – wir sind nicht getrennt. Glaube ich. Wir wollen im Oktober wieder zusammenkommen.«

»Warte. Das verstehe ... Scheiße, Bette. *Scheiße.* Willst du darüber reden? Willst du allein sein? Was brauchst du?«

Bette zuckte die Schultern, in ihrer Brust nistete sich ein schweres Gefühl ein. Zum Glück war immer noch Wochenende. Der Gedanke, heute zur Arbeit zu müssen, fröhlich zu tun, charmant und professionell zu sein, war grauenhaft. Plötzlich war sie sich Ashs Nähe überaus bewusst, Ash, die nach sauberen Laken und Salz und Sommer roch, so warm und weich. Sie vergrub das Gesicht an Ashs Schulter und ließ sich von ihr umarmen. Bette stieß ein schwaches Seufzen aus.

»Geht schon. Mir geht's gut.«

Ash drückte sie fester an sich. »Würde es dir besser gehen, wenn wir Kaffee trinken und dazu Aufbackgebäck essen?«

Bette nickte und setzte sich auf die Fensterbank, während Ash gemahlenen Kaffee in die French Press löffelte, ein Blech mit zwei Croissants aus dem Ofen zog und sie auf einen Teller legte. Sie drückte den Stempel in der Kanne nach unten und trug sie zusammen mit den feinen Tässchen ins Wohnzimmer, die Bette eigentlich hasste – sie waren viel zu klein –, aber laut Ash »kamen sie gut auf Fotos«. Bette nahm den Teller und folgte ihr. Sie ließen sich auf das Sofa fallen, das Ash quasi geschenkt im Internet gefunden hatte und das sie bis nach Totterdown getragen hatten und sich dabei wahnsinnig clever vorgekommen waren, weil sie sich die dreißig Pfund sparten, um jemanden mit einem Transporter anzuheuern. Sie hatten sechs Stunden für eine einzige Meile gebraucht und immer wieder angehalten, sich darauf gesetzt und YouTube-Clips angeschaut, wenn es zu schwer wurde. Als sie es endlich durch die Haustür und in die Wohnung manövriert und Akku und Daten ihrer Handys aufgebraucht hatten, als ihnen Stellen wehtaten, von denen Bette sich sicher war, dass keine von ihnen dort Muskeln hatte, waren sie sich einig gewesen, dass sie noch mindestens ein Jahr dort wohnen bleiben mussten, damit das Ganze sich gelohnt hätte. Seitdem waren über acht Jahre vergangen, und die Fünfzimmerwohnung war zweifelsfrei ihr Zuhause. Auch wenn aus dem Sofa inzwischen an einigen Stellen der Schaumstoff vorguckte, wurde Bette immer noch sentimental, wenn sie sich gemeinsam darauf setzten.

Ash arrangierte das Gebäck auf dem Tisch und schenkte Kaffee ein. Es sah – wie alles bei Ash – aus, als sollte es auf Instagram gepostet werden. Sie neigte einfach dazu, alles schön zu machen, womit Bette sich nie so viel Mühe gab, nicht mal an ihren besten Tagen.

»Okay, also – eine Pause.« Ash zog die Beine unter sich. Marge ließ sich herab, zu ihnen hochzuspringen und in der Mitte Platz zu nehmen. Ihr getigerter Schwanz kitzelte Bette am Knöchel. »Willst du darüber reden?«

Tatsächlich wollte sie das überhaupt nicht. Sie war immer noch nicht sicher, ob sie das Ganze gut genug verstand, um es verteidigen zu können.

»Noch nicht. Heute will ich nur Trübsal blasen.«

»Okay.«

Einen Moment schwiegen sie beide, dann legte Ash ein wenig den Kopf schief, als wüsste sie schon, was gleich kam. Bette holte schaudernd Luft.

»Es war so perfekt. Ich war so glücklich.« Unvermeidlich rollten ihr nun die Tränen über die Wangen.

Und genauso war es wirklich: Sie war so glücklich gewesen und hätte sich nichts Besseres vorstellen können. Mei war im Februar in ihrem Büro vorbeigekommen, nachdem sie wegen eines Projektes ein Jahr in Italien verbracht hatte. Als Künstlerin hatte sie früher schon Workshops für die Stiftung gegeben, in den Jahren bevor Bette dort angefangen hatte. Sie hatte ein ärmelloses Oberteil und eine weite schwarze Hose getragen, die von einem breiten Gürtel weit oben in der Taille gehalten wurde, und ihr Pony hatte ihr in die dunklen Augen gehangen. Bette hatte sich augenblicklich zu ihr hingezogen gefühlt. Ihre Kollegin Erin, einen Kopf kleiner als Bette, mit einem Körper aus kompakten Muskeln und hellgrünen Augen, hatte ihr Mei vorgestellt. Bette war selbstreflektiert genug zu wissen, dass sie ohne Erins Verlobte Niamh ihre ersten Monate als Lesbe damit verbracht hätte, einen alles überschattenden Kolleginnen-Crush auf sie zu haben. Somit war es wirklich ein bemerkenswerter Anblick gewesen, die beiden auf sie zukommen zu sehen. Und als Mei Bette die Hand gegeben und ihr in die Augen geschaut hatte, hatte Erin auf eine Weise geschmunzelt, die Bette vermittelte, dass sie rot angelaufen war. Dass sie sich sofort verraten hatte.

»Ich wohne ein paar Wochen bei meinen Eltern in Cheltenham«, hatte Mei gesagt. »Ich war so lange weg, da wollen sie sich unbedingt um mich kümmern. Aber im März bin ich wieder da, falls ihr dieses Jahr noch jemanden für ein paar Sessions braucht?«

Sie nahm Bette den Stift aus der Hand und suchte sich ein Post-it auf ihrem Schreibtisch.

»Sag einfach Bescheid, ja?« Sie gab ihr beides zurück.

Bette sah ihr nach, und dann auf den zerknickten Zettel in ihrer schwitzigen Hand. *Für eine Session oder einen Drink, wie du willst* stand da, zusammen mit einer fein säuberlich notierten Nummer. Bette schnappte nach Luft. Sie hatte sich erst vor wenigen Monaten geoutet, wollte Erin irgendwann mal nach geeigneten Apps fragen, oder ob sie irgendwelche Frauen kannte, die sie ihr vorstellen konnte. So einfach konnte es doch unmöglich sein.

Sie hatte Mei noch am selben Abend eine Nachricht geschrieben, und die nächsten zwei Wochen über wurden es immer mehr. Sie war clever, aufmerksam und brachte Bette zum Lachen. Auf dem Post-it hatte der *Drink* noch ziemlich ernsthaft geklungen, aber in den folgenden zwei Wochen verließ Bette die Zuversicht. Sie schrieben täglich über Kunst, Essen, Bücher, die sie gelesen hatten, über ihre Lieblingsorte in Bristol. Es fühlte sich gut an, aufregend. Voller Funken. Aber sicher war sie sich nicht.

Eines Abends hatte sie mit Ash gerade genug Wein getrunken, dass sie in Betracht zog, sich in den Zug nach Cheltenham zu setzen und Mei persönlich zu fragen. Nachdem Ash dem Plan energisch eine Absage erteilt hatte, schrieb sie stattdessen Erin.

Bette: Hey, kein Ding, wenn du das nicht weißt, aber ich frage mich, ob Mei eigentlich Frauen datet?

Bette: Ich meine die Installationskünstlerin Mei

Bette: Die vor ein paar Wochen bei uns im Büro war

Bette: Du musst sie natürlich nicht outen, wenn sie das nicht will

Bette: Und sorry, dass ich einfach davon ausgehe, dass du das wissen könntest

Bette: Nicht weil ich denke, dass alle queeren Frauen sich kennen oder so

Bette: Oder dass du dich überhaupt so bezeichnest

Bette: Ich meine, ich hab echt keine Ahnung, wieso ich das von dir gedacht habe

Bette: Oder was ich überhaupt denke

Bette: Weißt du was, ignorier das einfach

Bette: Ich hab Wein getrunken

Bette: Tut mir leid

Es dauerte eine Viertelstunde, bis Erin antwortete, und für Bette war jede Sekunde des Wartens eine Qual.

Erin: Sie ist lesbisch und steht auf dich

Erin: Du Loser

Erin: Bis morgen

Erin: Schlaf jetzt

Am nächsten Tag hatte sie einen leichten Kater, und Erin zog sie gnadenlos auf, aber das war es wert gewesen. Und als Mei zurück nach Bristol kam, gingen sie nach der Arbeit in dem Pub um die Ecke von Bettes Büro was trinken, nippten an

Gin Tonics und unterhielten sich genauso wie vorher per SMS. Bette musste ihr die ganze Zeit auf den Mund starren, auf ihre Zunge, die immer an einem Zahn lag, wenn sie lächelte. Wie hatte Bette das hier jemals als platonisch einschätzen können? Als es draußen dunkel war und das Eis in ihren letzten Drinks geschmolzen war, fiel Bette ein, dass sie noch gar nichts gegessen hatten.

»Es ist erst ein richtiges Date, wenn es auch was zu essen gibt!« Sie zog Mei aus dem Pub und war beschwipster als gedacht, sobald sie auf ihren wackeligen Beinen stand.

»Das würde ich zwar nicht sagen«, Mei lachte, »aber ich will nicht riskieren, dass du wieder so verwirrt bist, dass du Erin fragen musst. Also sollten wir wohl lieber was essen gehen.«

Irgendwas an der Sache mit Erin sollte Bette wahrscheinlich peinlich sein, aber sie konnte und wollte sich einfach nicht damit befassen. Sie drehte sich um, legte Mei die Hand an die Taille, zog sie an sich und war gleichermaßen erfreut wie verdutzt, dass ihr der Move so gut gelungen war. »Wenn wir es zu einem ganz eindeutigen Date machen wollen, gibt es wahrscheinlich auch noch eine andere Möglichkeit.«

»Ach ja?« Meis Mund war Bettes ganz nah, und sie lächelte breit. »Und was für eine wäre das?«

Bettes Herz raste. Aus der Nähe roch Mei nach Kokosshampoo und etwas Rauchigem wie verbrannten Holzspänen, wahrscheinlich aus ihrem Atelier, und Bette hatte noch nie in ihrem Leben jemanden so sehr gewollt. Sie beugte sich vor und stieß mit der Nase gegen Meis, als sie die Lippen auf ihre legte. Der Kuss war keusch, weiche Lippen auf weichen Lippen, und Bette spürte ihn bis in die Knie. Mei lächelte an ihrem Mund und wich ein Stück zurück, aber nur um Bette direkt wieder zu küssen.

»Siehst du?« Mei löste sich wieder von ihr. »Eindeutig ein Date.«

»Weißt du was? Ich bin mir immer noch nicht sicher.« Bettes Stimme bebte. »Das könnte auch ein freundschaftlicher Kuss gewesen sein. Oder nicht? Eine schöne platonische Geste unter Kolleginnen.«

Bevor sie verstand, was passierte, spürte sie etwas gegen ihr Schlüsselbein drücken, direkt über dem Herzen, und begriff, dass Mei sie rückwärtsschob. Sie geriet fast ins Stolpern, aber Mei hielt sie mit der anderen Hand im Rücken fest und führte sie vorsichtig und geschickt. Total heiß. Bette spürte eine Ziegelmauer im Rücken und stellte peinlich berührt fest, dass sie aufstöhnte. Mei lächelte und beugte sich vor.

Es war völlig anders als der erste Kuss. Mei öffnete beinahe sofort den Mund, saugte an Bettes Unterlippe und knabberte sanft daran. So anders dürfte es sich eigentlich nicht anfühlen, dachte Bette. Männer hatten ja auch Münder. So einen extremen Unterschied konnte es nicht machen, dass Mei eine Frau war. Aber noch mehr als Meis weiche Lippen und ihre süße Zunge war es das Wissen, dass Mei sie küsste – dass eine Frau sie küsste, das Bette entflammte. Zusätzlich zu allem anderen empfand sie heftige Erleichterung. Genau so hatte sie gehofft, dass es sich anfühlen würde. Die Hand an ihrem Kinn schob ihren Kopf zur Seite, und sie spürte Meis Zunge über ihre Lippe gleiten. Die Hand an ihrem Rücken bewegte sich nach vorn zu ihren Rippen, und sie war so abgelenkt von allem, was mit ihrem Mund passierte, dass sie gar nicht daran dachte, sich aufrecht hinzustellen oder den Bauch einzuziehen. Ihr Kopf und ihr ganzer Körper waren vollends von Mei eingenommen. Alles andere hatte keinen Platz mehr. Sie küsste sie und küsste sie und küsste sie.

»Und?« Ein paar Minuten später trat Mei einen Schritt zurück. Ihre Lippen waren geschwollen und feucht, und Bette war froh, dass sie so schlau gewesen war, keinen Lippenstift zu benutzen. Sie wollte sie sofort wieder berühren.

»Eindeutig ein Date.« Bettes Stimme klang fester als erwartet. »Ein für Kolleginnen äußerst unangemessener Kuss. Die Personalabteilung würde sich freuen. Oder Amanda.« Unwillkürlich musste sie an die Büroleiterin der Firma denken. »Wahrscheinlich ihre Aufgabe, wir haben ja gar keine Personalabteilung. Sollte es mich beunruhigen, dass wir keine Personalabteilung haben?«

»Damit das hier auch weiterhin eindeutig bleibt, weigere ich mich, mich jetzt auf eine Personaldiskussion einzulassen.« Mei bückte sich und hob eine Stofftasche auf, die sie anscheinend hatte fallen lassen, als sie Bette gegen die Wand gedrückt hatte. »Also. Pommes? Oder wollen wir zu mir?«

Bette zuckte die Achseln. »Beides?«

Die nächsten paar Wochen, als alles anfing, gehörten wohl zu den überwältigendsten in Bettes Leben. Jeden Tag wachte sie voller kribbelnder Vorfreude auf, Mei zu sehen, ihr zu schreiben, sie zu küssen, mit ihr zu schlafen. Als würde Mei mit allen ihren Ecken und Kanten einfach perfekt zu ihren passen. Jedes Klischee, das ihr in den Sinn kam – ein Puzzleteil, ein optimales Möbelstück für ein unfertiges Zimmer –, traf es nicht, zog nicht die Verschwommenheit ihrer Ecken und Kanten in Betracht oder die Tatsache, dass sie nicht nur zueinander, sondern auch ineinander passten. Bette hatte noch nie was mit dem Konzept Seelenverwandtschaft anfangen können, der Vorstellung, dass es den perfekten Partner gab. Aber sie konnte sich unmöglich jemand Passenderen als Mei vorstellen. Es war so leicht gewesen, sich in sie zu verlieben, sich so bereitwillig den Gefühlen hinzugeben, die sie überwältigten. Vier Monate waren genug gewesen, um sich quasi untrennbar mit Mei verbunden zu fühlen, als hätte sie bereits zu viel von sich gegeben, um es je wieder zurückzubekommen.

»Ja.« Ash riss Bette aus ihren Erinnerungen. Sie klang seltsam, beinahe abschätzig. Als hing ein Fragezeichen hinter ihrer Antwort. Damit hatte Bette nicht gerechnet. Ash streichelte gedankenverloren Marge, und die Katze sprang wenig überraschend vom Sofa und stolzierte davon. Ash strich sich die Katzenhaare vom Morgenmantel und zog die Brauen zusammen. »Ich meine, am Anfang lief es ja eindeutig richtig gut, aber …«

Die Andeutung ließ Bette zögern.

»Wie meinst du das, am Anfang?«

»Es kam mir einfach so … Ich weiß nicht, ich hatte das Gefühl, dass du … Nein. Vergiss es. Vergiss, dass ich das gesagt habe. Tut mir leid.«

Bette wollte verlangen, dass Ash ihr erklärte, was sie meinte. Aber sie konnte es sich schon denken. Sie wusste, dass sie selten da gewesen war, dass sie ihr immer wieder abgesagt hatte. Aber sie war davon ausgegangen, dass Ash das verstand. So hatte sie sich zum ersten Mal in ihrem Leben gefühlt. Da war es doch sicher normal, sich ein bisschen zu verlieren.

»Wollen wir was gucken?« Ash griff nach Bettes Hand.

Bette nickte. Das war einfacher, als darüber zu reden, genau das Richtige. »*Good Wife?* Eine Folge mit Elsbeth?«

»Klar.« Ash nahm ihren Laptop. »Iss doch ein Croissant. Das hilft.«

Tat es.

KAPITEL 4

Montag, 18. Juli
Noch 89 Tage

»Ich hab Tim gesagt, dass ich heute Abend wahrscheinlich nicht kann«, sagte Ash, als Bette sich neben sie aufs Sofa fallen ließ.

»Ach Quatsch, nein! Er soll ruhig herkommen.« Bette kraulte Marge unterm Kinn. Die Tigerkatze ließ sich die Aufmerksamkeit einen Augenblick länger gefallen als sonst, ein kleines Opfer. Als könnte sie die komplizierten Gefühle des vergangenen Tages erahnen. Ein langer Tag. Und dann hatte Bette am späten Nachmittag eine Nachricht auf dem Handy entdeckt, bei der ihr Herz einen Satz machte.

Mei: Ich finde dich toll. Ich will nur, dass du das auch weißt. Ich bin da, wenn du reden willst. Aber ich finde, du solltest diese Zeit wirklich nutzen. XXX

Sie wusste es. Mehr oder weniger. Und wenn die Pause nicht verhandelbar war, konnte es ja nicht schaden, ein bisschen zu experimentieren, oder? Zu flirten und Neues auszuprobieren. Mei hatte recht. Für Bette war das alles noch so neu. Und Frauen waren wunderschön. Und man konnte so viel Spaß mit ihnen haben. Seit ihrem Coming-out hatte sie sich ausgemalt, wie sehr sie das Daten endlich genießen würde, wo nun die Möglichkeit bestand, dass sie ihr Gegenüber tatsächlich anziehend fand. Vielleicht war es doch richtig, sich Zeit dafür zu nehmen, bevor sie eine ernsthafte Bindung einging.

An ihrer Wohnungstür angekommen, hatten ihre losen Grübeleien langsam Form angenommen. Sie müsste einfach auf ein paar Dates gehen. Sich mit ein paar Mädchen treffen. Halb so wild. Ein Hot-Girls-Summer. Buchstäblich. Und wenn es dann richtig Herbst wurde, konnte sie Mei sagen, sie hätte Spaß gehabt und sei sich nun ganz sicher. Dann wäre die Pause vorbei. Und sie könnten in ihr gemeinsames Leben starten.

»Ich wollte ihn nicht dabeihaben, falls du ... Ich weiß auch nicht. Was du eben brauchst«, sagte Ash, und Bette dachte an ihre finstere Stimmung am Tag zuvor und wie lieb Ash zu ihr gewesen war. Wie wenig Druck sie ausgeübt hatte.

»Alles gut. Wirklich. Bestens. Heute Abend will ich ein paar von den Apps einrichten, und da sollte er auf jeden Fall dabei sein, findest du nicht?«

»Ha, mir fällt nichts ein, was ihm mehr Spaß machen würde.« Das meinte Ash ganz ernst. »Er wäre echt traurig, wenn wir das ohne ihn machen würden. Aber ... Willst du drüber reden? Ich meine, ich bin total dafür, dass du neue Leute kennenlernst, und scheiß auf sie, und ich verfluche sie mit aller Macht und so, aber ... Geht es dir gut?«

»Ja. Ich glaube schon. Und ich muss damit so schnell wie möglich anfangen. Darum geht es ja.«

»Worum?« Ash wirkte verwirrt und setzte sich an die Sofakissen gelehnt aufrechter hin. Bette fiel auf, dass sie das Ganze am Tag zuvor nicht in allen Einzelheiten erklärt hatte. Das holte sie nun nach und betonte dabei besonders den zentralen Punkt: dass sie Mitte Oktober wieder zusammen sein würden.

Als Bette fertig war, folgte Schweigen. Langes Schweigen.

»Aha.«

»Ich meine, wahrscheinlich hat sie schon recht. Weißt du, das würde uns beide ja so unter Druck setzen, wenn ich bei der ersten Frau bleibe, mit der ich je geschlafen habe. Ich bin dreißig. Ich habe mit mehr Männern als Frauen geschlafen, habe mehr Männer geküsst. Soll nicht heißen, dass ich mitzähle, aber … na ja. Ist wahrscheinlich wichtig.«

Bette holte Luft. Das fühlte sich so gut an, dass sie vorher wohl eine ganze Weile nicht mehr durchgeatmet hatte. Sie wandte sich zu Ash um, die sich um einen neutralen Gesichtsausdruck bemühte, ihre Stirn war gerunzelt und der Mund zusammengekniffen. Bette beobachtete, wie sie sich anstrengte, aber dann, wie ein Tablett voller Gläser, die erst schwankten, dann kippten und umfielen, verlor sie rasch die Kontrolle.

»Bette, du … Ich weiß nicht … Gestern warst du echt traurig.« Ash zupfte an den Knötchen in ihrer uralten Jogginghose und mied Bettes Blick. »So richtig deprimiert. Toll, wenn es dir jetzt besser geht, aber ich …«

»Alles gut, wirklich. Ich gehe auf ein paar Dates, und dann kommen wir wieder zusammen. Und eines Tages ist es nur noch eine lustige Geschichte, die wir bei Dinnerpartys erzählen. Wie mich meine Frau damals in die Dating-Wildnis geschickt hat. Dann lachen wir drüber.«

Ash sah immer noch skeptisch aus. Sie stand auf und ging in die Küche, und Bette folgte ihr, weil die Unterhaltung nicht beendet schien. Tatsächlich war sie gerade erst durch die Tür, als Ash wieder anfing.

»Und was macht sie, solange du dein großes Abenteuer erlebst?«

Eine unangenehm gute Frage, dachte Bette, als sie zusah, wie Ash Lebensmittel aus dem Kühlschrank holte. Über den

Aspekt hatte sie sich noch kaum Gedanken gemacht. Aber das brauchte Ash ja nicht zu wissen.

»Das geht mich eigentlich nichts an. Ist ja eine Pause. Sie kann machen, was sie will.« Bette legte mehr Leichtfertigkeit in ihren Tonfall, als sie fühlte.

»Und dann, nach was, ein paar Monaten? Dann seid ihr einfach wieder zusammen? Als wäre nichts gewesen?«

Ash hatte leicht reden, dachte Bette mit einem Funken Missgunst. Ash, die Tim mit sechsundzwanzig kennengelernt hatte. Ash, deren britisch-indische Eltern den sehr weißen Freund ihrer einzigen Tochter mit offenen Armen aufgenommen hatten. (»Schon ein bisschen rassistisch, so was anzunehmen«, hatte Ash gesagt, als Bette ihr von ihren Bedenken erzählt hatte. Und damit hatte sie nicht unrecht, aber sie hatte dennoch erleichtert gewirkt und Tims Hand festgehalten.) Ash, die vorher mit ein paar anderen absolut anständigen Typen ausgegangen war. Ash, die einen Zehnjahresplan mit ihrem Freund hatte und wusste, dass sie mit dreiunddreißig versuchen würde, schwanger zu werden, wenn sie stellvertretende Chefin war und sich ein Jahr Mutterschaftsurlaub leisten konnte. Alles ziemlich einfach, fand Bette, wenn man nicht auf den letzten Metern seines neunundzwanzigsten Lebensjahres in eine Sexualitätskrise stolperte.

Erst nach einer ganzen Weile wurde ihr klar, dass sie immer noch nicht auf Ashs Frage geantwortet hatte.

»Ja?« Sie hasste das Fragezeichen, das sich einfach an das Wort heftete, sich im -a verhakte und es nach oben in die Ungewissheit zog. »Ja«, wiederholte sie. Und dann, um die Sache noch mehr zu erhärten: »Genau.«

Ash nickte, erst zögerlich, dann überzeugter. »Gut. Also, wollen wir Nudeln essen? Dann basteln wir dir zum Nachtisch ein Profil.«

Ash kochte, während Bette zwei Flaschen Bier aufmachte und eine Tüte Chips in eine Schüssel kippte. Als Tim kam, das Poloshirt von der Arbeit in die ausgebleichte Jeans gesteckt, gesellte er sich zu ihnen in die Küche. Aus seiner Umarmung konnte Bette entnehmen, dass Tim Bescheid wusste.

»Mir geht's gut«, sagte sie entschieden, bevor er fragen konnte, und merkte, wie er nickte.

»Nach dem Essen machen wir Bette ein ordentliches Dating-Profil.« Ash ließ kurz von den Nudeln ab und verpasste Tim einen Wangenkuss.

»Die Lesben von Bristol werden sich umgucken.« Seine Stimme klang scherzhaft und liebevoll zugleich. Bette wollte sich davon aufbauen und trösten lassen. Aber es war ihr zu peinlich. Das Ganze hatte etwas Gönnerhaftes, als müsste man ihr auf die Sprünge helfen. Sie wollte, dass Tim sie aufzog, und fand es furchtbar, dass sie ihm womöglich leidtat.

Am Anfang hatte sie ihre Probleme mit Tim gehabt, damit, dass er so viel Zeit mit Ash verbrachte und sie verdrängte, dass er einfach so mir nichts, dir nichts in ihre Leben marschiert war. Er war auf eine Art unkompliziert, wie es weder sie noch Ash je gewesen waren. Wahrscheinlich war das einfach so als weißer Heteromann: Man gehörte überall ganz selbstverständlich hin. Aber Tim konnte sie das einfach nicht übelnehmen; er war so aufrichtig liebevoll. Er war wie ein Bruder, mit dem sie reden konnte und der auf sie aufpasste, der sie liebte, auch wenn sie ihm auf die Nerven ging. Das Gegenteil von ihrem echten Bruder, wenn sie so darüber nachdachte.

Später, als Bette mit dem Finger den letzten Rest von Ashs berühmter Erdnuss-Soja-Chilisoße aus ihrer Schale gewischt hatte und Tim alles aus den »Ahnungslose Leute wollen Wanderschuhe und Campingzubehör kaufen«-Anekdoten aus dem Laden rausgeholt hatte – wie immer ein reicher Fundus –, legte Bette ihr Handy in die Tischmitte.

»Also.«

»Also«, wiederholte Ash mit ernster Miene.

»Also«, schloss Tim sich an und grinste, als freue er sich auf eine besondere Belohnung.

Bette lud ein paar Optionen herunter – Hinge, Tinder, Her –, und Ash befüllte den Wasserkocher.

»Weißt du noch, als ich bei *Guardian* Soulmates war?« Bette klickte sich durch die Grundeinstellungen, erlaubte den Zugriff auf ihr Handy und ihre Daten, wobei sie sich wie immer kurz fragte, ob sie nicht zu sorglos war.

Sie wusste gar nicht mehr, wie sie sich damals beschrieben hatte, wusste nicht mehr, wie sie sich Fremden vorgestellt hatte vor dem Slogan *Ich hatte keine Ahnung, dass ich lesbisch bin, aber jetzt weiß ich es; ist es nicht toll, auf andere Menschen zu stehen?*

»Ach, Soulmates! RIP. Das waren noch Zeiten.« Ash stellte allen Tee hin und setzte sich wieder. »Oh Mann, dieser Typ! Der mit dem Stock im Arsch!«

»Ach ja, der«, erinnerte sich Bette.

»Wer?«, fragte Tim.

»Der war total dröge. Seinen richtigen Namen weiß ich gar nicht mehr. Wie soll man ihn beschreiben?« Ash sah Bette nachdenklich an. »Mir fällt nichts ein. Der hatte überhaupt keine Persönlichkeit, und Bette war ein endloses halbes Jahr mit ihm zusammen.«

Ein halbes Jahr, tatsächlich, dachte Bette. Länger als mit Mei. Unvorstellbar.

»Hör mal, Tim. Wenn man nicht auf Männer steht – ist jetzt echt nicht böse gemeint, du weißt, wie toll ich dich finde –, ist halt jeder vollkommen in Ordnung. Jeder, mit dem ich mich getroffen habe, war nett, nichts zu beanstanden. Aber eben auch komplett uninteressant. Heute ist mir das alles sonnenklar, aber damals ...«

»Jetzt musst du hier ein paar Fragen beantworten«, brachte Ash sie wieder auf Kurs. Tim beugte sich vor und scrollte die Liste durch.

»Moment mal. Geschichte deines Coming-outs? Deine Love Language? Top, Bottom oder Switch? Also ganz lockere Sachen zum Einstieg? Damit man sich erst mal kennenlernen kann?« Er lachte.

»Willkommen beim lesbischen Hinge. Das wird dir echt die Augen öffnen.«

»Bring mir bei *Pünktchen, Pünktchen, Pünktchen.«* Ash deutete auf einen anderen Vorschlag. »Ich meine ...«

»Ja, bin mir echt nicht sicher, wie ich das hinkriegen soll«, meinte Bette. »Also, hi, bring mir bei, auf was für Sex du stehst, vielleicht steh ich ja auch drauf? Bring mir bei, wie ich es dir am besten besorge, damit ich meine neuen Skills dann bei jemand anderem anwenden kann?«

»Ja, damit würde ich vielleicht lieber bis zum Date warten.« Ash lenkte ihre Aufmerksamkeit wieder aufs Hier und Jetzt.

Bette suchte nach Fragen, die eher casual waren, anstatt direkt alles preiszugeben. Tim und Ash schwiegen, während sie tippte, die gespannte Erwartung war förmlich mit Händen greifbar.

»Also, wie wäre das hier? Meine Ästhetik: Möchtegern-Dana-Scully circa Staffel vier. Ein Lebensziel von mir: Tegan and Sara live sehen. Wie man mich erobert: mit stinknormalen Chips und echt schönem Schlüsselbein.«

»Perfekt«, bestätigte Ash. »Nichts zu Ernsthaftes, gaye Band erwähnt, Chips erwähnt. Gefällt mir. Aber jetzt. Fotos?«

»Wartet. Das mit dem Schlüsselbein ignorieren wir einfach?« Tim hielt die Hand über das Handy auf dem Tisch, als hätte er Angst, die Sache könnte übergangen werden. »Im Ernst? Also ... von allen Möglichkeiten ausgerechnet das Schlüsselbein? Das Schlüsselbein?«

»Mein Gott, ja«, sagte Bette verträumt. Mel hatte ein unglaubliches Schlüsselbein. »Das ist so elegant. Und hot. Keine Ahnung, warum, ist ja nicht irgendwie schlüpfrig oder so, aber …«

»Leute, bitte. Wenn wir vor dem Schlafengehen noch die Fotos schaffen wollen …« Ash verstummte resigniert. Es war ohnehin schon viel zu spät, und Bette und Tim waren der unleugbaren Verführungskraft der Clavicula erlegen.

KAPITEL 5

Donnerstag, 21. Juli
Noch 86 Tage

Am Donnerstag matchte Bette während ihrer Mittagspause mit Ruth. Ruth war heiß, ihr Profil gab zwar nicht viele Informationen preis, aber ihre Fotos waren toll – Momentaufnahmen, keine Selfies, warme braune Augen, ein Glitzerkleid auf einem Foto, das Bette sich auf der Stelle selbst kaufen wollte. Aber noch wichtiger, Ruth schrieb ihr sofort, nachdem sie gematcht hatten.

Ruth: Das Strandbild von dir ist echt hübsch.

Auf dem Bild trug Bette einen albernen riesigen Sonnenhut und ein weites Hemd mit Knöpfen. Ash hatte es aus ihrem Fotoordner gekramt und auf Bettes gebräunte Beine und das dünne Hemd hingewiesen und darauf, wie glücklich sie aussah. Bette war nicht so überzeugt gewesen, ihr Lächeln war doch bestimmt zu breit und blöd, außerdem hatte sie einen sichtbaren Fleck am Kinn und hinter der Sonnenbrille einen Silberblick. Das Gegenteil von sexy, ihrer Meinung nach würde es alle anderen Bilder zunichtemachen. Aber Ash hatte recht: So sah sie wirklich aus, und die Woche war großartig gelaufen.

Bette: War in Lissabon letztes Jahr

Ruth: Oh, da wollte ich schon immer mal hin

Bette: Mach das!

Bette: Es war total schön!

Bette: Die Cremetörtchen, richtig gutes Grillhähnchen, toller Fisch, schöne Strände

Bette: Die ganze Woche hat die Sonne geschienen, aber es war nicht unerträglich heiß, weißt du?

Bette: Die Stadt ist auch toll, richtig schön, man kann alles zu Fuß machen

Bette: Ich würde sofort wieder hinfahren

Sie sah die vielen Nachrichten an und schämte sich sofort. Ruth hatte nicht um eine TripAdvisor-Rezension gebeten. Das hier war eine Dating-App. Was hatte sie sich dabei gedacht?

Ruth: Klingt großartig

Sie hatte es versaut, das war klar. Sie konnte unmöglich einschätzen, ob Ruth das sarkastisch meinte oder nicht, aber zwei Wörter als Antwort auf einen »10 Dinge, die man in Lissabon gesehen haben muss«-Artikel war auf jeden Fall eine Botschaft. Sie hatte nichts mehr zu verlieren.

Bette: Ich weiß, das kommt jetzt voll aus dem Nichts, aber jemanden so über Nachrichten kennenzulernen ist doch merkwürdig

Bette: Wollen wir uns mal treffen?

Ruth: Finde ich nicht. Genau dafür ist die App doch da.

Bette: Stimmt.

Ruth: Außerdem mag ich deinen Mumm. Sechs enthusiastische Nachrichten über Lissabon, und dann willst du ein Date.

Bette hätte sich am liebsten unter ihrem Schreibtisch verkrochen. Wie Ruth sie aufzog, war sanft, aber brutal: Obwohl sie sich vorgenommen hatte, in ihren Nachrichten cool zu wirken, hatte sie sofort offenbart, dass sie alles andere als cool und »chill« war.

Ruth: Also ja, gerne.

Bette: Brunch vielleicht? Sonntag? Kennst du In Brunch We Trust?

Ruth: Scheiß Name, aber super Rote-Bete-Hash! Dann also Brunch. Um 11?

Bette: Ja! Freu mich!

Sie bereute das zweite Ausrufezeichen sofort.

In den nächsten Tagen schrieben sie sich kaum. Bette fand es wichtig, nicht zu tiefgründig zu werden. Es war ein Date, ein Sextreffen, wenn sie Ruth in Person genauso attraktiv fand wie auf dem Bildschirm. Mehr nicht.

Als das Wochenende nahte, wurde Bette langsam immer nervöser. Was, wenn sie ohne Mei nicht gut war? Bei einem Date. Oder im Bett. Was, wenn Ruth etwas wollte, was sie noch nie gemacht hatte, oder – oh Gott, was, wenn Ruth etwas wollte, wovon sie noch nicht mal gehört hatte? Aber genau darum ging es ja bei dem ganzen Unterfangen, oder?

Mit diesem Mantra im Kopf stand sie am Sonntagmorgen auf der Matte: *bloß Sex, bloß Sex, bloß Sex.* Sie war früh dran, Ash hatte sie nämlich losgeschickt, als ihre nervöse Anspannung zu motorischen Ausfallerscheinungen geführt hatte. Zwei Weingläser hatte Bette schon auf dem Gewissen, bevor Ash ihr das Geschirrtuch wegnahm. Das Ganze war sowieso Ashs Schuld gewesen, die den ganzen Morgen in immer ungläubigerem Ton das Wort »Brunch« wiederholt hatte. Als könnte Bette kein Date planen.

Gleich beim ersten Schluck stellte sie fest, dass der Kaffee keine gute Idee gewesen war. Es war heute Morgen schon ihr dritter – auf leeren Magen –, und sie spürte, wie er an ihrem Körper zog und zupfte wie Finger an einer Harfe. Aber es wäre unhöflich gewesen, bei so viel Betrieb ohne Getränk einen Tisch zu besetzen, aber jetzt vibrierte sie förmlich. Perfekt. Genau das hatte ihr noch gefehlt.

Bette griff mit mächtig zitternden Händen in ihre Tasche und zog ihr Handy raus.

»Bette?«, fragte eine leise, beruhigende Stimme. Wenn eine Stimme das Gegenteil von Koffein sein konnte, dann diese. Mit so einer Stimme sollte sie ASMR-Videos machen. Mit so einer Stimme …

»Hi, ja, tut mir leid.« Ihre Worte purzelten übereinander. Sie schmeckte ihre Nervosität, und sie schmeckte nach Kaffee.

»Möchtegern-Dana-Scully war echt hilfreich. Sehr gut. Deine Haare sind umwerfend.«

Während Bette sich unsicher ins Haar fasste, als könnte es nicht mehr das sein, mit dem sie aus dem Haus gegangen war, betrachtete sie Ruth zum ersten Mal richtig. Ihr dunkelbrauner Bob mit Mittelscheitel reichte bis kurz unters Kinn. Ihr Ausdruck war warm, die Lippen umspielte ein Lächeln. Sie trug einen blau-weiß gestreiften Playsuit mit umgeschlagenen Hosenbeinen, sodass ihre sonnenrosa Oberschenkel mit

Grübchen zum Vorschein kamen. Sie hatte die Sonnenbrille in den BH gesteckt, was ihr Oberteil so weit runterzog, dass es beinahe zu aufreizend war. Irgendwie war sie sogar noch heißer als auf ihrem Profil.

Bette steckte ihr Handy wieder ein.

»Ist natürlich gefärbt«, sagte Bette, und Ruth lachte. Ein schönes Lachen. Sie setzte sich Bette gegenüber hin und reichte ihr eine Speisekarte.

»Hab ich von der Theke geklaut. Ich komme gerne her, aber es ist immer hoffnungslos überfüllt. Und ich bin am Verhungern.«

»Ich auch.« Bette war erleichtert. »Ich glaube, ich habe eine Überdosis Kaffee intus. Ich sollte echt was essen, sonst kriege ich noch einen Herzinfarkt.«

»Oh ja, wenn das hier diese Blind-Date-Kolumne wäre, würde ich meinen ersten Eindruck von dir als *zappelig* beschreiben.«

»Zappelig, aber top Haare«, korrigierte Bette erleichtert, sich selbst durch den Kakao ziehen zu können. Das konnte sie.

»Zappelig, aber top Haare«, bestätigte Ruth.

»Na ja, zu dir würde ich mir notieren: süß, Playsuit.« Bette bemerkte erfreut, dass Ruths Wangen leicht erröteten.

»Im Sinne von süß Komma Playsuit? Oder süß Doppelpunkt Playsuit? Ist ein entscheidender Unterschied, würde ich sagen.«

»Beides, wenn du willst. Aber ich habe auf jeden Fall die Version mit Komma gemeint.« Ruth lächelte sie an, und Bette atmete durch, ihr Puls beruhigte sich ein wenig. Lief doch ganz gut.

»Also, seit wann lebst du in Bristol?« Ruth überflog die Speisekarte.

»Woher weißt du, dass ich nicht von hier bin?« Bette erspähte die Shakshuka und entschied sich dann doch dagegen, als sie sich Tomate und Paprika auf ihrem weißen Oberteil vorstellte.

Ruth zuckte die Schultern. »War nur geraten. Mehr Zugezogene als Einheimische hier. Und das sage ich als Zugezogene.«

Darüber hatte Bette sich noch nie Gedanken gemacht, aber es stimmte.

»Oh Gott, du hast recht. Fast alle, die ich kenne, sind woanders aufgewachsen. Jedenfalls. Exmouth. An der Küste von Devon.«

»Oh, schön! Ich liebe das Meer.«

»Ich auch, total. Und Exmouth ist in Ordnung. Wahrscheinlich würde ich es noch beeindruckender finden, wenn ich nicht dort aufgewachsen wäre.«

»Klar, immer wenn ich zu Hause in North London bin, versuche ich mir vorzustellen, es als Touristin zu sehen. Aber das ist unmöglich, an jeder Ecke der Kilburn High Road hängt eine Erinnerung an irgendeinen lautstarken Streit, den ich als Teenie mit meiner Mum hatte.«

»Hast du dich früher oft mit deiner Mum gestritten?« Bette bereute die Frage gleich wieder, fand sie viel zu ernst. Das hier war ein Date und keine Therapiesitzung. Sie hoffte inständig, dass Ruth den Ball nicht zurückspielte, fragte sich, wie sie die Büchse der Pandora wieder zubekäme.

»Nein, sie ist toll.« Ruth strich sich durchs Haar und zuckte entspannt die Achseln. »Ich hab meistens bloß eine Nummer abgezogen. Dachte, wir müssten uns doch viel mehr streiten. Irgendwie fand ich es unheimlich, wie gern ich mit meiner Mum Zeit verbracht habe.«

Bette lachte, dann kam der Kellner und ersparte ihr den Themenwechsel fort von Mutter-Tochter-Dynamiken. Sie bestellten, und Bette dachte sogar daran, um entkoffeinierten Kaffee zu bitten. Danach lief das Gespräch ganz ungezwungen. Ruth war halb mit ihrer Promotion zum Thema queere übersetzte Literatur fertig. Sie war klug, schlagfertig und nahm sich selbst nicht zu ernst. Einmal klebte ihr ein Tropfen Ahornsirup an der Oberlippe, und Bette wollte ihn am liebsten ablecken. Ein gutes Date. Vielleicht sogar ein großartiges.

Also beugte sie sich voller Selbstvertrauen vor, sah Ruth in die Augen und fragte: »Wollen wir von hier verschwinden?«

Ruth entfuhr ein derart lautes Lachen, dass die Leute an den Nachbartischen von ihren Eiern aufsahen. Bette schaute sich verlegen um und fragte sich, was sie plötzlich falsch gemacht hatte. Ruth runzelte die Stirn und zog die Augenbrauen hoch. »Oje, das war ernst gemeint? So ein Spruch?«

Stille machte sich zwischen ihnen breit, und Bette sehnte ihren schnellen und endgültigen Tod herbei. Jetzt würde sie sich erklären müssen.

»Ich ... Tut mir leid, ich habe das noch nie gemacht und ich ...«

»Was hast du noch nie gemacht?« Ruth klang eher vorsichtig als vorwurfsvoll. Vielleicht doch kein unverzeihlicher Fauxpas. Vielleicht hatte Bette doch noch eine Chance.

»Na ja, so ein Treffen, weißt du? Also jemanden über eine App für Sex treffen.«

Da wurde ihr klar, dass sie die Grenze zum Unverzeihlichen doch überschritten hatte. Ruth verschränkte die Arme vor der Brust und schaute auf ihren Teller. »Oh.« In ihrer tiefen, beruhigenden Stimme klangen auf einmal Klarheit und Verstehen an. Sie lachte, aber anders als vorher. Dann schüttelte sie den Kopf und sah wieder hoch. Bette war sich sicher, dass sie sich das nur eingebildet hatte. Ruth sah normal aus, sogar belustigt.

»Noch nie?«, fragte sie.

Bette schüttelte den Kopf. »Noch nie. Ich habe ein paar Männer im Internet kennengelernt, als ich mich noch mit ihnen getroffen habe, aber der Teil mit dem Sex hat mich nie sonderlich interessiert. Wie komisch. Also gab es bei mir keine *casual Dates*.«

»Ach so, verstehe. Und jetzt?«

»Na ja, jetzt dachte ich … Keine Ahnung. Ich dachte, ich …« Sie verstummte. Ruth wartete einen Augenblick, dann beugte sie sich vor.

»Hey, ich will dir jetzt nichts unterstellen, aber du wirkst auf mich nicht wie jemand, der lockere Sexdates hat.«

Toll. Fantastisch. Wie grauenhaft. Lag es nur daran, dass sie das hier noch nie gemacht hatte? Oder widersprach das Ganze wirklich grundlegend ihrer Natur? Sie hatte eigentlich geglaubt, dass man ihr die »Ich bin nur auf der Suche nach einem heißen Date«-Nummer abkaufte.

»Das ist doch nicht schlimm!«, sagte Ruth. »Bei dir denkt man nur sofort, die will Frau und Kinder.«

Bette merkte, wie ihr heiß wurde, und versuchte sich unauffällig den Schweiß von der Oberlippe zu wischen. Hätte sie doch lieber getönte Feuchtigkeitscreme benutzt und nicht die Foundation, die sich jetzt in der Hitze garantiert überall absetzte. Furchtbar.

»Wie kommst du denn darauf?« Sie strebte einen lässigen Ton an, aber es klang beinahe hysterisch. Ruth lächelte und entblößte ihre schiefen Schneidezähne. Sie waren merkwürdig süß. Konnten Zähne süß sein?

»Du hast jeden einzelnen Kinderwagen angeguckt, der hier reingeschoben wurde, du scheinst dich ernsthaft für meine Forschung zu interessieren, wir sind seit fast zwei Stunden hier, und du hast nicht eine anzügliche Bemerkung gemacht – bis auf das mit dem von hier verschwinden, würde ich sagen. Außerdem hast du mich zum Brunch eingeladen.«

Das ließ sich alles unmöglich abstreiten, also stürzte Bette sich zuerst auf die ungeheuerlichste Aussage. »Ich liebe Brunch! Was spricht denn gegen Brunch?«

»Brunch ist zum Kennenlernen.« Ruth machte eine ausholende Geste durch das Café. Und plötzlich verstand Bette. Die großen Fenster, das strahlend helle Ambiente, die verschnörkelte Schrift an der Tafel, die Familien und unzähligen Latzhosen. An dem Café war überhaupt nichts auch nur ansatzweise sexy. »Da checkt man, ob man sich gut versteht und vielleicht mal abends essen gehen kann. Oder man macht es am Morgen danach. Brunch schlägt man nicht vor, wenn man nur Sex will.«

Deshalb hatte Ash den ganzen Morgen fassungslos vor sich hin gemurmelt. Wieso hatte *Ash* bei so was besseren Durchblick als sie?

»Okay, was hätte ich dann vorschlagen sollen?« Sie presste die zittrigen Hände zwischen die Knie und war sich deutlich bewusst, dass ihre Stimme schon wieder knapp an der Hysterie vorbeischrammte.

»Was trinken. Abendessen vielleicht, wenn du sehr zuversichtlich bist oder wir die ganze Zeit über Essen geschrieben hätten. Aber wenn du wirklich nur Sex willst, dann Drinks. Oder lad die Person zu dir nach Hause ein. Und dann ... los.«

Bette schwieg einen Moment und überlegte. Drinks, na klar. Das hätte sie sagen sollen. Was sonst. Wie konnte man sich nur so blöd anstellen?

»Hey, du scheinst ein bisschen in Panik zu geraten. Das macht doch nichts! Ich meine das alles gar nicht böse. Ich will dir auch nicht vorschreiben, wie du dich fühlen sollst. Ich verurteile dich nicht, ich unterhalte mich nur.«

»Ja, ich ... Du hast recht.« Bette war zu überfordert, um irgendwas abzustreiten, der Gedanke, witzig und locker zu sein oder sich weiter unterhalten zu müssen, erschlug sie. »Ich bin ein Beziehungsmensch. Deshalb kriege ich das hier nicht hin! Aber ich bin in eine Frau verliebt, und die hat gesagt, ich muss mehr Erfahrung sammeln, *Erfahrungen* mit anderen Frauen, erst dann können wir uns fest binden, und ich … Das versuche ich jetzt wohl.«

Das musste man erst mal sacken lassen, und Bette wartete, bis Ruth alles aufgenommen hatte. Es dauerte eine Weile, zweimal klappte sie den Mund auf, als wollte sie etwas sagen, dann strich sie sich mit den Fingern über die Lippen und schüttelte fassungslos den Kopf.

»Wow. Das. Also. Wow. Okay, ich dachte, du hast das einfach noch nicht oft gemacht, aber das ist ja noch mal was komplett anderes. Eine Frau, die du liebst, hat dich losgeschickt auf eine, na ja, Sexodyssee?«

»Es tut mir wirklich leid. Du sollst nicht denken, dass ich dich ausnutzen will oder so.« Grundgütiger, von außen klang das alles so grässlich. Von innen ehrlich gesagt auch. »Aber ich hätte klarstellen sollen, dass ich Frauen daten will, die auf der Suche nach was Unverbindlichem sind. Also eine Nacht, idealerweise. Frauen, die nur ein bisschen Spaß haben wollen. Ich will keine daten, die sich mehr erhofft, als ich bieten kann. Ich muss mich bloß mit verschiedenen Leuten treffen und eine Menge Sex mit ihnen haben. Dann kann ich zurück zu Mei, damit sie weiß, dass es nicht nur daran lag, dass sie die erste Frau war, mit der ich geschlafen habe, sondern dass sie *die Eine* ist, und meine Güte, das wollte ich echt nicht alles sagen.«

Sie war außer Atem, merkte sie jetzt, und ihr brummte der Kopf. Fühlte sich wieder genauso an wie das Koffein-High.

»Da steckt aber einiges drin«, sagte Ruth langsam und nachdenklich. Sie winkte einen Kellner heran und bestellte einen Americano. Bette, die immer noch überdreht vom Kaffee, dem Adrenalin oder einer Mischung von beidem war, reichte ihm lieber die leere Wasserkaraffe.

»Tut mir leid«, sagte Bette, als er wieder auf dem Weg in die Küche war. »Ich meine, dass …«

»Entschuldige dich doch nicht. Das ist schon irgendwie was. Ich hatte in meinem Leben schon viele Dates, und das hier ist auf jeden Fall spannender als: *Und, was machst du so in deiner Freizeit?*«

»Dann bin ich ja froh, dass wenigstens du was davon hast.« Bette hatte gar nicht sarkastisch oder bockig klingen wollen, aber so war es eben.

»Hey, ich weiß nicht, ob du das willst, aber ich könnte dir einen Rat geben.«

Die Erleichterung schob die Beschämung langsam beiseite.

»Bitte, bitte tu das. Ich habe offensichtlich keine Ahnung, was ich hier mache.«

»In Zukunft kein Brunch mehr, da waren wir uns jetzt einig, oder?« Bei Ruths autoritärem Tonfall hätte Bette am liebsten einen Stift und eine Serviette zum Mitschreiben gezückt. »Du brauchst sozusagen eine gute Ein-und-Ausstiegs-Strategie. Es soll ja nicht zu eng werden, oder?«

»Okay. Ich meine, ja, das stimmt.« *Bloß Sex, bloß Sex, bloß Sex* schallte es ihr wieder durch den Kopf. Sie wurde rot, als der Kellner mit Kaffee und Wasser zurückkehrte, als könnte er ihre Gedanken lesen.

»Ich will jetzt keine Klischees bemühen, vielleicht stimmt das ja gar nicht. Aber wenn du daran gewöhnt bist, nur in Beziehungen Sex zu haben, fällt es dir vielleicht schwer, keine Gefühle zu entwickeln. Also muss alles ganz locker sein. Drinks. Die Person natürlich kennenlernen, aber nur oberflächlich. Sie irgendwo küssen, wo du dich sicher fühlst – deshalb mache ich so was immer in einer Gay Bar, damit dir kein sabbernder alter Perversling im Pub dazwischenfunkt, der einfach nicht raffen will, dass es wirklich nichts mit ihm zu tun hat, wenn du ein Mädchen knutschst.« Ruth holte Luft, und Bette war ihr plötzlich wahnsinnig dankbar. Dafür, dass sie alles so leicht und trotzdem ausreichend ernst nahm. Sie hätte auch einfach aufstehen und gehen können. »Aber mach es, wo du dich wohlfühlst. Wenn das gut läuft, also das Küssen, fantastisch, dann klärt ihr, zu wem von euch ihr wollt, oder wie weit du gehen möchtest, ohne sie mit nach Hause zu nehmen. Wenn es mit dem Knutschen nicht so toll läuft, wenn die Chemie nicht stimmt, überleg dir, ob du das Ganze trotzdem genießen kannst oder nicht. Ich will nämlich nicht behaupten, dass ein erster Kuss immer perfekt sein muss, aber er ist schon ein ganz guter Gradmesser dafür, ob man Spaß im Bett haben wird.«

Bette musste unwillkürlich auf Ruths Sonnenbrille schielen, die immer noch in ihrem BH steckte. Auf ihre sommersprossengesprenkelte Brust, das deutlich hervortretende Schlüsselbein. Sie konnte gar nicht anders, während sie über erste Küsse und Ins-Bett-Gehen sprach. Als sie wieder hochschaute und Ruths Blick begegnete, wurde ihr klar, dass sie nicht besonders unauffällig gewesen war. Bette verfiel in einen geschäftsmäßigen Ton.

»Ja, hört sich alles sinnvoll an.«

»Ich will nicht herablassend klingen, also unterbrich mich einfach, wenn ich unrecht habe, aber wo du schon erwähnt hast, dass die andere Frau deine Erste war, dann hast du wahrscheinlich auch nicht viel Erfahrung mit One-Night-Stands? Oder vielleicht doch, bevor du angefangen hast, dich mit Frauen zu treffen?«

»Nein«, gestand Bette. »Also, überhaupt nicht.«

»Cool. An deiner Stelle würde ich damit ganz offen umgehen. Zuerst mal musst du dein Profil überarbeiten, du bringst nämlich noch nicht klar rüber, was du eigentlich suchst. Du hast dich gerade erst geoutet, willst daten und rausfinden, was dir gefällt, nicht wahr? Du bist nicht auf der Suche nach einer Beziehung, die über eine Nacht hinausgeht. Sag das einfach. Wer damit ein Problem hat, wird nach links swipen. Aber du musst ihnen die Chance geben, diese Entscheidung zu treffen.«

Bette verstand, dass Ruth sich selbst meinte. Ruth hatte sie diese Entscheidung nicht zugestanden. Ihr zog sich vor schlechtem Gewissen der Magen zusammen.

»Du hast recht. Tut mir wirklich leid. Daran hätte ich denken sollen.«

Ruth winkte ab, als würde sie die Entschuldigung zurückweisen. Und eigentlich, fand Bette, wirkte sie jetzt, wo alles zwischen ihnen geklärt war, auch nicht wahnsinnig enttäuscht.

»Schon gut. Aber ja, auf so eine Konstellation würde ich mich zum Beispiel nicht einlassen. Ich habe mir nämlich geschworen, nur noch emotional verfügbare Menschen zu daten.«

Dahinter verbarg sich eine Vorgeschichte, die sich irgendwo in Bettes Hirn verhakte und ihr wahrscheinlich später noch Kopfzerbrechen bereiten würde. Wären die letzten zehn Minuten nicht so demütigend für sie gewesen, hätte sie vermutlich nachgefragt.

»Vielen Dank für deinen Rat.« Das war ihr voller Ernst. »Ehrlich, ohne dich wäre ich aufgeschmissen gewesen.«

»Gerne. Betrachte es als Gay-Mizwa. Ich bin voll dafür, dass du so viel Spaß und tollen Sex hast, wie du willst, aber es lohnt sich, mit offenen Karten zu spielen. Da werden sich genug Willige finden, glaub mir.«

Bette spürte ihre Wangen glühen und musste sich zusammenreißen, um Ruth nicht zu fragen, ob ihre deutliche Abfuhr wirklich so unverrückbar war.

»Und ich finde, du solltest mir deine Nummer geben.« Ruth lächelte wieder den Kellner an, um die Rechnung zu bekommen. »Ich will nämlich wissen, wie es weitergeht.«

KAPITEL 6

Donnerstag, 28. Juli
Noch 79 Tage

Bette brauchte bis Donnerstag, um die App wieder öffnen zu können. Was nicht hieß, dass sie nicht daran gedacht hatte. Das hatte sie, unangenehm oft sogar. Aber jedes Mal hatte sie wieder an das Date denken müssen, an ihre Erwartungen, und wurde von schlechtem Gewissen und Scham überwältigt. Kein angenehmes Gefühl, auch kein willkommenes, so schlecht in etwas zu sein. Dass ein Date damit geendet hatte, dass eine heiße Frau ihr erklären musste, wie Dating funktionierte. Aber bis Donnerstag hatten die Gedanken an Mei und ihren Auftrag alles andere überlagert.

Ash hatte gelacht, als Bette nach dem Date nach Hause gekommen war. Nicht nett oder mitfühlend, sondern schallend und genüsslich. Bette wollte wütend sein, aber es war, das musste sie zugeben, objektiv lustig, einen so schlechten Anmachversuch zu starten und einen so lieben und nachdrücklichen Korb zu bekommen. Also ließ sie Ash lachen. Aber es war klar, dass sie ihr Profil allein überarbeiten musste, wenn sie sich bei dem Versuch nicht gnadenlos von Ash veräppeln lassen wollte.

Am Donnerstag war Ash bei Tim, also nutzte Bette aus, dass sie sturmfrei hatte. Es war ein lauer Abend, kühler als den ganzen Monat zuvor. So lau, dass sie ein kochend heißes Bad nehmen und dabei ein eiskaltes Bier trinken konnte, während sie bis zum Kinn im Wasser lag.

Das Bad war zweifellos das schlechteste Zimmer in der Wohnung, in den Ecken spross Schimmel, um den sich der Vermieter einfach nicht kümmern wollte. Ash und Bette hatten Wohnzimmer und Küche liebe- und mühevoll eingerichtet, hatten sich die Erlaubnis geholt, die scheußlich *Magnolia*-beigen Wände zu überstreichen – eine Farbe, mit der wohl alle Vermieter*innen eimerweise ausgestattet wurden –, aber was das Bad anging, hatten sie sich damit abgefunden, dass sie es lediglich sauber halten konnten. Sie hatten es nicht mitgestalten können, und durch sein kastiges und zweckmäßiges Design fühlte es sich noch kleiner und enger an, als es ohnehin schon war.

Meis Bad dagegen war ein Traum. Sie hatte an der Wand befestigte Regale und Körbe, überall Pflanzen und haufenweise Handtücher, so weich und frisch, dass Bette das Gesicht darin vergraben wollte. Die Wände waren dunkelblau gestrichen, und die weißen Kacheln hoben sich strahlend davon ab. Sie hatten dort stundenlang in der Wanne gesessen und geredet, spätabends nach Sonnenuntergang, und ihre Knie waren in der Mitte aneinandergestoßen.

Eines Samstagmorgens war Bette von Mei nach Hause gekommen, in ihr eigenes Bad gegangen und hatte beschlossen, dass dringend etwas getan werden musste. Nun befand sich ein IKEA-Regal voller Töpfe über dem Fenster, von denen aus sich Ranken und Blätter auf die Suche nach Licht machten. Sie stufte all ihre Handtücher, die mit Real-Red-Haarfarbe befleckt waren (der Farbton verdiente seinen Namen nicht) zu Haarfärbehandtüchern herab und versteckte sie im Schrank. Dann fand sie einen Satz neue, die in makellosem Zustand bleiben sollten. Sie hatte eine Wannenablage gekauft, die gefährlich über dem Schaum balancierte, und ein paar schicke Kerzen mit Zitrusduft. Jetzt hasste sie das Bad nicht mehr.

Sie tauchte noch tiefer ein und atmete durch, bevor sie die App wieder anklickte. Wenn sie ihr Profil so ansah, war eigentlich offensichtlich, was schiefgelaufen war. Das Feld »Auf der Suche nach« war leer, und die »Über mich«-Zeile hatte sie auch ausgelassen und stattdessen irgendwelche anderen Fragen beantwortet und ein paar Fotos hochgeladen. Das Profil war in allen wichtigen Belangen absolut nichtssagend. Sie staunte, dass die selbstbewusste Ruth, die genau wusste, wonach sie suchte, überhaut nach rechts geswipt hatte.

Sie fügte ihrem Profil »Was Unverbindliches« hinzu. Aber das »Über Mich«-Feld war wirklich schwierig. Jeder Entwurf kam ihr vor, als würde sie sich eine Hautschicht abziehen. »Habe mich gerade erst geoutet« gab ihr ein kribbelnd peinliches Gefühl. »Suche nichts Festes« war so abgegriffen. Das Wort »Sex« ließ sich auf keine Weise integrieren, die ihr nicht die Fußnägel aufrollte. Letztlich entschied sie sich für ein bisschen Retro, eine Option, die sich leicht als Witz abtun ließ, falls jemand wirklich darüber lachte.

Katastrophale Lesbe sucht heiße queere Frauen in Bristol für casual Spaß, Vögeln usw.

Das musste reichen. Sie ließ das Handy neben die Wanne auf den Boden fallen und tauchte in die Stille unter Wasser ab.

***

Mit Jess matchte sie am Samstagmorgen vor dem Aufstehen. Die Unterhaltung begann mit einem »Hey« plus Zwinkersmiley, über den Bette vergeblich hinwegzusehen versuchte. Aber sie wollte hier ja nicht ihre zukünftige Ehefrau finden, erinnerte sie sich. Alles ganz unverbindlich.

Bette: Hey!

Bette: Wunderschönes Foto von dir auf der Hochzeit.

Bette: Oder ist das gar keine Hochzeit?

Bette: Bei so schicken Events denke ich automatisch an Hochzeit

Bette: Eigentlich albern

Jess: Ich liebe deinen Style

Bette: Danke! Lieb von dir.

Jess: Bristol?

Bette: Ja! Seit 10 Jahren jetzt.

Bette: Du?

Jess war nicht sonderlich gesprächig, aber darauf kam es ja nicht an. Sie war hübsch. Eigentlich eher hot. Ihr blondes Haar hing ihr ins Gesicht, und sie machte einen Schmollmund. Auf der Hälfte ihrer Bilder war ein Typ mit drauf, mit grauenhaftem gelbem Smiley-Sticker über dem Gesicht. Wahrscheinlich ein Ex.

Jess: Mein Freund und ich spielen gerne

Jess: Wollen wir uns treffen?

Also doch kein Ex.

Bette: Nicht mein Ding, sorry

Bette: Nicht böse gemeint! Typen sind einfach nicht mein Fall.

Jess löste das Match keine Minute später auf.

***

Am Samstagnachmittag, als sie gerade in der Keksabteilung von Sainsbury's auf den Einkaufswagen gestützt darauf wartete, dass Ash mit dem vergessenen Kaffee zurückkam, matchte sie mit Sophie. Ihr Handy gab einen Benachrichtigungston von sich, und Bette swipte den rabenschwarzen Pixie-Cut und den coolen orangen Lippenstift sofort nach rechts.

Sophie: Bette ist ja ein cooler Name! Hab ich noch nie gehört! Ist das eine Kurzform?

Bette: Ja genau!

Bette: Elisabetta

Bette: Als Kind hieß ich Beth

Bette: Dann hab ich Little Women gelesen und wollte nicht die sein, die stirbt

Bette: Daher lieber Bette

Bette: Sorry, Spoiler

Sophie: Haha

Sophie: Großartig.

Bette: Erst nach meinem Coming-out hab ich gemerkt, dass ich mir den Namen einer wichtigen Figur aus The L Word ausgesucht habe

Bette: Ich hätte es wissen sollen

Sophie: Oh, hab ich noch nie gesehen!

Bette: Ist toll und total gaga

Bette: Wohnst du in Bristol?

Sophie: Ja, seit einem Jahr jetzt. In Clifton, praktisch wegen der Uni.

Bette: Was studierst du denn?

Sophie: Musik. Ich finds toll. In der Oberstufe gab es nicht so guten Musikunterricht, kann immer noch nicht ganz glauben, dass sie mich genommen haben.

Hm. Oberstufe.

Bette schloss den Chat und ging wieder auf das Profil.

Sophie, 19.

Fuck, Fuck, Fuck, Fuck, Fuck.

»Ooh, die sieht ja jung aus«, erschallte es neben ihrem Ohr.

»Ich weiß, ich weiß! Das war ein Versehen, ich wollte nicht swipen!« Bettes Stimme war hoch und gereizt. Ash übernahm den Einkaufswagen und lachte, Bette suchte nach der Alterseinstellung und löste das Match mit Sophie auf.

***

Am Mittwoch swipte sie auf dem Nachhauseweg von der Arbeit Netta nach rechts. Netta hatte schwarze Braids, die sie als Knoten auf dem Kopf trug, große Augen und stellte auf ihrem Foto Schlüsselbein und Schultern zur Schau, in die Bette am liebsten reinbeißen wollte. Sie hatte auch bloß »Was Unverbindliches« ausgewählt, war einunddreißig, und Bette dachte, langsam wird das was mit dem Swipen.

Als sie sich später am Mittwochabend die Zähne putzte, erhielt sie die Mitteilung: Netta hatte zurückgeswipt.

»Sie ist so hübsch!« Ash schaute Bette über die Schulter und spuckte ins Waschbecken.

»Ich weiß«, erwiderte Bette mit dem Mund voller Zahnpasta. Ash versuchte ihr ungeschickt zuzuzwinkern (das andere Auge blieb nicht ganz offen) und ließ sie allein. Bettes Handy vibrierte wieder.

Netta: Hey! Danke fürs Swipen, und sorry, dass ich jetzt erst zurückswipe. Schön, dich quasi-kennenzulernen!

Bette: Schön, dich mehr oder weniger kennenzulernen!

Bette: Wie lief deine Woche bis jetzt?

Sie stöhnte. Grauenhafte Frage, vor allem von einer Fremden. Was sollte man dazu schon sagen, außer »gut«? Wieso zum Geier hatte sie das als Einstieg genommen?

Netta: Gut.

Das hatte sie verdient. Sie klickte wieder auf Nettas Profil. Da stand was von Reisen und dass sie romantische Komödien liebte. Sie war sich sicher, dass sie die langweiligste Frage der Welt wiedergutmachen konnte, und rief den Chat auf.

Bette: Beste RomCom von Nora Ephron?

Sie schrieb sofort zurück.

Netta: Darauf gibt es nur eine richtige Antwort.

Das sah Bette genauso.

Netta: e-m@il für Dich, ist ja wohl klar

Falsch.

Bette: Waaaaasssss

Bette: Aber ... aber Harry und Sally?

Netta: Ach so eine bist du

Bette: Eine, die echte Qualität erkennt?

Netta: Ist ein erstklassiger Film, streite ich gar nicht ab! Aber e-m@il für Dich ist besser

Bette: Aber Sally!

Netta: Kathleen!

Bette: Der Rolodex!

Netta: Der Kaviar!

Bette: Er wird sie nie verlassen!!!

Netta: Okay, da hast du recht

Netta: Perfektes Zitat

Bette: Na dann los

Bette: Lass mal deine These hören

Netta: Lässt sich ziemlich simpel zusammenfassen:
Tom Hanks > Billy Crystal

Netta: Außerdem die beste Filmtrennung aller Zeiten mit Greg Kinnear.

Netta: Und Bücher. Und ein Ende, das beide Figuren wirklich glücklich macht.

Netta: Sie kann Lektorin sein, oder Autorin oder so

Netta: Sich von dem Ballast befreien.

Netta: Seien wir ehrlich, hätte sie den Laden wirklich retten wollen, hätte sie so viele andere Sachen versuchen können.

Netta: Hat sie aber nicht.

Netta: Er kriegt sie und kann sein kleines Buchladenimperium führen, zumindest bis Amazon sie alle plattmacht.

Netta: Und da habe ich noch nicht mal in Betracht gezogen, dass das Beste an H&S für dich unter Garantie (weil es stimmt) Carrie Fisher ist.

Netta: Sie ist großartig, sie ist perfekt, aber du kannst nicht von ihr verlangen, den Film alleine zu tragen. Sie ist ja nicht die Hauptdarstellerin.

Netta: Klar, er catfisht sie im Grunde, und er hätte es ihr viel früher sagen müssen, und klar ist das alles ein bisschen eklig.

Netta: Aber TOM HANKS.

Netta: Im HERBST.

Bette merkte, dass sie entzückt auf ihr Handy starrte, während ihr die Zahnpasta übers Kinn lief und auf den Schlafanzug tropfte. Sie wusch sich das Gesicht und nahm das Handy mit ins Bett.

Bette: Das ist … erschreckend überzeugend

Netta: Danke. War von Anfang an mein erklärtes Ziel, Leute auf dieser App zu e-m@il für Dich zu bekehren.

Netta: Du lebst in Bristol, oder?

Bette: Ja!

Bette: Finde es toll hier.

Netta: Ach ja? Was hat dich hin verschlagen?

Bette: Die Uni vor Jahren, dann wollte ich nicht mehr weg.

Bette: Und dich?

Netta: Bloß ein Meeting.

Bette: Lol, und dann wolltest du nicht mehr weg?

Netta: Doch doch, bin ich.

Netta: Bin wieder zu Hause in London.

Netta: In Walthamstow.

Netta: Das wusstest du, oder??

Verwirrt klickte Bette wieder auf Nettas Profil. Tatsächlich stand da 176 Meilen entfernt.

Bette: Shit, sorry, ich dachte, ich hätte 10 Meilen eingestellt.

Netta: Tut mir leid! Ich war gestern in Bristol, deshalb wurde ich dir bestimmt angezeigt.

Netta: Bin nur aus Jobgründen hingejettet.

Netta: Also mit dem Zug.

Bette: Klar.

Enttäuschung machte sich breit. Dabei hatte alles so gut angefangen. Und jetzt war es bloß ein weiteres Kapitel in ihrer Woche voller Enttäuschungen und Fehlstarts.

Netta: Bist du manchmal in London?

Bette: Praktisch nie

Bette: Kommst du oft nach Bristol?

Netta: So oft nicht. Aber vielleicht nächsten Monat oder so? Versuche da einen Deal abzuschließen, also muss ich noch mal hin. Dann können wir ja was trinken gehen?

Bette: Ja, unbedingt

Bette: Hört sich toll an

Netta: Bist übrigens echt sexy, auch wenn du nicht viel Ahnung von Ephron hast. Bin echt froh, dass wir geswipt haben.

Netta: Also, ich freu mich drauf.

Hätte schlimmer sein können, befand Bette. Der Funke war da, ein Date mit ihr könnte Spaß machen. Aber die Enttäuschung nagte dennoch an ihr.

***

Seit Bette in Bristol lebte, hatte ihre Mutter ihr jedes Jahr zum Geburtstag zwei Schwimmgutscheine für das Lido in Clifton geschenkt. Beim ersten Mal hatte sie noch die Augen verdreht, weil das Ganze höchstwahrscheinlich ein Wink ihrer Mutter war, sie solle sich nicht nur ins Chlorwasser, sondern auch in andere Kreise begeben. Ihr erster Besuch begann dann auch wie befürchtet. Das Bad war ihr viel zu schickimicki vorgekommen, eine Spielwiese für Leute, die Geld für Anwendungspakete und feinen Lunch hatten. Die Labels trugen, die sie nicht mal kannte, und deren Badebekleidung keine Knötchen an den Nähten hatte oder an den Brüsten runterhing. Keine Student*innen, mit anderen Worten. Oder Angestellte von Kunststiftungen. Sie wollte es furchtbar finden, über allem stehen und die Nase über ein Schwimmbad rümpfen, das eine Mitgliedschaftswarteliste hatte.

Leider wurde es schnell zu einem ihrer Lieblingsorte auf der ganzen Welt.

Am Sonntag wurde ihr beim Sprung ins Wasser ein bisschen schwindelig. Das Becken war beheizt, aber die Luft draußen war so warm, dass es sich trotzdem nach Abkühlung anfühlte. Sie spürte, wie ihr der Schweiß vom Körper gewaschen wurde, und versuchte, nicht an den Schweiß der anderen zu denken, in dem sie nun schwamm.

Unter Wasser konnte sie ihren Verstand normalerweise herrlich abschalten. Sie war hergekommen, um den Kopf freizukriegen, aber dann musste sie doch gleich wieder an die zehn Tage des Swipens denken, an die ganzen gescheiterten und abgebrochenen Gelegenheiten. Daran, wie sie jedes Mal, wenn sie eigentlich Mei schreiben wollte, stattdessen die App öffnete, und dass das nicht das gleiche Bedürfnis befriedigte. Ihre Arme schnitten durchs Wasser und beförderten sie vorwärts, mit jedem Zug wuchs die frustrierte Anspannung in ihren Schultern. Sie hasste die Apps. Es fühlte sich alles so unnatürlich an, so gezwungen. So langweilig. Mit Mei hatte sie so ein Glück gehabt. Eine Frau zu treffen, mit der sie sich sofort verstand, die sie attraktiv fand und umgekehrt. Die nicht in einer anderen Stadt lebte, bereits vergeben war oder scheiß neunzehn Jahre alt. Wie unwahrscheinlich das doch war. Wie machten die anderen das bloß?

Nachdem sie sich zwanzig Minuten im Becken hin- und hergequält hatte, wich die Verspannung wieder aus ihren Schultern, und ihre Arme schmerzten angenehm vom immer gleichen Bewegungsablauf. Ihrem Hirn ging es auch besser, es flimmerte nicht mehr vor lauter Enttäuschung und Ärger, sondern war vielmehr auf Lösungssuche. Ash war keine Hilfe, was Erfahrung hinsichtlich lockerer Sextreffen anging oder Erfahrung hinsichtlich heißer Matches auf Dating-Apps. Tatsächlich kannte Bette erstaunlich wenige Menschen, die die letzten Jahre längere Zeit Single gewesen waren. Sie war die Ausnahme.

Abgesehen von Ruth. Ihr wurde bewusst, dass Ruth, die in Sachen Dating-Apps äußerst versiert schien und eindeutig von anderen Dates gesprochen hatte, Bette ihre Nummer gegeben hatte. Wenn auch nicht genau zu diesem Zweck, so doch auch nicht *nicht* zu diesem Zweck.

Sie hatte ihre Bahnen schon eine ganze Weile nicht mehr mitgezählt, aber ihre Schultern vermeldeten, dass sie fertig war. Sie zog sich aus dem Becken, wickelte sich in das Leihhandtuch und ging trotz der Hitze schnurstracks in die Sauna. Es war herrlich höllisch heiß, und sie konnte an nichts anderes denken als an den Schweiß, der ihr von der Nase tropfte, weil jeder Atemzug feucht und ungenügend war. Als sie irgendwann befürchtete, gleich ohnmächtig zu werden, und in ihrem Kopf selige Ruhe herrschte, taumelte sie wieder hinaus und atmete in der frischen Sommerluft mehrmals tief durch. Als ihr Puls sich wieder normalisiert hatte, duschte sie den Schweiß ab, der sich in jeder Kerbe ihres Körpers gesammelt hatte. Dann legte sie ihr Handtuch an eine schattige Stelle der Terrasse. Ihr blieb noch eine halbe Stunde Zeit, und obwohl sie wahrscheinlich noch ein paar Bahnen ziehen sollte, wollte sie sich viel lieber in den Schatten legen.

Als sie es sich bequem machte und vergebens an den Trägern ihres Badeanzugs fummelte, als würde ihr dieser dann plötzlich doch etwas mehr Halt bieten, kam ihr Ruth wieder in den Sinn. War es stillos, ihr einfach eine Nachricht zu schreiben? Sie hatten ein misslungenes Date gehabt, also war es wahrscheinlich geschmacklos, ihr in der Hoffnung auf noch mehr Datingtipps zu schreiben. Andererseits hatte Ruth gesagt, sie wollte auf dem Laufenden bleiben. Von daher würde sie doch im Grunde nur tun, worum sie gebeten hatte?

Bette zerbrach sich noch eine Minute den Kopf, dann holte sie ihr Handy aus der Badetasche. Sie konnte einfach »Hallo« schreiben. Mehr nicht, und dann würde sie sehen, was sich daraus entwickelte.

Aber als sie das Handy entsperrte, sah sie zwischen einem Foto von Carmen und Anton bei van Gogh und einer Erinnerung von Ash, dass sie Hafermilch brauchten, bereits eine Nachricht.

Ruth: Na, wie läuft die Jagd?

Ha. Hätte sie sich mal nicht so einen Kopf gemacht.

Bette: Jagd hört sich ganz schön aggressiv an.

Ruth: Sorry, so war das nicht gemeint.

Bette: Nein, nein, wollte mich nicht beschweren.

Ruth: Lol. Okay.

Ruth: Also, wie läuft die Jagd?

Bette: Wär es schlimm, wenn ich ein bisschen rumjammere?

Bette: Läuft nämlich ehrlich gesagt ganz schön kacke.

Ruth: Wegen den ganzen Frauen, die jemanden für Sex (mit ihrem Freund) suchen, oder den Zweiundzwanzigjährigen, neben denen du dich uralt fühlst, oder den Frauen, die Hunderte Meilen entfernt wohnen und vor einer Woche in Bristol waren?

Unheimlich.

Bette: ...

Ruth: Wir haben uns auch per App kennengelernt, schon vergessen? Ich kenne das Spiel.

Bette: Es war aber nicht alles furchtbar

Bette: Eine Frau klang großartig, war aber leider nur einen Tag in Bristol

Bette: Aber abgesehen davon, genau, Frauen auf der Suche nach Dreiern

Bette: Oder Frauen, die mir das Gefühl geben, ich sollte langsam mal an meine Altersvorsorge denken

Bette: Also unterm Strich?

Bette: Ziemlich mickrige Ausbeute

Ruth: Du hast keine Altersvorsorge?

Ruth: Darum geht's nicht, sorry, ich weiß. Aber ist schon wichtig.

Ruth: Hast du dir überlegt, es auf anderem Weg zu versuchen?

Bette: Was, offline??

Bette: Welches Jahr haben wir?? 2005??

Bette: Na ja, wer weiß, 2005 war ich noch nicht gay

Bette: Vielleicht war es damals auch ganz anders

Ruth: Für mich lief 2005 alles über MySpace, und es gab heiße Girls am College.

Bette: Wow, ich wünschte, ich hätte mich damals schon geoutet

Ruth: Na ja, ganz so easy war es auch nicht. Clause 28 war schon ziemlich übel. Aber man konnte eine Menge Spaß haben ...

Bette erinnerte sich zwar, aber zu der Zeit war ihr das alles so theoretisch vorgekommen.

Bette: Tut mir leid, das sollte wirklich nicht so flapsig klingen

Ruth: Nein! Ach Quatsch! Es gibt einfach nicht den einen perfekten Weg, würde ich sagen.

Wenn Ruth es so ausdrückte, klang es total offensichtlich. Das ganze letzte Jahr hatte sie alle beneidet, die sich früher geoutet hatten als sie. Aber es hatte auch seine Vorteile gehabt, neunundzwanzig zu sein, mit Ash zusammenzuwohnen, die total begeistert reagiert hatte, nicht mit einem neuen Label in die Schule zu müssen und sich anstarren und aufziehen zu lassen.

Wie gut es sich anfühlte, mit Ruth zu reden. Hilfreich. Solche Dinge konnte sie mit Ash – obwohl sie eine perfekte, großartige Freundin war – nicht teilen.

Bette: Wollen wir nicht was trinken gehen?

Bette: Rein platonisch natürlich, ich will dich nicht (schon wieder) angraben

Bette: Aber ich hab noch tausend Fragen und das Gefühl, du kennst bestimmt ein paar Antworten

Ruth: Ha! Kann gut sein. Warum sollst du nicht von meiner Zeit in der Wildnis profitieren. Freitag? Nach Feierabend?

Genauso war es, dachte Bette. Sie brauchte eine Reiseführerin. Die schon dort gewesen war, wo sie hinwollte. Die sich in die Wildnis gewagt hatte und es wieder herausgeschafft hatte. Bette strich über ihren Badeanzug und versuchte zu erfühlen, ob er trocken genug war, um ihn anzulassen. Der elastische Saum war immer noch nass, also verhielt sie sich unauffällig und überlegte, wie lange sie ihren Aufenthalt ausreizen konnte, weil sie die unerwartete Freude noch etwas auskosten wollte, Hilfe und guten Rat am Horizont zu erspähen.

KAPITEL 7

Freitag, 12. August
Noch 64 Tage

Am Freitagabend nach Feierabend standen zwei Pints zwischen ihnen auf dem Tisch. Im Pub war es voll, aber Ruth hatte eine Tischecke im Biergarten besetzt, und die verteidigten sie nun wacker gegen die stetig wachsende Menschenmenge um sie herum. Natürlich hätte Bette damit rechnen müssen. An einem Freitag. Im Sommer. In England.

Als Bette zum zweiten Mal in zwei Minuten Bier über den Rücken schwappte, verwandelte sie sich in die schlechteste und unbehaglichste Version ihrer selbst und entschuldigte sich mehrfach dafür, dass *sie* im Weg war. Bei der ersten Entschuldigung verdrehte Ruth noch die Augen, bei der zweiten fiel sie Bette ins Wort und starrte den Mann durch ihre übergroße Sonnenbrille an, bis der mit einem »Sorry, okay?« die Schultern zuckte und versuchte, sich ein Stück weiter wegzuschieben.

So hatte Bette gerade genug Platz, die Arme hinter sich zu zwängen und ihr Shirt auszuwringen. Zum Glück hatte sie den Schwall abgekriegt und nicht Ruth. Die sah in ihrem strahlend weißen Hemdkleid, unter dem schwach ein gelber BH durchschimmerte, nämlich wie ein rein platonisches Sommerideal aus. Bettes Turnschuhe waren voller Schlamm, weil sie Anfang der Woche durch den Park zur Arbeit gelaufen war, und die marineblaue Bluse, die sie sich in die Shorts gesteckt hatte, war alt. Darüber hatte sie sich überhaupt keine Gedanken gemacht, bis sie sich Ruth gegenüber hingesetzt und plötzlich an das kleine Loch unterm Arm gedacht hatte, und dass der Kragen einfach nie ganz unten blieb, außerdem hatte sie seit der Uni nichts mehr gebügelt. Auch wenn das Teil das Bier überleben würde (es hatte schon wesentlich Schlimmeres überstanden), den Rest des Abends würde sie nach Brauerei stinken.

Bette versuchte, das klebrige Gefühl zu ignorieren und sich wenigstens an der kühlen Brise an ihrem nassen Rücken zu erfreuen, während sie Ruth von den letzten zwei Wochen, ihrem überarbeiteten Profil und den abgebrochenen Chats erzählte.

»Neunzehn? Wow, das ist echt jung.« Ruth verzog das Gesicht. »Mit neunzehn war ich ein richtiges Schwein. Da hätte ich garantiert auch eine heiße Frau über dreißig nach rechts geswipt.«

»Schnauze. Ich bin dreißig. Punkt. Nix mit über.« Bette verkniff sich ein Lächeln.

»Wie warst du denn mit neunzehn?«, wollte Ruth wissen. Ihr Ton war locker, und Bette wusste, dass sie wahrscheinlich mit einer flapsigen Antwort rechnete. Aber die Frage beinhaltete auch eine Einladung. Die Erlaubnis, das Gespräch von beiläufigem, seichtem Meckern über Dates auf eine ernstere Ebene zu heben.

»Ich war …« Sie zögerte und trank einen so großen Schluck, dass er ihr fast zur Nase wieder rauskam. »Shit, ich weiß es nicht. Im Nachhinein kann man die Realität leicht verklären. Ehrlich gesagt, wenn ich an die ersten paar Jahre in Bristol denke, fällt mir eigentlich nur ein, wie sehr ich mich angestrengt habe. Und das nicht mal an der Uni. Einfach … generell. Weißt du?«

»Ähm, ich glaube schon?« Ruth trank einen Schluck. »Aber erzähl es mir ruhig.«

»Ich will am liebsten in die Vergangenheit reisen und mein jüngeres Ich schütteln. Jetzt nicht unbedingt, um meine lesbische Seite zu wecken. Bloß, damit ich nicht so streng mit mir bin. Ich habe mit aller Macht versucht, irgendeiner Version von … was auch immer zu entsprechen. Den Erwartungen von außen. Aber ich habe gar nicht richtig verstanden, welche das überhaupt waren. Ich hab einfach versucht, cool zu sein oder so. Was weiß ich? Beliebt zu sein, lustig, das Mädchen, mit dem man zusammen sein will. Egal, wie es mir tatsächlich ging.«

»Ja, dass ich auf Frauen stehe, war mir zu dem Zeitpunkt schon klar, aber du hast recht. Das war echt anstrengend. Für kein Geld der Welt will ich noch mal neunzehn sein.«

Mit dem Wissen von heute in diese Zeit zurückzukehren, war unvorstellbar. »Nein, ich auch nicht. Manches würde beim zweiten Mal vielleicht mehr Spaß machen. Aber bis jetzt finde ich dreißig sein ziemlich toll.«

»Ach ja? Hast du dich dieses Jahr geoutet?«

»Vor ungefähr anderthalb Jahren. Aber eigentlich nur Ash gegenüber, meiner Mitbewohnerin. Dann habe ich noch ein Jahr gebraucht, bis ich es meiner Familie gesagt habe, und dann noch ein bisschen länger, bis ich tatsächlich was unternommen habe. Tun, was ich wollte, meine ich. Also, das Coming-out ist ja auch schon *was unternehmen.*« Plötzlich hatte sie Angst, ins Fettnäpfchen zu treten. »Du weißt schon, was ich meine. Jedenfalls. Dann habe ich Mei kennengelernt. Und bei dir?«

»Ich habe meiner Mum ganz selbstsicher eröffnet, dass ich mal ein Mädchen heirate, da war ich acht oder so. Meine Tante Rachel ist lesbisch. Und ich wollte wie sie und ihre Partnerin Sid sein.« Sie lächelte, und Bette stellte sich ein dunkelhaariges Kind mit geradem Pony vor, das mit einer Spitzentischdecke auf dem Kopf herumstolziert und sicher ist, eines Tages eine Frau zu heiraten. Sie hatte Mitleid mit sich selbst in dem Alter. »Ich glaube, Mum hat das nicht weiter ernst genommen, sie sagte nur: *Wie schön*. Ich weiß noch, dass ich als Teenagerin merkte, dass ich auch Jungs mag. Da war ich total sauer. Mit meinem ersten Freund war ich drei Monate zusammen, bevor ich mich getraut habe, meinen Eltern von ihm zu erzählen.«

Bette lachte und freute sich wie immer, wenn sie von Eltern hörte, die komplett unbeeindruckt blieben. Sie stutzte. Mei all das zu erzählen, hatte sich völlig anders angefühlt, sie war so überwältigt gewesen und so nackt in ihrem Bett, dass alles einfach aus ihr herausgesprudelt war. Hier im Biergarten war es tückischer. Viel bloßstellender. »Ich glaube, bis vor ein, zwei Jahren wusste ich gar nicht, wie es sich anfühlt, auf jemanden zu stehen. Irgendwie dachte ich, dass mit mir was nicht stimmt. Oder dass das alles eine gigantische Verschwörung ist und alle Sex so fanden wie ich. Total überbewertet.«

»Heteronormativität kann einem echt das Leben versauen«, sagte Ruth warm und mitfühlend und stieß solidarisch mit Bette an. »Das wird einem schon ganz früh eingetrichtert. Und man kann sich nur schwer davon befreien, vor allem, wenn man ohne entsprechende Vorbilder aufwächst.«

»Und katholisch.«

»Und katholisch. Ja, das macht es bestimmt nicht besser.« Ruth verzog das Gesicht. »Aber du hast es geschafft und deine Freude an Frauen entdeckt.«

Bette spürte, wie sie rot wurde, was sich im Zweifel hoffentlich auf das Bier schieben ließ. Oder die Sonne.

»Äh ja, das habe ich wohl. Oder besser gesagt an einer Frau.«

»Ach, ich meinte das so ganz grundsätzlich, im Allgemeinen ... Frauen eben. Nicht dass ... Aber ja. Wenn du es so genau betrachten willst. Dann stimmt das wohl.«

»Ähmmm …«, murmelte Bette beschämt, bis ihr auffiel, dass Ruth den Mund hinter ihrem Pint verbarg und sie auslachte. »Großartig. Echt großartig, danke.«

Sie sah Ruth finster an, bis ihre Mundwinkel ebenfalls nach oben zuckten. Sie konnte nicht anders. Sie hatte Spaß.

»Also, jedenfalls. Das mit den Apps. Eigentlich dachte ich, es würde Spaß machen, Leute zu swipen, die ich tatsächlich attraktiv finde. Aber es ist eher wie Verwaltungsarbeit. Langweilig. Jedes Mal, wenn ich damit anfange, würde ich fünfzig andere Sachen lieber machen. Das Ganze kommt mir vor wie ein zweiter Job.«

»Mir auch.« Ruth klang erleichtert, diese Wahrheit bestätigt zu bekommen. »Alle, die ich kenne, haben eine Erfolgsgeschichte, die ihnen selbst oder einer Freundin passiert ist, oder einer Freundin von einer Freundin. Also habe ich das Gefühl, ich darf nicht das Handtuch werfen. Als würde ich sonst komplett aufgeben. Die Liebe, Romantik, alles eben. Ich lösche die Apps immer wieder, um mir zu beweisen, dass ich sie nicht brauche, aber am Ende werde ich doch wieder schwach und lade sie mir runter.«

»Hast du schon mal jemand Interessanten darüber kennengelernt?« Bette musste lachen. »Außer mir natürlich.«

»Außer dir natürlich«, wiederholte Ruth etwas weniger sarkastisch, als Bette es ihrer Meinung nach verdient gehabt hätte. »Nein, noch nicht. Ich mache das jetzt nur noch, um jemand ganz Besonderen zu finden. Was Ernstes. Also ist es für mich irgendwie auch neu. Bisher habe ich Menschen, mit denen ich ernsthafte Beziehungen hatte, immer über Freunde oder die Arbeit kennengelernt. Das mit den Apps war eigentlich immer nur zum Spaß. Aber in meinem Umfeld sind viele jetzt in festen Beziehungen, und die Auswahl wird immer kleiner. Kleiner als vor ein paar Jahren auf jeden Fall. Ich bin zwar nicht einsam, das würde ich nicht sagen, aber es wäre schon schön. Es fehlt mir, jemanden zu haben.«

Es entstand eine Pause, während Bette ihr Bier austrank. Sie wollte etwas Aufbauendes sagen, aber ihr fiel nichts ein, was nicht irgendwie anmaßend geklungen hätte.

»Also nein, bis jetzt nicht.« Ruth leerte ihr eigenes Pint.

»Wirst du noch«, bemühte Bette nun doch eine Plattitüde. »Du bist echt toll.«

Ruth lächelte, aber es sah ein bisschen gequält aus.

»Tja, dann haben wir uns jetzt ja wegen unserer App-Pleiten bemitleidet«, sagte Ruth, und Bette war erleichtert, nun das Thema wechseln zu können. »Wenn ich mich recht erinnere, hattest du tausend Fragen?«

Die hatte Bette. Am Schwimmbecken hatte sie tausend Fragen gehabt. Aber jetzt fiel ihr nur noch eine ein.

»Ich … Ich weiß einfach nicht, wie ich das hier machen soll, ohne jemanden zu benutzen?«

Ruth nickte und spielte mit ihrem leeren Glas. Sie beruhigte Bette nicht sofort, also wollte sie am liebsten zur Theke flüchten, irgendwas zu tun haben. Aber sich durch das Gedränge zu schieben, war unvorstellbar.

»Klar, verstehe«, sagte Ruth nach einer Weile. »Du bist ein netter Mensch, das überrascht also nicht. Aber trotzdem tust du das ja irgendwie. Menschen benutzen, meine ich.« Bette machte den Mund auf und wollte widersprechen, aber sie konnte nicht. Sie hatte tatsächlich vor, Menschen zu benutzen. Ruth musste ihre resignierte Mimik gesehen haben, denn sie streckte über den Tisch die Hand nach Bettes Arm aus. »Schon gut, deswegen brauchst du dich nicht schlecht zu fühlen. Solange du offen und ehrlich damit umgehst, ist es kein Problem. Aber der Plan ist doch schon, als Mittel zum Zweck mit einem Haufen Frauen zu schlafen, oder? Und am Ende willst du dann wieder mit dieser einen zusammen sein, wer immer das ist?«

»Mei. Ja, genau, das ist das Ziel. Shit. Das klingt echt furchtbar.«

»Hör auf, dich zu entschuldigen. Sex macht Spaß, und um mehr muss es ja auch nicht immer gehen. Ist in Ordnung, einander zu benutzen. Sogar heiß. Sich zu nehmen, was man will.«

Bette wurde rot. Es war wirklich heiß, das wusste sie. Und darüber wollte sie eigentlich in allen Einzelheiten reden. Aber sie war sich der vielen Leute um sie herum äußerst bewusst, wie nah vor allem die ekligen Typen waren. Eine Ecke an einem Tisch in einem überfüllten Biergarten war einfach nicht der richtige Ort für so ein pikantes Thema.

»Bette, uns hört echt keine Sau zu.« Anscheinend konnte Ruth jetzt auch noch Gedanken lesen. »Ich wollte dir noch von meinem neuen Strap-on erzählen«, sagte sie etwas lauter. Ein paar Männer in der direkten Umgebung drehten sich um, und der mit der Bierdusche grinste anzüglich.

»Na gut, vielleicht doch«, räumte Ruth ein. »Verschwinden wir?«

Bette nickte, und bevor sie richtig aufgestanden waren, saß schon ein Pärchen auf ihren Plätzen. Sie verkniff sich das Lachen, bis sie sich durch die Menge gekämpft hatten und auf der Straße standen.

»Halt bloß die Klappe.« Ruth grinste breit. »Also, wo kann man so eine Unterhaltung deiner Meinung nach besser führen?«

Es war spät, stellte Bette fest. Sie hatte Ruth schon so lange in Beschlag genommen. Irgendwo in Richtung nach Hause war vermutlich am sinnvollsten. »Wir könnten über den Friedhof zurücklaufen? Um die Zeit ist es wahrscheinlich ruhig da, und der wird erst nach Sonnenuntergang abgeschlossen. Wir könnten einen kleinen Umweg nehmen.«

»Perfekt.« Ruth zog ihre knallgelbe Umhängetasche so zurecht, dass sie bei jedem Schritt gegen ihren Körper schlug.

Bette passte sich ihrem Tempo an und ignorierte die unangenehme Blase am kleinen Zeh, um mit ihr Schritt halten zu können. Offenbar war sie gut zu Fuß. Eine dieser Frauen, die problemlos meilenweit laufen konnten und irgendwie immer die passenden Schuhe anhatten, deren Oberschenkel nicht verschwitzt waren und schmerzhaft aneinander scheuerten. Würde man Ruth sagen, sie solle nach Bath laufen, könnte sie das wahrscheinlich, würde einfach von hier aus weitergehen und am nächsten Vormittag rechtzeitig zum Brunch da sein. Bette müsste erst nach Hause, sich umziehen, ein paar Monate für das Vorhaben trainieren, und selbst dann würde sie unweigerlich tot am Straßenrand zusammenbrechen.

Aus ihrem Gedankenkarussell kam eine zusammenhängende Frage zum Vorschein. »Wie kannst du bei der Hitze in dem Kleid so schnell laufen?«

»Shorts, was sonst.« Ruth sah sie ungläubig an und schob sich die Sonnenbrille ins Haar. Dann hob sie den Saum ihres Kleids und zeigte Bette die weiße Spitze um ihren fülligen Oberschenkel. »Du willst mir jetzt nicht erzählen, dass du keine süßen Shorts hast, die du unter deine Sommerkleider ziehst? Du willst doch nicht, dass deine Oberschenkel scheuern?«

Das waren wirklich süße Shorts, und Bette war stinksauer. Das hatte sie davon, dass sie ihre ganze Zeit mit ihrer besten Freundin und Mitbewohnerin verbrachte, die immer nur Jeans trug. »Du willst mir also erzählen, dass alle Mädchen in Bristol mit sich berührenden Oberschenkeln im Sommer Shorts unter ihren Röcken und Kleidern tragen? Und keiner hat mir Bescheid gesagt?«

»Sieht so aus.«

»Schickst du mir nen Link?«

»Klar.« Ruth lief in etwas entspannterem Tempo weiter. »Für den Strap-on auch?«

»Oh nein, kein Bedarf.« Dann fügte sie hinzu: »Hab schon einen.«

Ruth lachte, und Bette gefiel das.

»Na ja, das stimmt nicht ganz. Ich hab keinen, aber Mei. Hatte. Hat. Ist eigentlich nicht mein Ding, muss ich gestehen.« Sie kämpfte gegen das Gefühl an, dass es peinlich sein sollte, so über Sex zu sprechen. Warum sollte es nicht einfach ... unpeinlich sein. Ruth schien es zumindest nicht zu stören. »Ich hab es mit Mei ausprobiert, weil sie drauf stand, aber ich stand nicht so sehr drauf, sie damit zu ficken, wie auf die anderen Sachen, die wir gemacht haben. Ich stand nur drauf, weil sie drauf stand. Weißt du, was ich meine?«

»Klar.«

»Also steht das erst mal nicht so weit oben auf meiner Liste.«

»Du hast eine Liste?«

»Nein, keine richtige Liste. Keine Checkliste auf meinem Handy oder so was. Aber ... eine metaphorische. Eigentlich ist es nur ein einziger Stichpunkt: Sex haben.« Ruth nickte weise.

»Hat sie ihn auch bei dir benutzt?«, fragte Ruth.

Bette überlegte, wann sie den richtigen Augenblick verpasst haben könnte, Mei zu fragen. Ob sie das gemeinsam entschieden hatten, ober ob ihr die Entscheidung abgenommen wurde. »Na ja ... ich meine, sie hat nie vorgeschlagen, dass wir uns abwechseln. Also habe ich gar nicht drüber nachgedacht.«

»Hm, vielleicht wollte sie dir für genau so was diese Zeit für dich geben? Damit du alles ausprobieren kannst, wovon du nicht weißt, ob es dir gefallen würde? Mit einer deiner ... Eroberungen?«

Genau darum ging es, dachte Bette. Sie nickte, als sie um die Ecke durch das steinerne Tor gingen. Der Friedhof war groß und weitläufig, die Grabsteine und Denkmäler standen weit genug auseinander, dass sie im Sommer von reichlich Grün umgeben waren, überall Gras, Sträucher und Blumen. Es war immer wunderschön, aber am meisten liebte es Bette, wenn die Sonne gerade unterging. Während sie auf den sich bergauf windenden Weg zukamen, nahm die Temperatur spürbar ab, und durch die Bäume am Weg schien das Licht in gesprenkelten Flecken auf sie herab.

»Hey, das brauche ich dir jetzt wahrscheinlich nicht extra zu sagen, aber …« Ruth zögerte. »Das erste Mal ist nicht unbedingt das beste Mal. Das soll nicht heißen, dass es schlecht ist. Oder dass die Chemie keine Rolle spielt. Aber, du weißt schon. Ich meine … jede Frau … jeder Mensch ist anders. Logisch.«

»Logisch.« Bette nickte auf hoffentlich überzeugende Weise, weil Ruth sich unterbrochen hatte und sie ansah, als erwartete sie das.

»Also, ich … ich weiß nicht, ob du jetzt konkrete Tipps in Sachen Sex mit Frauen willst?« Ruth hob ihre Tasche, schob sie sich über die andere Schulter und schaute wieder auf den Weg.

Darauf wusste Bette keine Antwort. Sie wollte unbedingt konkrete Tipps, aber das schien ihr absolut nicht die richtige Antwort zu sein.

»Na ja … also …«

»Ich hör mir nämlich gern alles an«, unterbrach sie Ruth. »Aber mein einziger Rat wäre, es gibt keine Anleitung für korrekten lesbischen Sex. Oder überhaupt korrekten Sex. Auf jeden Fall nichts, was irgendwie geschlechtsabhängig ist. Du brauchst keinen vorgefassten Plan. Frag einfach. Hör zu. Finde raus, was der anderen Person gefällt. Okay, sorry, das klingt jetzt wie Aufklärungsunterricht, das war echt nicht meine Absicht …«

»Nein, schon gut. Ich meine, das klingt nachvollziehbar.« Auf einmal war Bette ganz nervös.

»Damit will ich wirklich nicht sagen, dass es schlecht wird! Vielleicht wird es toll. Aber wenn ich es auf eine Menge tollen

Sex abgesehen hätte, würde ich mir jemanden suchen, mit dem ich auf einer Wellenlänge bin. Jemand, mit dem ich mich wohlfühle, sodass ich um alles bitten kann, was ich mir wünsche. Und damit es Spaß macht, zusammen Sachen auszuprobieren.«

Die Haut an Ruths Brust färbte sich hübsch rosa, und Bette fand es schön, dass sie nicht etwa bei Strap-ons, sondern beim Thema Intimität diese Reaktion zeigte.

»Klar«, stimmte Bette zu. Wenn Ruth es so ausdrückte, klang es wahnsinnig erstrebenswert. Aber es klang auch sehr nach einer Beziehung. »Mit Mei ist es mit der Zeit auch immer besser geworden. Jedes Mal. Aber das kann ich niemandem antun. Früher oder später würde ich sicher Gefühle entwickeln. Dann wird es schwierig. Das hier ist schon die beste Option.«

»Ja, natürlich.« Ruth nickte. »Natürlich.«

Ruths Stimme klang distanzierter, und Bette verstand nicht, was sich verändert hatte. Aber als Ruth kurz darauf weitersprach, glaubte sie wieder, es sich nur eingebildet zu haben.

»Du könntest in deinem Profil angeben, worauf du stehst. Also sexmäßig jetzt.«

»Was, *will sehen, ob ich gern gefickt werde, also bring deinen Strap-on mit*? Ich weiß nicht, ob ich es fertigbringen würde, das direkt an jemanden zu schicken, geschweige denn, es öffentlich ins Internet zu setzen.«

Ruth lachte wieder, ein kleines Grunzen durch die Nase, dann verzog sie das Gesicht. »Stimmt, das macht man nicht, oder? Da steht immer nur, zusammen baden, welche Bücher liest du, Sonntagnachmittage im Park und hier ein Foto von meinem Hund, den können wir doch mit zu unserem ersten Date nehmen. Meine Mitbewohnerin hat eine Hunderassen-Bingokarte von ihren Dating-Eskapaden.«

»Das ist genial. Moment. Mir ist gerade aufgefallen, dass ich gar nicht weiß, mit wem du zusammenwohnst. Ich habe Ash und meine Wohnung jetzt bestimmt schon fünfzehnmal erwähnt.«

»Na ja, dein Leben ist ja auch tausendmal interessanter. Du bist auf einer Sexodyssee!«

Bette lachte. »Das Ungleichgewicht müssen wir aber beseitigen. Ich verstehe ja, wie fabelhaft und faszinierend ich bin und dass wir stundenlang nur über mich reden könnten. Aber ab jetzt, bis wir diesen Berg hoch sind, geht es nur noch um dich. Erzähl mir, wo du wohnst.«

»Weil es jetzt richtig steil wird, oder? Da willst du nicht total außer Atem kommen und lieber mich reden lassen.«

»Genau.« Bette sah Ruth auffordernd an.

»Na gut.« Sie war jetzt schon ein bisschen kurzatmig. »Ich wohne in einem großen, alten, verfallenen Reihenhaus. Kein rechter Winkel weit und breit, und die Wände sind ziemlich feucht. Ich liebe es. Wir geben uns Mühe. Meine Mitbewohner*innen sind jetzt ungefähr ein Jahr da. Vor ein paar Jahren hatten wir Pech mit einigen, das war blöd, aber im Moment sind alle voll in Ordnung. Laut Vermieter sind es vier Schlafzimmer, aber wir haben aus dem kleinsten Zimmer die Abstellkammer des Grauens gemacht. Wir machen einfach die Tür zu und tun so, als wäre sie gar nicht da.«

»Oh Gott, das brauchen wir auch.« Bette seufzte.

»Ja, in London würde irgendeine arme Praktikantin sechshundertfünfzig Pfund pro Monat dafür zahlen, aber hier war es sinnvoller, daraus einen gemeinsamen Lagerraum für Gerümpel zu machen. Erst recht, nachdem Jodys Freund mit eingezogen ist und die Miete für alle günstiger wurde.«

»Also haben wir Jody und ihren Freund.« Bette fing an, an den Fingern abzuzählen.

»Deren Freund«, korrigierte Ruth freundlich. »Genau. Jody und Leon. Sie haben sich kennengelernt, weil Leon mit Jodys Bruder zusammen war.« Sie quittierte Bettes weit aufgerissene

Augen mit einem Nicken. »Ich weiß, ich weiß. Insgeheim denke ich mir da auch meinen Teil. Aber es ist auch ziemlich lustig. Ich würde ja gerne mal Mäuschen spielen, wenn sie sonntags bei Jodys Eltern zum Essen eingeladen sind.«

»Wow.« Bette atmete durch und schüttelte den Kopf. »Ich versuche mir gerade vorzustellen, die Frau meines Bruders würde ihn meinetwegen verlassen. Ich meine, das wäre furchtbar für uns beide, die ist nämlich eine spießige Ziege, aber es wäre schon *sehr* lustig.«

»Jedenfalls, Jody macht gerade einen Jurakurs, und Leon ist Musiker. Er spielt Kontrabass, was für einen Mitbewohner eindeutig das beste Instrument ist.«

»Meine Wohnheimnachbarin im ersten Jahr an der Uni hat Trompete gespielt«, fiel Bette plötzlich wieder ein. »Ich bin unmusikalisch, also kann ich es nicht richtig beurteilen, aber sie war schon echt mies. Seitdem wird mir immer ein bisschen schlecht, wenn ich eine Trompete höre. Mein ganzer Körper wehrt sich dagegen. Gegen das Instrument an sich.«

»Du sagst Trompete, ich halte dagegen und biete Dudelsack«, erwiderte Ruth.

»Nein!« Bette schnappte erschrocken nach Luft.

»Na ja, nein.« Ruth grinste. »Aber stell dir das mal vor.«

»Albtraum. Okay, also Jody und Leon. Wer wohnt im dritten Zimmer?«

»Heather. Sie ist toll. Das ist die mit der Bingokarte. Ich würde sie dir für dein Sexprojekt empfehlen, aber ich fürchte, sie würde dich versauen.«

Bette drehte sich zu ihr um und wollte protestieren, dass sie gar nichts dagegen hatte, ein bisschen versaut zu werden. Oder ganz schön versaut, um ehrlich zu sein. Aber Ruth schüttelte den Kopf, als wüsste sie schon, was Bette dachte.

»Nein. Ganz bestimmt nicht. Aber wenn du mir versprichst, nicht mit ihr zu schlafen, stelle ich sie dir mal vor. Sie hat sicher haufenweise gute Ratschläge auf Lager und kann dich mit Leuten bekannt machen. Da hätte ich auch echt früher drauf kommen können. Wie auch immer, Heather ist lesbisch und hat ständig Dates. Von Beziehungen hält sie nicht so viel, aber sie kennt sich echt aus in der Szene.«

»Wow.« Bette war seltsamerweise eifersüchtig auf eine Frau, der sie noch nie begegnet war. »Was für eine Gang.«

»Ja, schon ein ziemlich queeres Haus. Das war aber immer so. Nicht wirklich absichtlich, hat sich wohl einfach so ergeben, weil ich schon seit Ewigkeiten offen damit lebe.«

Bette fing an sich zu fragen, was für ein Leben sie hätte führen, was für eine Ersatzfamilie sie sich hätte aufbauen können. Wenn sie es gewusst hätte. Wenn sie nicht so eine Spätzünderin gewesen wäre.

»So, ich muss hier lang.« Ruth zeigte in eine Richtung, als sie oben angekommen waren.

»Und ich da lang.« Bette zeigte etwa in die Richtung ihrer Wohnung und registrierte den Anflug von Enttäuschung darüber, dass sie so plötzlich die Weggabelung erreicht hatten. Sie zögerte, dann beschloss sie, Ruth den Ball in Form eines Angebots zuzuspielen. Sie wollte sie ja nicht ausnutzen. »Sag Bescheid, wenn du mal wieder Lust auf ein Pint hast. Vielleicht irgendwo, wo nicht so viel ... Freitag ist?«

»Auf jeden Fall.« Ruth trat vor und breitete die Arme aus. »Ich schreib dir«, sagte sie bei der Umarmung ganz nah an Bettes Ohr, die Worte kitzelten sie am Hals. Sie lösten sich voneinander, und weil Bette voller Unsicherheit war, irgendwas mit ihren Händen machen musste, winkte sie linkisch. Eine ganz neue Stufe der Unbeholfenheit, dachte sie, als sie den Arm hin- und herschwenkte. Na großartig.

»Bis dann«, rief Ruth über die Schulter, und in ihrem Ton schwang Lachen mit. Bette sah ihr nach, die gelbe Tasche hüpfte immer noch bei jedem Schritt. Dann ging sie in der beginnenden Dämmerung nach Hause, genoss die kühle Abendluft auf der Haut. Ihre Bluse klebte immer noch leicht und verströmte den Geruch abgestandenen Lagers. Aber sie hatte eine echte Freundin gefunden. Sie fühlte sich fantastisch. Einigermaßen fantastisch. Fast vollkommen fantastisch.

Aber etwas nagte an ihr, irgendwas fehlte.

Als sie ihr Handy aus der Tasche zog und die Kopfhörer einstöpseln wollte, um auf den letzten Metern nach Hause irgendeinen Soundtrack zu haben, sah sie eine Nachricht, die sie nicht mitbekommen hatte.

Mei: Hoffe, du hast einen schönen
Freitag. Ich denk an dich. Xx

Ihre Eingeweide rutschten ins Bodenlose, sie wollte sich auf der Stelle auf den Gehweg setzen. Es war Mei. Mei fehlte ihr. Ihre Daumen schwebten über dem Display, bereit, als wüsste sie, was sie ihr antworten könnte. Nachdem sie etwa eine Minute reglos dagestanden hatte, machte sie Phoebe Bridgers an, ließ das Handy wieder in die Tasche fallen und ging ernüchtert nach Hause.

KAPITEL 8

Sonntag, 14. August
Noch 62 Tage

Einmal im Monat, an einem Sonntagnachmittag, der ihnen beiden passte, putzten Ash und Bette die Wohnung. Die Angewohnheit hatte sich aus der Notwendigkeit ergeben. Erst als sie begonnen hatten, den Tag in einen gemeinsamen Google-Kalender einzutragen, war es ihnen gelungen, die Wohnung aus dem Zustand faulheitsbedingten Durcheinanders und Staubes zu befreien, in dem sie in den ersten Jahren gesteckt hatte.

Außerdem half ihnen, dass ihre jeweiligen Fähigkeiten sich perfekt ergänzten. Bette hasste es, das Bad zu putzen, und Ash widerte die Vorstellung an, irgendwas Gammeliges in der hintersten Ecke des Kühlschranks zu finden. Bettes Wischtechnik ließ ihre Böden glänzen, und Ash schaffte es irgendwie, Spiegel streifenfrei zu polieren. Es war nicht der einzige Grund, aus dem ihr vor der unvermeidlichen Zukunft graute, wenn sie nicht mehr zusammenwohnen würden, aber ein nicht unerheblicher schon. Sie verabscheute den Gedanken, dass sie eines Tages wieder das Bad würde putzen müssen.

Der Sonntag nach ihrem Treffen mit Ruth war Klarschiff-Sonntag. Den Samstag hatte Bette dank Mei unglücklich in einem Tief verbracht und die ganze Zeit frustriert Message-Entwürfe in ihre Notiz-App getippt. Am Abend hatte sie ihre Periode bekommen, was die Tiefe ihres Tiefs erklärte. Aber das schwere Herz, die Sehnsucht nach Mei, blieben. Am Sonntagnachmittag hatte sie immer noch nicht auf Meis Nachricht geantwortet und bekam deswegen langsam die Krise.

»Darauf muss man auch nicht zwangsläufig antworten.« Ash zuckte die Schultern und goss heißes Wasser über eine Spezialmischung – zwei Beutel Earl Grey, einer PG Tips. Nach dem Tee würde das Putzen losgehen. Bette hatte nichts gegen die Arbeit, aber ein ganzer Nachmittag mit Kopfhörern im Ohr gab ihr eindeutig zu viel Zeit zum Nachdenken. Das Mei-Problem musste gelöst sein, bevor sie anfingen.

»Nicht unbedingt, stimmt. Aber ich hab sie seit vier Wochen oder so nicht mehr gesehen.« Neunundzwanzig Tage und ein paar Stunden. Aber sie wusste genau, wie Ash auf so eine Formulierung reagieren würde, also beließ sie es bei der gröberen Angabe. »Sie fehlt mir, Ash. Ich weiß nicht, warum ich nicht geantwortet habe, außer dass ich keine Ahnung habe, wie ich ihr erklären soll, dass ich mein bisher einziges Date katastrophal verkackt habe, und jetzt ist schon ein Monat rum, und ich kriege es nicht hin und …«

»Okay, okay.« Ash wedelte mit der Hand vor Bettes Gesicht, um ihre Aufmerksamkeit auf sich zu lenken. »Das reicht, glaube ich. Ehrlich gesagt hätte es schon vor drei Minuten gereicht, aber ich wollte hören, was du noch alles raushaust, damit ich es besser entkräften kann.«

»Nichts von alldem kannst du abstreiten.«

»Oh mein Gott, halt doch mal die Klappe, du Riesenbaby. Ich dachte, du hast gestern deine Periode bekommen? Sollte sich der ganze Selbsthass damit nicht gelegt haben?«

»Seit ein paar Monaten habe ich auch noch an den ersten Tagen der Regel PMS. Kleiner Bonus für mein Hirn.«

»Ach so. Na dann, PMS Girl, Punkt für Punkt. Erstens: Du kriegst das sehr wohl hin. Es gibt auch keine Katastrophe. Du hast doch gerade erst angefangen, überhaupt ans Daten zu denken, und schon swipen Frauen dich nach rechts und wollen dich treffen. Ob du sie nun für die Richtigen für dieses ganz spezielle kleine Nischenprojekt hältst, ist erst mal egal. Aber dieses langweilige *Ich Arme, niemand steht auf mich*-Gerede ist doch Schwachsinn. Totaler Schwachsinn. Hör auf damit.« Ash schlug auch mal einen härteren Ton an, wenn es nötig war. Bette sehnte sich genauso danach, wie sie ihn fürchtete. »Zweitens: Du schuldest Mei kein Update. Das Ganze war ihre Idee, und wenn es dir keinen Spaß macht, kannst du es einfach sein lassen. Dich dazu zu zwingen, mit anderen Menschen zu schlafen, weil Mei das für richtig hält, ist doch nicht gesund. Weder für dich noch für die Frauen, die es betrifft.«

Bette sträubte sich gegen den Gedanken, sie könnte sich nicht völlig bewusst sein, was sie tat, als hätte sie nicht alles unter Kontrolle. »Dass ich nicht will, ist ja gar nicht das Problem. Ich glaube, es kann schon Spaß machen. Sollte es. *Wird* es natürlich. Und das erste Date mit Ruth wollte ich auch wirklich. Da habe ich mich nicht gegen meinen Willen zu irgendwas gezwungen.«

»Dann verstehe ich das Problem nicht. Antworte Mei einfach nicht. Lass sie doch ein bisschen zappeln. Soll sie zu dir kommen. Such dir eine andere Frau, die Bescheid weiß über deine …« Sie stockte und machte eine ausholende Geste in Bettes Richtung. »Deine Situation. Und dann leg sie flach. Oder schreib Mei, dass du durch mit dem Plan bist und wieder mit ihr zusammen sein willst. Oder dass du durch mit dem Plan bist, aber noch Zeit brauchst. Alles legitime Optionen. Das ganze Wochenende in Selbstmitleid zu versinken, nicht.«

Da hatte sie leider absolut recht.

»Tut mir leid, Ash.«

»Du musst dich nicht bei mir entschuldigen. Hör auf zu jammern und lass uns anfangen.«

Bette spürte, dass Ash mit ihrer Geduld langsam am Ende war, aber sie konnte nicht anders. »Also findest du, ich sollte Mei auf keinen Fall antworten?«

»Nein«, presste Ash zwischen zusammengebissenen Zähnen hervor. Sie krempelte buchstäblich die Ärmel hoch, steckte ihre Haare unter ein Kopftuch und hängte sich die Kopfhörer um den Hals. Sie war bereit, das Gespräch zu beenden und das Bad auf Hochglanz zu bringen. »Aber ich finde, immer wenn wir eine halbe Stunde geputzt haben, sollten wir fünf Minuten zusammen swipen. Eine Art Pomodoro-Methode, aber mit Putzen und Flirten.«

»Pomodoro?«

»Pomodoro. Fünfundzwanzig Minuten Arbeit, fünf Minuten Pause. Das versuche ich mit meiner Klasse auch, und du benimmst dich heute wie ein Kind, also probieren wir es doch einfach. Okay? Nichts dagegen?«

Ash holte den Putzkorb unter der Spüle hervor, ließ ihn vor Bette auf den Boden fallen und sah sie erwartungsvoll an.

»Perfekt«, gab ihr Bette recht. »Super Idee.«

***

Ende der Woche trug Ashs Pomodoro-Swipen Früchte. Bette war früh dran für ihr Date und hielt in der Bar nach einem Tisch Ausschau, den sie in Beschlag nehmen konnten. Die Möglichkeiten waren alles andere als optimal: die Hocker wirkten unfassbar unbequem, und der einzige Tisch mit Sitzbank war bereits belegt. Die Bar war eindeutig eher zum Stehen gedacht. Zum Tanzen. Zum Knutschen in dunklen Ecken.

Dennoch hatte sie ein gutes Gefühl, was den kommenden Abend anging. Charlie hielt sich mit Emojis eher zurück, war über dreißig und hatte – ganz wichtig – keinen Freund erwähnt. Die Latte berührte fast den Boden, aber dennoch ein vielversprechender Anfang.

Die Bar an sich war … in Ordnung. Ein bisschen zu stickig, ein bisschen zu schäbig, ein Barkeeper mit Weste, der offensichtlich lieber ganz woanders gewesen wäre. Aber es war Drag Night, und Bette kam sonst nicht hierher. Hier kannte sie niemand, hier erwartete niemand etwas von ihr. Hier konnte sie eine Frau für eine Nacht sein.

Aber als sie sich umsah, dachte sie sich, dass halb acht wahrscheinlich deutlich zu früh für das Treffen war. Besser als Brunch zwar, aber nicht viel. Bette fühlte sich in dem riesigen, beinahe leeren Raum fehl am Platz und in ihrem dunkelgrünen Rock mit dem Schlitz am Oberschenkel overdressed. Die Queens würden erst in ein paar Stunden auftreten, und in der Bar war erschreckend wenig los. Vereinzelt saßen Menschen zu zweit herum, aber Bettes Aufmerksamkeit blieb an der Gruppe Backpacker hängen, die alle auf ihre Handys starrten und ihr Gepäck neben sich gestapelt hatten. Mit Bristol waren sie fertig, so viel stand fest, die Brücke und die Banksys hatten sie hinter sich und mussten jetzt vermutlich nur Zeit totschlagen, bis sie sich in einen Nachtbus nach London und dann Paris oder Amsterdam oder Brüssel zwängten. Mit dem Bus war Bette auch schon gefahren. Sie hasste ihn.

Sie holte ihr Handy raus und öffnete den Nachrichtenverlauf mit Ruth.

Bette: Was ist die längste Busfahrt, die du machen würdest, wenn ich dir dafür fünftausend Mäuse biete?

Sie sah, dass Ruth beinahe sofort anfing zu tippen.

Ruth: Ich brauche mehr Kontext. Fahre ich alleine mit dem Bus? Kann ich die Umgebung bestimmen? Wie viel Platz habe ich? Habe ich Essen dabei? Kann ich Bücher mitnehmen? Ich glaube, du willst jetzt so was wie achtzehn Stunden hören, aber ich würde wahrscheinlich Wochen schaffen, kein Ding. Ich liebe Roadtrips.

Bette: Ich musste nur gerade an den Nachtbus denken, mit dem ich nach Paris gefahren bin

Bette: Das ist der Kontext

Bette: Kein Roadtrip

Bette: Sondern eine Busfahrt

Bette: Nicht in einem Luxus-Tourbus

Bette: Nur Fremde

Bette: Komplett besetzt

Bette: Nur ein Klo

Ruth: Mist, das hatte ich vergessen.

Bette: Du hast einen ganz normalen Sitzplatz

Bette: Was sonst

Bette: Du kannst Bücher mitnehmen, aber der Typ neben dir schnappt sich die Armlehne und schnauft jedes Mal, wenn du umblätterst

Bette: Essen kannst du, aber alle anderen auch

Bette: Die Frau vor dir hat ein Sandwich mit Thunfisch und Mayo, das holt sie nach acht Stunden in der Hitze raus

Bette: Zum Frühstück

Ruth: Grässliches Spiel.

Ruth: Aber ich verliere nicht gerne.

Ruth: Zwei Wochen.

Bette: Leck mich am Arsch!

Bette: Das würde keiner zwei Wochen überleben

Ruth: Okay, dann drei!

Bette fiel auf, dass sie nicht mit dem Handy in der Hand von Charlie überrascht werden wollte, also steckte sie es wieder ein und studierte stattdessen die Getränkekarte. Drei der Hauscocktails mit euphemistischem Namen bestanden in erster Linie aus Midori. Sie hatte sich gerade ausgeredet, einen Shot Crème de Cacao und Kahlúa zur Beruhigung zu bestellen, da sah sie sie.

Charlie erregte Aufsehen. Sie war groß, selbstsicher und hatte einen stolzen Gang, bei dem Bette sich aufrechter hinsetzte und ein gespanntes Kribbeln den Rücken emporschießen spürte. Lederjacke, zurückgekämmter Pony, dunkle Locken, mit Kajal umrandete Augen. Sie hatte keine Tasche auf der Schulter oder am Arm, und das fand Bette unerklärlich heiß, den Gedanken, dass Charlie einfach aus dem Haus ging und nur mitnahm, was in ihre Taschen passte. Sie war die Verkörperung von Bettes allerersten lesbischen Fantasien.

Als sie Bettes Blick auffing, lächelte sie schief. »Bette, richtig?« Sie zog sich einen Barhocker heran.

Bette nickte. »Charlie?«, fragte sie sicherheitshalber, obwohl sie sich bereits sicher war. »Möchtest du was trinken?«

»Klar, gerne.« Charlie stützte das Kinn in die Hand und blinzelte in Richtung Theke. »Normalerweise würde ich sagen, Whisky, aber hier ist es ja eher so … na ja«, sie gestikulierte, »also vielleicht lieber was Eiskaltes und komisch Süßes, solange noch Happy Hour ist?«

Sie hatte die Situation so herrlich erfasst und sich der Umgebung problemlos angepasst. Bette grinste. »Perfekt.«

Also nippten sie an ihren Frozen Cocktails, und Bette sah zu, wie Charlies Zunge immer blauer wurde, während sie sich unterhielten. Bei ihrem ersten Date mit Mei hatten sie über Gott und die Welt geredet, auch über Themen, die sie in den ganzen Jahren mit Männern nie auf Dates angesprochen hätte: wie sie sich Elternsein vorstellte, das Verhältnis zu ihrem Bruder, wie unzulänglich sie sich in früheren Beziehungen gefühlt hatte, die Erleichterung, endlich den Grund dafür zu kennen, ihre Ängste, Ash könnte sich von ihr abwenden. Am nächsten Morgen hatte sie Meis Wohnung mit dem Gefühl verlassen, Monate einer Beziehung übersprungen zu haben.

Mit Charlie lief es anders. Tatsächlich war es eine Erleichterung, über Filme zu reden, die sie in ihrer Jugend geliebt hatten und die eigentlich hätten gay sein sollen – Charlie hatte die richtige Meinung zu *10 Dinge, die ich an Dir hasse* –, von Charlies Reise durch Deutschland zu hören und ihr wiederum von Portugal zu erzählen. Es war leicht, so leicht und unbeschwert, dass sie schon bei der vierten Runde waren, als Bette auffiel, dass sie keine Ahnung hatte, was Charlie beruflich machte. Dass sie eigentlich nichts über sie wusste, außer dass sie Bette gegenüber am Tisch saß. Und hot war. Perfekt. Sie machte es richtig. Genau das hatte Mei vorgeschlagen.

Das Gespräch ebbte ein wenig ab, als Petty LaBelle die Bühne betrat, aber das war auch kein Wunder. Sie war eine Erscheinung, ihr Lidschatten so eine dicke Schicht aus goldenem und grünem Glitzer, dass Bette sich mitfühlend die Augen rieb, ihre Absätze und Taille waren gleichermaßen unbegreiflich in ihrer Konstruktion. Die Backpacker (die sich mitten in der Performance unauffällig rausschleichen wollten) bekamen ihr Fett weg, ein paar Typen aus dem Publikum wurden aus unerfindlichen Gründen auf die Bühne geholt, wahrscheinlich hatte es irgendwas mit ihren Unterarmen oder Oberschenkeln zu tun, und bei einer mitreißenden Lip-sync-Nummer zu Avril Lavignes »Girlfriend« drehten alle durch. In den Pausen, während Petty sich backstage in immer unglaublichere Outfits warf, lief eine vorhersehbare Mischung beliebter 80er-Hits und Gay-Hymnen. Als die unverkennbaren ersten Takte von »Faith« erklangen, stand Charlie auf, und Bette merkte, dass ihre Gläser seit einer Weile leer waren. Sie war dran, die nächste Runde zu holen. Oder Charlie. Eine von ihnen jedenfalls. Aber statt zur Bar zu gehen, ergriff Charlie Bettes Hand, zog sie hoch und in Richtung der Menge, die sich um die Bühne versammelt hatte.

Sie fühlte sich schwerelos, ihr Kopf schwebte angenehm in der Luft. *Wieso* kannte sie hier eigentlich niemand? Warum war sie nicht jeden Abend hier und drehte bei Petty und ihrer Seifenblasennummer durch? Warum hatte sie noch nie einen Frozen Sex on the Beach getrunken? Dabei war es das mit Abstand Leckerste, was sie je probiert hatte. Charlie presste sich beim Tanzen von hinten an sie, stark und heiß, und atmete in Bettes Nacken, führte ihre Hüften mit den Händen. Ihre Arme waren nackt, sie musste die Jacke beim Aufstehen ausgezogen und am Tisch gelassen haben. Bettes Tasche war auch noch dort, hoffte sie zumindest. Charlie hatte bestimmt alles im Griff. Sie hätte nichts dagegen, dachte sich Bette, wenn

Charlie auch *sie* im Griff hätte, und musste sich das Lachen über ihre eigene Zweideutigkeit verkneifen.

Fuck, anscheinend war sie betrunken. Ja, das war das Gefühl. Frozen Cocktails hauten anders rein.

Aber was kümmerte sie das, wenn Charlie so nah hinter ihr war und sie sich so begehrenswert fühlte, als hätten der Alkohol und die Musik endlich entflammt, was den ganzen Abend zwischen ihnen geglimmt hatte. Sie legte den Kopf nach hinten auf Charlies Schulter und ließ zu, dass aus dem Atem an ihrem Hals mehr wurde: Lippen, Zunge, knabbernde Zähne. Charlie brauchte keine Anleitung, und Bette erschauerte, als sie den Mund in ihre Halsbeuge legte. Von der Stelle aus schoss Bette elektrische Ladung durch den ganzen Körper, und sie genoss das Gefühl, endlich wieder jemandem nahezukommen, dann drehte sie sich in Charlies Armen um. Sie hob das Kinn, sah Charlie in die Augen und legte die Lippen auf ihre.

Es war schön. Echt schön, wenn auch nicht so erderschütternd und knieerweichend schön, wie die Küsse mit Mei immer gewesen waren. Charlie schmeckte nicht richtig, nach Zucker und Zigaretten. Und Bette hätte ihre Zähne beim Küssen gern mehr gespürt. Aber sie war ja nicht auf der Suche nach einer neuen Freundin. Sie war auf der Suche nach genau dem hier: einem Kuss mit einer scharfen Frau in einer vollen Bar. Wie sich ihr Schenkel begierig zwischen Bettes Beine presste und an ihr rieb, sobald sie sich umgedreht hatte. Wie ihre Zunge über Bettes strich. Die weichen Locken zwischen ihren Fingern. Und da verstand Bette genau, was Ruth gemeint hatte. Es war kein perfekter erster Kuss. Zu fest, und das nicht auf die Art, die sie wollte, viel zu viel Zunge. Aber sie merkte, dass sie Spaß im Bett haben würden. Es schien so offensichtlich, wie gut es sich anfühlen würde, Charlie noch enger an sich zu ziehen.

In der Bar war inzwischen die Hölle los, wodurch sie herrlich anonym waren. Niemand achtete auf sie. Niemanden interessierte es. Neben ihnen war ein süßer Typ mit rundem Gesicht und ärmellosem Hemd mit einer deutlich größeren Queen zugange, ihr Lippenstift über beide Gesichter verschmiert. Auf der anderen Seite tanzte ein Mann mit kurzem Bart zwischen zwei blonden Typen im verschwitzten T-Shirt. Bettes beschwipstes Hirn präsentierte ihr ein verlockendes Bild: wie sie das Gesicht an Charlies Hals vergrub und sich mit ihr an die Wand des Korridors raus zur Straße drückte. Aber das konnten sie unmöglich tun. Unmöglich?

»Hey. Sollen wir …?« Charlie deutete mit dem Kopf über ihre Schulter, was hoffentlich bedeutete, dass sie das Gleiche im Sinn hatte. Bette folgte ihr. Und als Charlie Bette an die Wand drückte, bestätigte sich auf köstliche Weise, dass sie in der Tat den gleichen Gedanken gehabt hatten.

»Ist das …?«, hauchte Charlie Bette ins Ohr und schob die Hand in den Schlitz von Bettes Rock und den Oberschenkel hoch.

»Ja.« Bette küsste Charlies Hals. »Ähm … ja. Total, ja.«

In dem dunklen Durchgang war sonst niemand, alle waren zu sehr von Petty LaBelles Rückkehr auf die Bühne gefesselt. Trotzdem hatte Charlie sie hinter einen grässlichen Kunstfarn manövriert, der sie wahrscheinlich ganz gut abschirmte.

Ein bisschen. Aus einem bestimmten Blickwinkel zumindest.

Vielleicht.

Bette überlegte, dass ihr wahrscheinlich noch zwanzig Sekunden rationale Denkfähigkeit blieben, um die nächsten Schritte zu durchdenken. Bevor sie Sex hatte. In einer Bar. Und das nicht gerade unbeobachtet. Noch hatte sie Zeit zu entscheiden, ob sie das wirklich wollte oder nicht. Ob sie es auf diese Art wollte. Mit Mei hatte sie so was nie gemacht.

Aber genau darum ging es ja. Jetzt konnte sie Sex ausprobieren, wie sie ihn noch nie mit jemand anderem gehabt hatte. Bette fragte sich, wie viele andere Frauen Charlie schon so an diese Wand gedrückt hatte: eine langbeinige Femme in knappen Jeansshorts, eine Blondine mit herzförmigem Gesicht und Undercut. Und plötzlich: Mei. Mei an der Wand, die Plastikpalmwedel kitzelten sie an der Schulter, ihr Oberschenkel bebte. Bette schüttelte den Kopf, um den Gedanken zu vertreiben.

»Nein?« Charlie lockerte ihren Griff.

»Sorry.« Bette schüttelte wieder den Kopf, dann drückte sie sich Charlies Hand fester gegens Bein. »Nein. Ich meine, doch. Doch, mach weiter. Bitte.«

Als Charlies Daumen langsam zur Innenseite von Bettes Schenkel wanderte und sich aufwärtsbewegte, dachte sie wieder darüber nach, dass sie das wahrscheinlich schon mit unzähligen Frauen gemacht hatte. Und sie stellte fest, dass es ihr egal war. Es war fantastisch. Sie fand, Charlie sollte haben, was und wen auch immer sie wollte. Bette war in guten, geübten Händen.

Charlie strich mit dem Daumen über Bettes Slip, der bereits feucht war, und Bette stöhnte auf, biss sich auf die Lippe und legte die Stirn an Charlies Schlüsselbein. Sie spürte ein Lachen durch Charlies Brust wogen, dann schob sie den elastischen Stoff beiseite und übte genau dort Druck aus, wo Bette es wollte.

»So?«, flüsterte sie Bette heiß ins Ohr. »Gefällt dir das?«

»Nicht so fest …« Bette keuchte, dann war der Druck genau richtig, köstlich verlockend. Genau, was sie brauchte. »Genau so … oh fuck«, sagte sie an Charlies Schulter, ihre Hüfte zuckte unwillkürlich nach vorn. Vergessen war der Gedanke, jemand könnte sie erwischen, unmöglich, sich darum jetzt noch zu sorgen. Charlie legte ihr die Hand an den Brustkorb und ließ den Daumen seitlich über Bettes Brust kreisen. Es war sanft, nicht stark genug, um scharf zu sein, dachte sie und presste sich entschiedener Charlies Berührungen entgegen. Aber Charlie ließ die Hand, wo sie war, und streichelte sie weiter unendlich sanft. Langsam baute sich die Hitze auf, und sie wurde immer erregter und atemloser. Bette suchte Charlies Mund, biss ihr auf die Lippe und stöhnte an ihrem Mund.

Die Hand zwischen ihren Beinen ging ähnlich methodisch vor. Geduldig. Im krassen Widerspruch zu ihrer Umgebung, der Öffentlichkeit. Sie steigerte Bettes Lust langsam, so behutsam, dass der Orgasmus sich anschlich, sich anbahnte und anbahnte und sie schließlich mit solcher Wucht traf, dass sie blinzelte und erschauerte, das Gesicht an Charlies Hals vergrub.

Charlie blieb eng bei ihr, während Bette sich wieder sammelte, zog vorsichtig die Hand zurück und schirmte Bette vor den (zum Glück nicht vorhandenen) Zuschauern ab, während die ihren Rock zurechtzog. Bette küsste sie und drehte sie um, sodass Charlie nun an der Wand lehnte. Sie spürte, wie Charlie an ihren Lippen den Kopf schüttelte.

»Ich glaube, das wird bei mir heute nichts«, sagte sie leichthin und hielt Bettes Hand fest, die sie ihr schon in den Hosenbund geschoben hatte. »Aber danke. Das war hot. An der Erinnerung werde ich mich noch die ganze Woche aufgeilen. Tanzen?«

Bette stand der Mund offen, als sie sich an Charlies Hand zurückziehen ließ. Sie hatte es getan. Sie hatte Sex gehabt. Mit jemand anderem. Und jetzt lief ABBA, sie würden ein bisschen tanzen, und das war es vielleicht schon. Sie würden sich nie wiedersehen.

Sie hatte es getan. Neben der selbstgefälligen Freude, dem glühenden Wissen, dass sie mit immer noch zitternden

Oberschenkeln auf die Tanzfläche zurückkehrte, rang sie das Bedürfnis nieder, Mei anzurufen und ihr alles zu erzählen. Wie großartig es sich angefühlt hatte. Dass es sich großartig angefühlt hatte, fantastisch, aber auch falsch. Dass sie es getan hatte – und das alles jetzt aufhören konnte.

KAPITEL 9

Donnerstag, 25. August
Noch 51 Tage

Ruth: Hey, möchtest du am Samstag zu Jodys Geburtstag kommen? Ist eine große Party, wir haben alle möglichen Leute eingeladen. Dachte, wenn du Zeit hast, warum nicht, könnte doch Spaß machen?

Die letzten Tage hatte sie bei der Arbeit so viel um die Ohren gehabt, dass das Swipen auf der Strecke geblieben war und sie abends nur noch zu Ash aufs Sofa und Nudeln essen wollte. Am Donnerstag dann, als das Date mit Charlie fast eine Woche her war, fragte sie sich, ob sie nach jemand Neuem suchen sollte. Aber der Gedanke erschöpfte sie, selbst rein theoretisch. Stattdessen hatte sie die App wieder zugemacht, das Handy in den Hoodie gesteckt, Tee aufgesetzt und eine Packung Kekse aus dem Küchenschrank geholt. Ein freies Wochenende war jetzt auch nicht das Allerschlimmste.

Aber das Universum (beziehungsweise Ruth) hatte wohl andere Pläne. Die Nachricht kam, als sie es sich mit Tee und Schokokeksen auf dem Sofa gemütlich gemacht hatte. Sie konnte natürlich absagen, sich eine Ausrede einfallen lassen oder Ruth sagen, dass sie einfach keine Lust hatte. Das wäre kein Problem.

Aber andererseits konnte sie auch einfach … hingehen.

Ash war über das verlängerte Wochenende bei Tims Eltern. Sie hatte schon überlegt, Anton und Carmen einzuladen, aber die waren auch nicht da. Das Problem daran, wenn man fast nur mit Lehrern und Lehrerinnen befreundet war, im Sommer galt immer: alles oder nichts. Und dieses Wochenende war nichts. Letzte Woche hatte sie ihre Nonna besucht, zwar mit klarem Kopf, aber in dem Bewusstsein, dass sie nach schalem Alkohol und Zucker roch. Sonst traf sie sich am Wochenende eigentlich nicht mit vielen Leuten.

In Wirklichkeit reichte ihr jedes Mal ein Abend, an dem sie ihr Ding durchziehen konnte, also ein langes Bad nehmen oder die Serien gucken, die Ash nicht ausstehen konnte, oder bei dem höchst durchschnittlichen Dönerladen bestellen, den nur sie mochte. Am zweiten bekam sie dann schon die Krise und war überzeugt, sie würde den Rest ihres Lebens allein verbringen, dass all ihre Freund*innen sie vergessen hätten und niemand sie je wirklich gemocht oder interessant gefunden hätte, und sich das wahrscheinlich auch niemals ändern würde, dass sie womöglich längst nicht mehr existierte.

Bette: Bin dabei!

Bette: Kann ich was mitbringen?

Ruth: Wie schön! Ich muss dir so viele Leute vorstellen.

Die Party wurde zusehends vielversprechender.

Bette: Ach ja?

Ruth: Ja. Heather hat auch ein paar Vorschläge.

Bette: Hättest du das gleich gesagt, hätte ich gar nicht erst gezögert

Ruht: Gezögert? Du hast nach einer Minute geantwortet.

Bette: Mein Hirn arbeitet schnell

Bette: Das kriegst du gar nicht mit

Bette: So per Nachricht

Ruth: Klar.

Ruth: Jedenfalls, sei irgendwann ab 8 da und bring eine Flasche oder einen Teller irgendwas mit.

Eine Party. Eine Party mit neuen Leuten, in einem Haus, das sich wie eine Art queere Utopie anhörte. Da brauchte sie ein richtig krasses Outfit.

***

Ruth hatte nicht übertrieben, was die Party betraf. Als Bette nach zehn ankam, weil sie auf keinen Fall zu den Ersten gehören wollte, brauchte sie ihr Handy gar nicht mehr, um die Hausnummer zu finden. Sie brauchte auch keine Nachricht zu schicken. In der Straße mit viktorianischen Reihenhäusern war Ruths garantiert das, aus dem Carly Rae Jepsen schallte, in dem eine gut sichtbare Discokugel hing, und vor dem die Rauchenden auf der Mauer in Leder, Tüll und Latzhosen gekleidet waren. Sie wusste, dass sie aufgrund ihrer äußeren Erscheinung keine Vermutungen über andere anstellen sollte, aber sie wirkten … queer. Das brachte etwas in ihr zum Leuchten. Seit ihrem Coming-out war sie auf keiner richtigen Hausparty gewesen, und obwohl sie keine große Sache daraus machen wollte, war es doch eine. Sie nickte der Rauchtruppe auf der Mauer zur Begrüßung zu und betrat das Haus.

In Ashs und Bettes zweitem Studienjahr hatte es eine berühmte Hausparty gegeben, eine wilde, laute und ausschweifende Party, über die alle noch anderthalb Jahre geredet hatten.

Jodys Party war ein völlig anderes Kaliber. So was Gutes hätten sie sich damals gar nicht vorstellen können.

In allen Ecken hatten sich Menschen zusammengefunden, die zu zweit, zu dritt und in einem unübersichtlichen Fall sogar zu viert knutschten. Mit auf den Boden geklebten Punkten wurde aufwendig eine Partie Twister gespielt. Zwei schöne Männer hatten ihr Hemd ausgezogen – hatten sie überhaupt eins angehabt? Brauchten sie eins? – und tranken mitten im Wohnzimmer Body Shots von ihren Schlüsselbeinen. Sie hatte keine Ahnung, wo sie sich dazugesellen sollte, zu wem von diesen Fremden sie gehörte. Einen kurzen Moment wünschte sie sich Ash an ihre Seite. Irgendwie fühlte sie sich nackt und allein.

»Bette!«, rief jemand hinter ihr, und als sie herumfuhr, stand Ruth vor ihr. Ihr Gesicht war rot und warm, als sie Bette fest umarmte und die Tüte Chips und die schwitzende Flasche Weißwein in Bettes Händen zwischen ihnen einklemmte. Ihr kurzes Paillettenkleid hatte einen tiefen Ausschnitt, und Bette wünschte sich, sie würde sich so was auch trauen. Ruth war barfuß und hatte ihre Zehennägel golden lackiert.

»Unglaubliche Party.«

»Ja, Jody wollte ein richtiges Gelage. Dey hat im letzten Moment beschlossen, dass der Vibe Bristol-Bacchanal sein soll, also haben wir erst mal Trauben gekauft, Shots getrunken und rumgemacht, um die Feier zu eröffnen.«

Bette nickte und geriet etwas außer sich. Sie stellte sich eine Art Flaschendrehen vor, bei dem sie jede anwesende Frau küssen musste. Der Gedanke erfüllte sie mit Hoffnung und Angst. Hauptsächlich Angst.

»Ich helfe dir mal, ein Glas zu finden«, sagte Ruth mit vielsagendem Lächeln. »Dann kannst du ja schauen, bei welchen … Feierlichkeiten, sage ich mal, du mitmachen willst, okay?«

Oh. Also ging es sofort los. War ja klar. Bette hatte sich Mühe mit ihrem Outfit gegeben – ihre höchste High-Waist-Jeans, ein neues Korsett-Top, ihre schönste Spitzenunterwäsche und ein langer Seidenkimono aus dem Secondhandladen. Als sie vorhin aus dem Haus gegangen war, hatte sie sich sexy gefühlt. Sie hatte vor dem Spiegel in Ashs Zimmer gepost und einen Schmollmund gezogen und ihr ein Foto geschickt, auf das Ash mit einer Reihe Herzemojis und ein paar Ich-sterbe-Totenköpfen reagiert hatte, die bei ihr beunruhigend oft zum Einsatz kamen. Aber jetzt war sie auf einmal nervös, angespannt, unerfahren und nicht bereit für das Ganze und …

»Bette, beruhig dich. Das war ein Scherz. Das ist keine Orgie hier, sondern Jodys Dreißigster. Im Garten reden ein paar Leute über ein Pop-up, bei dem sie waren. Du musst echt mit niemandem Sex haben.«

»Na Gott sei Dank.« Bette seufzte erleichtert, beinahe wäre sie erstickt. »Nicht, dass es mich stören würde, du weißt schon …«

»Ich weiß, ich weiß. Dein Einsatz gegen Kink-Shaming ist vermerkt. Du warst einfach nicht auf eine Sexparty eingestellt. Natürlich nicht. Aber als ich gesehen habe, wie du Lukas und seinen Freund beobachtet hast, konnte ich einfach nicht anders.«

»Oh Gott, die Typen mit dem Tequila?« Bette erschrak bei dem Gedanken, wie ihr Gesichtsausdruck entgleist sein musste. »Die sehen so gut aus. Ich meine, ästhetisch betrachtet. Rein theoretisch.«

»Keine Angst, die wollen auch nichts von dir«, versicherte ihr Ruth. »Wobei du heute echt umwerfend aussiehst. Da kann ich gar nicht glauben, dass sie wirklich nichts von dir wollen. Ich bin ehrlich gesagt immer geschockt, wenn mir wieder einfällt, dass es auch Monosexualität gibt.«

Bette errötete bei dem Kompliment. Sie war Ruth in die Küche gefolgt und hatte sich ein Glas Wein einschenken lassen. »Danke. Du siehst auch hübsch aus.«

Ruth drehte eine Pirouette zum Vorführen, als hätte Bette nicht längst jeden Zentimeter ihres Kleids bewundert. »Ja, oder? Hab es vor ein paar Jahren gekauft, mein offizielles Partykleid. Zum Heiß-Aussehen und Tanzen.«

»Na, das funktioniert schon mal.«

Sie dachte, dass Ruth ebenfalls kurz rot wurde, aber dann fiel ihr ein, wie erhitzt sie sich bei der Begrüßung angefühlt hatte. Ruth hatte getanzt.

»Heather!«, rief Ruth über Bettes Schulter. Bette drehte sich um und sah eine große Schwarze Frau mit kurzen Haaren und dunkelblauem Lippenstift in die Küche kommen.

»Heather«, bestätigte sie und deutete bei Bette einen Wangenkuss an, sobald sie nahe genug war. »Du musst Bette sein.«

»Schön, dich kennenzulernen. Tolles Haus habt ihr.«

Das war es wirklich. In der Küche war es ruhiger als in den anderen Räumen, an denen sie vorbeigekommen war, und etwas heller. Sie diente eher als Durchgang zum Garten und nicht als Versammlungsort, sodass sie sich endlich auf die Einrichtung konzentrieren konnte und nicht nur auf die Gäste. Die Küche war breit, mit Schränken auf beiden Seiten, und auf den meisten Oberflächen standen Flaschen und Teller herum. Aber sie war eindeutig liebevoll gestaltet: Die Wände waren in dem satten Gelb der teuren Butter gestrichen, die Ash manchmal kaufte, offene Regale waren mit Einmachgläsern und Geschirr gefüllt, und auf den Fensterbänken standen Töpfe mit erstaunlich üppigen und lebendigen Kräutern. An den Wänden hingen gerahmte Bilder, *The New Yorker*-Cover mit Essensmotiven. Alles wirkte gewollt, beabsichtigt. Gar nicht wie eine WG.

»Schon was Besonderes, oder?« Heather warf Ruth ein warmes Lächeln zu. »Sie ist hier die Visionärin, wir anderen haben nur noch Kleinigkeiten beigesteuert.«

Ruth lächelte zufrieden und suchte nach einer Schüssel, in die sie Bettes mitgebrachte Chipstüte entleerte.

»Also. Mein Pokerface ist fürn Arsch. Ich kann nicht so tun, als hätte ich noch nichts von deinem Projekt gehört.« Heather deutete Gänsefüßchen um das Wort »Projekt« an, was eher amüsiert als kritisch wirkte.

»Ja, es …« Bette unterbrach sich. »Ziemlich verrückt bis jetzt.«

»Schon Erfolg gehabt?«

Bette schielte in Richtung Ruth, die einen Chip knabberte und in den Garten raussah. Sie hatte ihr noch nicht erzählt, wie das Date mit Charlie gelaufen war. Der Grund dafür war schwer zu fassen, zu benennen und zu identifizieren, aber in ihren Nachrichten die Woche über hatte sie die Bar nicht erwähnt. Ruth hatte auch nicht gefragt.

»Äääh … ja. Kann man schon so sagen. Ich hab mich letztes Wochenende mit einer Frau getroffen. Sie war echt heiß – es war echt heiß –, nein, sorry, sie *ist* echt heiß«, korrigierte sie, und Heather lachte. »Zumindest gehe ich davon aus. Ist ja erst eine Woche her.«

»Name?«

»Oh. Charlie. Charlie … irgendwas. Ziemlich groß. Etwa so wie du vielleicht? Locken, Lederjacke.«

»Ah, Charlie kenne ich.« Heather klang beeindruckt. »Sie ist schon länger unterwegs. Sehr heiß. Krass top-mäßig drauf. *Außergewöhnlich* geschickte Hände.«

So wie sie das sagte, war Bette sich sicher, dass Charlie Heather auch gefickt hatte. Wie aufregend, diese Unterhaltung führen zu können, als wäre sie in einen Club aufgenommen worden, von dem sie gar nicht wusste, dass er ihr offenstand.

»Ähm. Jap. Ja, das muss sie sein.« Bette war jetzt bestimmt bis zum Ausschnitt rot angelaufen. »Äußerst geschickte Hände.«

»Das ist doch toll!«, meinte Ruth fröhlich. »Volltreffer!«

»Das will ich meinen, wenn sie Charlie abgeschleppt hat«, sagte Heather. »Ziemlich bemerkenswert fürs erste Mal.«

»Nein, das war nicht mein erstes Mal«, platzte Bette heraus und merkte, wie schrill ihre Stimme plötzlich klang. »Wegen Mei. Ich habe schon mit Mei geschlafen. Meiner Freundin. Quasi. Ich meine ... Es ist kompliziert.«

»Sorry, Süße, das war missverständlich. Ich meinte deine erste Odyssee-Eroberung. Typisch Charlie. Also, war sicher ein toller Fick, aber ich wette, seitdem hattet ihr keinen Kontakt mehr, stimmt's?«

Bette schüttelte den Kopf. Hatten sie nicht. Am Samstag hatte sie nach dem Aufwachen darüber nachgedacht, ihr zu schreiben, vielleicht eine kurze Nachricht. *Danke für den Orgasmus.* Oder so ähnlich. Dass sie hoffte, für Charlie sei es auch nett gewesen. Aber sie hatte das Match in der App schon wieder aufgelöst.

»Dann lasse ich euch zwei mal alleine reden, ihr kennt euch ja jetzt.« Ruth hatte zwei Gläser in der Hand, in denen wahrscheinlich Whisky war. »Ich bring dem Geburtstagskind mal einen Drink.« Sie gab Heather im Vorbeigehen einen Wangenkuss und ließ sie allein in der Küche stehen.

Ohne Ruth wand sich Bette unter Heathers Beobachtung, so einschüchternd wunderschön war sie, und sie ließ den Blick in aller Ruhe über Bettes Körper schweifen. Nicht anzüglich oder lüstern, eher musternd, als wolle sie etwas herausfinden. Bette stellte sich unwillkürlich aufrechter hin.

»Und was hast du jetzt vor?«

Bette war sofort klar, was Heather meinte.

»Na ja, wahrscheinlich muss ich es weiter über die App versuchen, oder? Das hasse ich irgendwie an der Sache. So viel Handygetippe. Aber letztes Wochenende ist gut gelaufen. Mit Charlie. Also werde ich wohl weitermachen.«

»Ach, Apps sind schrecklich«, sagte Heather unbeschwert. »Aber klar, warum nicht! Sonst kann ich dich auch ein paar Leuten hier vorstellen, mit denen du dich gut verstehen könntest. Ich meine, du siehst gut aus und wirkst sehr cool. Sollte nicht so schwierig sein.« Sie zuckte die Schultern. »Wenn ich Ruth nicht versprochen hätte, es zu lassen, würde ich dich selber aufreißen.«

Bette konnte gar nicht fassen, wie leicht Heather die ganzen Komplimente über die Lippen kamen. Als seien es unumstößliche Tatsachen.

»Wenn ich Ruth nicht das Gleiche versprochen hätte, würde ich so was von zurückflirten«, erwiderte Bette. Flirten machte Spaß. Sich attraktiv zu fühlen. Begehrt.

»Okay, gehen wir lieber, bevor wir noch unseren ehrenwerten Absichten zum Trotz oben im Schlafzimmer landen.«

Bette lachte und versuchte zu verbergen, wie erstickt es sich anhörte. Dann folgte sie Heather zurück in den Flur.

***

Natalia war himmlisch: langes, dunkles Haar und unfassbar hellgraue Augen, der Seidenrock umschmeichelte ihre runden Hüften. Sie war Stadtplanerin und arbeitete daran, Bristols öffentliche Plätze barrierefreier zu machen. Beim Reden gestikulierte sie enthusiastisch, was mehr als die Hälfte ihrer

Kommunikation ausmachte. Auf Bettes Wunsch sprach sie betont langsam in ihrer italienischen Muttersprache, aber der Wein, die Wärme und die vielen Gespräche um sie herum führten dazu, dass ihr etwas schwindelig wurde. Nachdem Bette sie einmal zu oft bitten musste, sich zu wiederholen, gab sie es auf.

»Okay, tut mir leid, weiter auf Englisch. Ich bin zu betrunken. Meine Nonna würde sich schämen, aber ich komme einfach nicht mit.«

Natalia lachte und legte Bette den Kopf auf die Schulter. Es war inzwischen ein Uhr morgens, aber die Party war noch in vollem Gange. Bette und Natalia saßen zusammengedrängt auf einem breiten Sessel. Er war eigentlich nicht groß genug, um zwei Frauen mit sogenannten »gebärfreudigen Becken« beherbergen zu können, aber es ging schon. Bette wusste nicht genau, ob es am Wein, am Sessel oder einfach generell am Abend lag, aber sie spürte genau, wo Natalias Körper überall ihren berührte, als säße sie zu nah an der Heizung.

Sie würden im Bett landen, wurde ihr klar.

Der ganze Abend lief darauf hinaus, seit Heather abberufen worden war, während sie Bette herumführte. Bette hatte sich auf die Suche nach Ruth gemacht, aber sie wollte auch nicht die Art Freundin sein, die eine Babysitterin brauchte. Im besten Fall würde sie einfach eine Unterhaltung mit irgendwem anfangen und total charmant sein. Und diejenige würde Ruth dann am Montag schreiben: *Bette ist toll, oder?,* und dann müsste sie einfach zustimmen. Stattdessen stand sie mitten im Raum und hielt eifrig nach einer Gruppe Ausschau, der sie sich anschließen konnte, wie die Letzte bei der Mannschaftsauswahl im Sportunterricht. Wie grauenhaft. Dann hatte sie Natalias Blick aufgefangen. Seitdem saßen sie zusammengequetscht nebeneinander auf dem Sessel.

»Ich schiebe das jetzt auch mal auf den Wein. Keine Ahnung, ob wir das schon hatten, aber tun wir einfach so, als wäre dem nicht so. Woher kennst du noch mal Heather?« Natalia ließ den Kopf an Bette gelehnt.

Als hätte die Erwähnung ihres Namens sie heraufbeschworen, stand Heather plötzlich in der Wohnzimmertür, zog anerkennend die Augenbraue hoch und grinste. Sie zwinkerte Bette noch arglos unsubtil zu und ging wieder.

»Oh, eigentlich gar nicht. Wir haben uns in der Küche kennengelernt. Heute Abend. Also vor ein paar Stunden.«

»Ach so! Also kennst du Jody?«

»Dey habe ich tatsächlich immer noch nicht getroffen.« Bette sah sich um, als könnte der Wirbelwind aus blonder Tolle und Samt namens Jody sich einfach so vor ihnen materialisieren. Immer wenn Bette dey irgendwo sah, war dey gerade von einer Traube aus Gratulierenden umgeben. »Ich sollte unbedingt noch Hallo sagen, bevor ich gehe. Nein, ich kenne Ruth. Auch nicht so gut. Wir haben uns vor einem Monat kennengelernt. Aber sie ist toll.«

»Ah, alles klar. Ruth ist echt nett.«

Und dann hörte Bette die Frage hinter den Fragen. »Wir sind nicht zusammen«, schob sie schnell hinterher. »Ich meine, wir hatten ein Date, aber wir sind nur befreundet. Ich bin momentan solo.«

»Ja?« Natalia hob den Kopf von Bettes Schulter, ihr Mund war nur noch Zentimeter von Bettes entfernt. »Das sind ja gute Neuigkeiten.«

»Ja.« Bette fragte sich, ob das wirklich stimmte. Ob diese spezielle Semantik einer gründlichen Überprüfung standhalten würde. Es war die Wahrheit. Sie war solo. Im Grunde genommen.

Vielleicht war es besser, nicht so viel darüber nachzudenken. Natalia stupste mit der Nase an Bettes Wange. Sie atmeten gemeinsam ein, dann berührten Natalias Lippen ihre, so einen klebrig-süßen Gloss hätte Bette mit sechzehn vielleicht auch benutzt. Komisch und künstlich. Aber unter dem Gloss hatte sie weiche Lippen, und sie drückte Bette die Hand gegen den Oberschenkel. Bette strich Natalia über die nackten Schultern und nach unten über ihre Wirbelsäule. Es fühlte sich so gut an, sie zu küssen, so leicht und warm, und als Natalia ihr die Hand den Oberschenkel hochschob, auch einigermaßen heiß.

Aber sie war sich bewusst, dass der Kuss eher eine Frage beinhaltete als ein Ausrufezeichen. Er schmeckte nach Zärtlichkeit, nicht nach Sex. Und Bette fühlte sich unbehaglich, weil sie Natalia nicht die ganze Wahrheit gesagt hatte. Sie musste daran denken, wie glücklich sie ausgesehen hatte, als Bette davon gesprochen hatte, zurzeit nicht vergeben zu sein. Heather kannte den Plan. Sie hätte doch nicht so ermunternd gelächelt, wenn sie glauben würde, Natalia wäre die Falsche dafür? Oder? Aber Natalia küsste sie so behutsam und andächtig, hatte ihr die Hand an die Wange gelegt. Es fühlte sich an wie das Ende eines Dates, nicht wie kurz vor einem One-Night-Stand. Sie küsste Bette, als hätte sie sie gerade zu ihrer Haustür begleitet.

Dann streichelte Natalia sanft über die zarte Haut hinter Bettes Ohr, und sie schmolz dahin. Natalia wollte, was Bette wollte. Ihr lief ein Schauer über den Rücken, und sie zog Natalia enger an sich.

»Ich wohne ganz in der Nähe«, flüsterte Bette und küsste sie noch mal, bevor sie fortfuhr: »falls du noch mit zu mir kommen willst?«

Natalia zögerte einen Moment, dann nickte sie an Bettes Lippen. Sie stand auf und hielt Natalia die Hand hin, um ihr aufzuhelfen. Sie war ein ganzes Stück kleiner als Bette, aber durch das hoch aufgetürmte dunkle Haar wirkte sie größer.

»Musst du dich noch von jemandem verabschieden?«, fragte Natalia, und Bette sah sie an, sah ihre erwartungsvoll leuchtenden Augen.

»Im Gegenteil. Polnischer Abgang. Uns wird schon keiner vermissen.«

Natalia zog sie in den Flur, und kurz bevor sie durch die Haustür verschwanden, sah Bette sich noch mal um. Ruth saß auf der Treppe und unterhielt sich mit jemandem, den Bette nicht kannte, einem glatt rasierten Typen mit Lippen, die für seine kantigen Züge fast schon zu voll waren. Er sah irgendwie absurd gut aus, beinahe wie eine Puppe, und er schaute Ruth mit einem Ausdruck an, dass Bette das Gefühl hatte zu stören. Aber Ruth schaute hoch und begegnete Bettes Blick. Sie zog kaum merklich die Augenbrauen hoch, dann hob sie die Hand und winkte mehr oder weniger.

KAPITEL 10

Sonntag, 28. August
Noch 48 Tage

Am nächsten Morgen hatte Bette beim Aufwachen mehr Gesellschaft, als ihr lieb war.

Natalia lag neben ihr unter der Decke und trug noch das Oberteil und die Unterwäsche von gestern. Bette hatte einen kompletten Pyjama an, was sie sonst nur tat, wenn sie auswärts übernachtete. Unangenehme Kombination. In ihrer Wohnung angekommen, hatten sie eine Flasche Wein aufgemacht und sich auf dem Sofa unterhalten. Stundenlang. Geküsst hatten sie sich auch. Ununterbrochen. Aber der Weg zurück hatte die heiße Stimmung von der Party irgendwie abkühlen lassen. Die Entscheidung, sich mit dem Wein ins Wohnzimmer zu setzen, hatte ihr Schicksal dann besiegelt. Platonisch war es nicht, aber eben auch nicht casual. Bette hatte ein paarmal versucht, den Küssen einen sexuelleren Drall zu verpassen – Richtung Schlafzimmer zum Beispiel –, aber es hatte sich nicht richtig angefühlt. Zwischendurch saß Natalia sogar auf ihrem Schoß, Bette hatte sie am Oberschenkel festgehalten und die Hand in ihrem Haar vergraben, und da schien es endlich vielversprechend zu werden. Aber Natalia hatte sich zurückgelehnt und Bette so voller Intensität angesehen, dass sie Angst bekam, ihr mit dem Daumen über die Lippe gestrichen und ihr gesagt, wie schön sie sei. Natalia wollte sie besser kennenlernen. Sie fragte nach Bettes Familie und nahm ihre Ausflüchte hin. Sie tauschten Coming-out-Geschichten aus. Natalia erzählte von ihren vielen Geschwistern und ihrem Kinderwunsch, mindestens drei wollte sie. Bette war sich einigermaßen sicher, dass Natalia irgendwann gesagt hatte *Ich mag dich wirklich*, als wäre das irgendwie angemessen, als wäre es okay, am ersten Abend so sein Herz auszuschütten. Und dann musste Bette an Mei denken und an die ganzen Sachen, die sie an ihrem ersten Abend zu ihr gesagt hatte. Sie hatte so ein schlechtes Gewissen, dass ihr ganz übel wurde, wenn sie sich vorstellte, dass es für Natalia vielleicht genau so ein Abend war. Sie hatte eindeutig Mist gebaut.

Irgendwann wäre wahrscheinlich der richtige Zeitpunkt gewesen, um dem Ganzen den Riegel vorzuschieben und klar zu sagen, was sie wollte. Aber stattdessen hatte Natalia sie gebeten, ihr eine Zahnbürste zu leihen, und Bette hatte nicht Nein gesagt. Sie blieb über Nacht. Es ergab Sinn, dachte Bette, es wurde schließlich bald hell.

Viel gab es nicht zu sagen, als sie gemeinsam Zähne putzten und sich ins Bett legten. Natalia küsste sie noch einmal, als sie in der Horizontalen waren, die Zunge minzfrisch und keine Spur mehr vom Gloss. Dann drehte sie sich um und atmete beinahe umgehend tief und gleichmäßig. Bette bekam es mit der Angst. Sie hätte etwas sagen sollen, das war sternenklar. Sie hätte ihr sagen sollen, dass es hier um einen One-Night-Stand ging. Um Sex. Sex, den sie nicht einmal gehabt hatten. Sie hätte ansprechen sollen, dass sie sich wahrscheinlich nicht wiedersehen würden, zumindest nicht absichtlich. Dass es hier nicht darum ging, bei ihr zu übernachten. Und eine Bindung aufzubauen. Als Bette gemerkt hatte, dass Natalia ihr mit der Zahnbürste im Mund im Spiegel in die Augen sah, hatte es sich so sehr nach Beziehung angefühlt, dass sie den Blick abwenden musste.

Gegen sieben war sie endlich eingeschlafen, aber nur aus Müdigkeit, nicht, weil ihre Schuldgefühle nachgelassen hätten. Und als sie ein paar Stunden später wieder wach wurde, lag Natalia immer noch da, träge und liebevoll verschlafen an Bettes Rücken gekuschelt, die Hand an ihrer Hüfte, und schrieb Muster auf Bettes Haut, wo der Pyjama hochgerutscht war.

Nein.

Nein, nein, nein, nein. Das durfte sie nicht zulassen. Sex, nachdem sie in einem Bett geschlafen hatten, Küsse, nachdem sie in einem Bett geschlafen hatten, wären ein schrecklicher Einstieg in die Unterhaltung, vor der es kein Entrinnen gab. Damit würde sie die Situation auf eine Art ausnutzen, mit der sie nicht zurechtkäme.

»Tee?«, platzte sie heraus, setzte sich an die Bettkante und griff nach einem Morgenmantel – das zaunpfahlmäßige Gegenteil von Nacktheit. Ihr war unangenehm warm, sie fing sofort an zu schwitzen. »Kaffee? Saft? Ich weiß gar nicht, ob wir Saft haben, meine Mitbewohnerin ist nämlich nicht da. Und die ist eigentlich die Einzige, die welchen trinkt.«

»Tee ist gut.« Natalias Ton war ein bisschen belustigt, sie war immer noch nicht ganz wach. »Aber du brauchst doch nicht … Kein Grund zur Eile.«

»Nein, ich liebe Tee. Will jetzt echt einen. Stehen wir auf«, erwiderte Bette, bevor Natalia vorschlagen konnte, dass sie ihn im Bett tranken. Sie erhob sich und verfluchte den Weißwein und ihren rumorenden Magen. Sie schaffte es, Wasser aufzusetzen, in die fast leere Teeschachtel zu greifen, zwei staubige Pyramiden rauszuziehen und zu übergießen, da stand Natalia schon in der Küche, ihre Partyklamotten wirkten im Morgenlicht total fehl am Platz.

»Toll, du bist ja angezogen! Was hast du heute vor?« Bettes Ton sollte nach lockerem Plaudern und »ich hab überhaupt keinen Kater« klingen.

»Ach, eigentlich nichts.« Natalia griff nach der Tasse und kippte sich selbst Milch dazu. »Aber wenn du mich loswerden willst, bevor die Nächste auf der Matte steht, verziehe ich mich sofort, wenn ich ausgetrunken habe.«

Sie lachte leichthin, als sei der Gedanke, jetzt zu gehen, lächerlich, und Bette rang sich ebenfalls ein Lachen ab. Natalia drückte ihren Teebeutel gerade gegen den Rand der Tasse, aber als sie Bette lachen hörte, sah sie überrascht auf.

»Es sei denn ... oh ... okay. Vielleicht ... Ich weiß nicht, vielleicht bereust du ...? Dann werde ich ...«

»Shit, nein, das ist es nicht. Ich bereue gar nichts. Du bist toll. Hat Spaß gemacht. Aber ich ... ich bin nicht auf der Suche nach was Ernstem, und das hätte ich gestern wohl dazusagen sollen. Ich glaube, das hätte ich dir echt erklären müssen. Vorher. Bevor ich dich mit hergenommen habe.«

Sie redete einfach drauflos, stolperte über Wörter und Sätze, als befände sie sich wieder auf dem Hindernisparcours, vor dem sie in der Grundschule kapituliert hatte.

»Oh.« Natalia nickte ein bisschen zu energisch und schluckte ihren kochend heißen Tee runter. Sie hielt sich die Hand vor den Mund und hustete. Jetzt hatte sie wahrscheinlich Tee in der Lunge, noch ein Grund für Bette, ein schlechtes Gewissen zu haben. »Nein, natürlich. Ich meine ... ich hatte keine ... Erwartungen. Natürlich.«

»Tut mir echt leid«, sagte Bette leise und aufrichtig. Natalias Gesicht sah traurig aus, und sie hielt nur noch unbeholfen und steif Augenkontakt. So ein Gespräch war sicher besser, als ihr die nächsten Tage nicht auf Nachrichten zu antworten. Besser, als es unnötig in die Länge zu ziehen. Aber Bette fühlte sich trotzdem furchtbar. Das hätte sie ihnen beiden alles ersparen können, wenn sie von Anfang an offen und ehrlich gewesen wäre.

»Okay … Dann werde ich jetzt …« Natalia stellte ihre Tasse auf den Küchenschrank. »Ich gehe. Wenn das …?«

»War echt schön, dich kennenzulernen«, sagte Bette überflüssigerweise und fragte sich, ob sie sie zur Tür bringen sollte. Oder ob das auch wieder zu datemäßig war. Wenn sie in der Küche blieb, war es eindeutig nur ein Sexding, wenn sie sie an die Tür brachte – oder vor die Tür –, bestand immer noch die Gefahr eines unerwarteten Aus-Versehen-Kusses wie in *Notting Hill.* Oder Chandlers *Es war sehr schön! Ich rufe Sie an! Wir sollten uns wieder verabreden!* zu Rachels Chefin mit der verwischten Wimperntusche. Und es gab wirklich kein Zurück mehr. Sie konnte Natalia nicht noch mal küssen, nachdem sie die Sache so unangenehm hatte werden lassen. So jemand war sie nicht.

Die Tür fiel ins Schloss. Während sie hin und her überlegt hatte, ob sie Natalia zur Tür bringen sollte, hatte die sich allein auf den Weg gemacht. So lange war ihr die Denkpause gar nicht vorgekommen. Ihr Kater war wohl schlimmer, als sie dachte, ihr Hirn arbeitete nur mit halber Kraft. Bette lehnte sich an den Schrank, hatte ein schlechtes Gewissen und ärgerte sich darüber, dass Ash nicht da war, dass Ruth sie überhaupt eingeladen hatte, dass Heather sie unbekümmert mit heißen Frauen allein gelassen hatte, die mit ihr knutschen wollten, und dass Mei verantwortlich für den ganzen Mist war.

Aber am meisten ärgerte sie sich über sich selbst.

***

Bette hatte sich den ganzen Tag kaum bewegt. Zwar war sie nicht wieder ins Bett gegangen, weil sie sich nicht noch mal in die Laken legen wollte, zwischen denen sie und Natalia die

Nacht verbracht hatten. Realistisch betrachtet, würde sie das Bett vor dem Abend frisch beziehen müssen, weil es immer noch nach Natalias Parfum roch, aber bis dahin drückte sie sich vor der Spirale der Schuldgefühle, die der Duft in Gang setzen würde. Sie dachte sogar schon darüber nach, auf dem Sofa zu schlafen, nur um der Aufgabe aus dem Weg zu gehen. Statt sich in irgendeiner Weise mit der Situation auseinanderzusetzen, war sie bei *Married at First Sight Australia* eingedöst, hatte Marge an sich gedrückt, bis sie irgendwann angewidert davongetrottet war, hatte acht halbe Tassen lauwarmen Tee getrunken und unzählige Scheiben Toast mit Butter und Marmite gegessen. Ohne Brot im Haus wäre sie höchstwahrscheinlich verhungert.

Alles, was sie sich für den Sonntag vorgenommen hatte – die Wäsche, den längst überfälligen Anruf bei ihren Eltern, ihren Schrank aufräumen –, war auf der Strecke geblieben, während sie nur rumlag und sich in Selbstmitleid suhlte. Der Kater war gegen fünfzehn Uhr verflogen, aber nicht die Scham, und beide Gefühle drehten ihr gleichermaßen den Magen um.

Alles in allem war sie selten so froh gewesen, Ashs Schlüssel im Schloss zu hören. Die Erleichterung war körperlich, sie spürte, wie ihr die Tränen in die Augen stiegen. Sie wollte es nicht, und es regte sie richtig auf, aber als Ash in der Tür zum Wohnzimmer stand, liefen ihr die Tränen über die Wangen. Sie hatte anscheinend bloß darauf gewartet, Ash im Türrahmen lehnen zu sehen und unter der Missbilligung deutliche Zuneigung in ihrem Gesicht zu lesen.

»Hast du dich heute überhaupt schon bewegt?«, fragte Ash. Lügen war sinnlos, es war auch viel weniger eine Frage als eine begründete Annahme gestützt durch eindeutige Beweise.

»Nein. Ich glaub, ich hab mich wundgelegen.«

»Du hast dich nicht wundgelegen.«

»Doch, glaub ich schon.«

»Okay, dann steh jetzt auf, zieh dir was Richtiges an und geh mit mir spazieren. Hier drin riecht es ja wie im Schnapsladen. Ich verbringe meinen Sonntagabend bestimmt nicht auf einem Sofa, das so stinkt. Genau deswegen geh ich auch nicht in Pubs mit Teppich. Ganz übel. Wir müssen durchlüften.«

»Kannst du nicht einfach ein Fenster aufmachen, und ich bleibe hier?«

»Nein«, rief Ash über die Schulter und ging ihre Reisetasche wegstellen. Als sie kurz darauf zurückkam, hatte Bette sich nicht vom Fleck gerührt. »Wenn du da noch länger liegst, wächst du am Sofa fest. Und ich habe mich leider dran gewöhnt, dass du aufstehen, arbeiten gehen und deinen Teil der Miete zahlen kannst. Und an das Sofa habe ich mich auch gewöhnt.«

»Das ... leuchtet ein«, gab Bette widerwillig zu. »Gib mir fünf Minuten.«

Es waren mindestens zehn, dann kam sie in Leggings und langem T-Shirt aus dem Schlafzimmer. Nach fünfzehn Minuten fing sie an, sich die Schuhe anzuziehen. Ash wartete ungeduldig an die Wand im Flur gelehnt, verdrehte über Bettes Murren die Augen und schnalzte auf unheimliche Weise genau wie Bettes Mutter missbilligend mit der Zunge, während sie mit ihren Schnürsenkeln beschäftigt war.

Ebenso nervtötend wie wenig überraschend tat ihr die frische Luft im Gesicht und in der Lunge gut. Bette atmete gierig ein, als hätte sie seit der Party keinen Sauerstoff mehr bekommen. Das beseitigte die letzten Überbleibsel ihres Katers. Die Schuldgefühle, befürchtete sie, gingen wahrscheinlich nie wieder weg.

»Na, komm schon.« Ash stupste mit der Schulter gegen Bettes. »Das ist doch nicht nur ein Kater, oder? So alt sind wir nun auch wieder nicht. Wir können immer noch am Samstag feiern, ohne am nächsten Tag sterben zu wollen, oder?«

»Es ist nicht nur ein Kater«, bestätigte Bette. Sie hielt am Straßenrand an und wartete, aber Ash flitzte einfach um ein Auto herum.

Ash blieb mitten auf der Straße stehen und drehte sich erwartungsvoll zu ihr um. »Also?«

Bette zuckte die Schultern und trabte los, um sie einzuholen. Was für eine Qual. Ihr Körper verfluchte sie.

»Ich habe gestern jemanden mit nach Hause genommen. Bei der Party schien sie noch prima zu sein – also die Richtige, um sie mitzunehmen. Für so ein – was auch immer. Aber anscheinend hätte ich mich deutlicher ausdrücken sollen. Bevor wir angefangen haben, uns zu küssen.«

»Oh.«

»Ja, heute Morgen habe ich ihr dann gesagt, dass ich keine Beziehung will, und das hat sie gar nicht gut aufgenommen.«

»Also quasi Ruth 2.0, nur im Nachhinein. Was wahrscheinlich noch schlimmer ist.«

Bette war überhaupt nicht begeistert, dass ihr Date mit Ruth nun anscheinend ein Prototyp für irgendwas war. »Ach, Scheiße. Ja. Ja, kann man so sagen. *Scheiße.* Ich fühl mich so mies.«

»Gab es keinen passenden Augenblick, um das anzusprechen?«

»Natürlich, Ash.« Bettes Stimme kletterte ein gutes Stück auf der Tonleiter und der Lautstärkeskala nach oben. »Was denkst du denn. Es gab unzählige Augenblicke, in denen ich es hätte ansprechen sollen. Hab es ja verstanden. Ich bin scheiße.«

»Du bist nicht scheiße.« Ashs Ton war jetzt nachsichtiger. Sie fiel immer aus ihrer Rolle als Bad Cop, wenn Bette den Part bereits selbst übernahm. »Aber ideal ist so ein Verhalten natürlich auch nicht.«

»Dann ist sie auch noch eine Freundin von Ruth, glaube ich.« Bette verstummte und stellte fest, dass sie keine Ahnung hatte, wer Natalia zur Party eingeladen hatte. »Oder von

Heather, was weiß ich. Oder Jody. Keine Ahnung. Wahrscheinlich sollte ich das wissen, aber ich hab nicht richtig zugehört. Der springende Punkt ist, ich hätte es ihr sagen müssen, ich laufe ihr vielleicht wieder über den Weg, und ich habe es verkackt. Ich war ein bisschen betrunken, und sie war einfach *so* wunderschön …«

»Ja, aber du findest auch alle wunderschön.« Ash schmunzelte.

»Hey, ich … ich stehe einfach auf Frauen«, sagte Bette überflüssigerweise.

»Ich finde sie goldig süß!« Ash ahmte perfekt Marge Simpson mit einer Kartoffel in der Hand nach.

»Halt doch die Klappe.«

Schweigend gingen sie in Richtung Perrett Park. Dank der Sommerhitze und weil es die Woche zuvor geregnet hatte, war das Gras unter ihren Füßen schön dicht und grün. Die Sonne war schon fast untergegangen, am Horizont war nur noch ein leichter rosa Schimmer zu sehen, und auf einmal wurde es kühl. Im Park waren nicht mehr viele Menschen unterwegs, ein paar Typen lagen mit Bierdosen in der Hand auf dem Rasen, andere drehten joggend ihre Runden.

»Du weißt, dass ich immer dafür bin, dass du kriegst, was du willst. Ich will, dass du glücklich bist. Ich habe dir zwei Wochenenden beim Jeansanprobieren zugeguckt, bis du die schwarze gefunden hast, die du so liebst. Ich habe über Nacht mit dir Schlange gestanden, Bette. Für Coldplay-Tickets.« Ashs Stimme war ungewöhnlich sanft. »Also, wenn das hier das ist, was du willst, werde ich die Klappe halten. Dann bin ich an Bord und helfe dir, wo ich kann. Aber Bette, dass du aufwachst und dich so mies und schuldig fühlst, das ist doch nicht … Ich weiß auch nicht …«

Sie wollte, dass Ash weiterlachte und sich über sie lustig machte. Dass sie Marge Simpson imitierte. Dass sie über die

Coldplay-Schlange lästerte, zehn Jahre nach der unglückseligen Nacht. Sie wollte keine Sorge und auch keine Mütterlichkeit oder Verständnis. Es fühlte sich klebrig und süßlich an, als würde Ash auch noch Honig über Bettes grauenhaft chaotisches Leben kippen. Statt sie zu trösten, sorgte es dafür, dass Bette sich innerlich wehrte und sträubte, als wollte ihr Körper all der Süße etwas Bitteres entgegensetzen.

»Ich will Mei«, sagte Bette entschieden und zuckte doch leicht zusammen, als sie die Worte aussprach. »Und nur so bekomme ich sie.«

»Ich … ich weiß einfach nicht …«

»Hör zu, gestern hab ich Mist gebaut, aber ich kriege das schon noch hin mit dem lockeren Sex. Bisher hatte ich ja nicht gerade viel Übung. Nächstes Mal mache ich es besser. Kein Grund, in eine Riesenexistenzkrise zu verfallen. Mir geht's gut.«

»Okay. Aber ich …«

»Schon gut, Ash.« Bette unterbrach sie in einem unnachgiebigen Tonfall, der hoffentlich einen Schlussstrich unter die ganze Sache setzte. »Mir geht's gut. Was wollen wir essen? Ich geb aus.«

Sie holte ihr Handy raus und scrollte durch die Lieferserviceoptionen. Zum Glück hielt Ash sie nicht davon ab.

***

Als sie ihre Runde durch den Park beendet hatten und wieder nach Hause kamen, hatte Bettes Gemütslage sich beruhigt. Gleich würde eine unverantwortlich große Menge Curry eintreffen, was alles ein bisschen besser und ein bisschen leichter machte, das hatte ausschweifendes Essenbestellen so an sich. Ash ging ihren Schlafanzug anziehen, und Bette machte *Good Wife* auf dem Laptop bereit. Als sie durch die erste Staffel scrollte und sich Argumente dafür zurechtlegte, noch mal »Ein schmaler Grat« zu gucken, vibrierte ihr Handy in der Tasche.

Ruth: Also!!

Ruth: Hattest wohl einen erfolgreichen Abend, was?!?!

Die übertriebenen Satzzeichen passten gar nicht zu Ruth. Ruth setzte Interpunktion sowie Großbuchstaben so sparsam und sinnvoll ein, dass Bette die drei Jahre Altersunterschied zwischen ihnen deutlich bewusst waren. Ruth benutzte Punkte, als seien sie in Nachrichten genauso angemessen und nötig wie in Büchern.

Bette: Ha

Bette: Genau wie du versprochen hast

Bette: Hat Spaß gemacht!

Bette: Heather ist toll

Da wurde ihr bewusst, dass sie Ruth eigentlich gar nicht mehr gesehen hatte, nachdem sie aus der Küche verschwunden war. Sie fragte sich, wie der Abend verlaufen wäre, wenn sie bei ihrer Suche Ruth gefunden hätte. Wahrscheinlich sehr viel weniger kompliziert.

Bette: Vielen Dank noch mal für die Einladung

Ruth: Klar doch!! Schön, dass es gut gelaufen ist.

Ruth: (Es ist doch gut gelaufen, oder?! Ich hab dich mit Nat abhauen sehen, oder????)

Diese Zeichensetzung, unglaublich. Als wäre Ruth gekidnappt worden, als würde jemand anderes ihre Nachrichten schreiben.

Bette: Ja hast du

Bette: Sie ist echt lieb

Ruth: Sie ist großartig! Wir waren zusammen an der Uni!

Shit. Natürlich war Natalia eine Freundin von Ruth. Irgendwie musste sie das Thema wechseln.

Bette: Stimmt! Hat sie glaub ich erwähnt

Bette: Wie war dein Abend?

Ruth: Schön. Hatte viele der Leute ewig nicht gesehen, das war nett. Und Jody hatte wohl auch Spaß, das ist ja die Hauptsache.

Ruth: Genauso wie du, wenn ich das richtig verstehe?!

Sie ließ einfach nicht locker. Bette konnte sich nicht rauswinden. Sie musste trotzdem irgendwie vage bleiben. Schwammig.

Bette: Ja, war nett!

Bette: Danke noch mal

Bette: Bessere Wing Women als dich und Heather hätte ich nicht haben können

Darauf folgte eine Pause, lange genug, dass Bette das Handy gerade wieder weglegen wollte.

Ruth: Hey, ich hab ein Ticket für ein Essen nächstes Wochenende übrig, willst du vielleicht mitkommen?

Eigentlich sollte sie ein neues Date planen. Mit einer Fremden diesmal, einer zweiten Charlie. Aber …

Bette: Schick mir die Infos

Bette: Bin dabei

KAPITEL 11

Freitag, 2. September
Noch 43 Tage

Im Büro war genau das passiert, womit Bette seit der Trennung hätte rechnen sollen. Rein zufällig war sie gerade auf dem Weg zum Kopierer, als sie hörte, wie Erin Mei ins Gebäude ließ. Sie hatte gerade noch genug Zeit, sich darauf einzustellen. Zu ihrer Überraschung – und zu ihrem Entsetzen – konnte sie nur aufs Klo rennen und sich im Schneidersitz auf den Deckel hocken, damit man sie nicht sah, falls sie jemand suchen sollte. Dort blieb sie eine Stunde, so lange, dass ihr das Bein einschlief, und so lange, dass ihre Kolleg*innen ihr seltsame Blicke zuwarfen, als sie endlich wieder rausgehumpelt kam. So lange, dass das Handy auf ihrem Schreibtisch sie mit mehreren Nachrichten von Mei erwartete, auf die sie keine Antwort wusste. So lange, dass (wie sie beim Mittagessen erfuhr) die äußerst verwirrte Erin Mei sagen musste, Bette habe sich einfach in Luft aufgelöst, obwohl ihre fertigen Kopien noch im Gerät lagen.

Aber nun war Wochenende, und sie wollte nicht mehr darüber nachdenken, dass sie die Sache Erin gegenüber nicht erklärt und Mei nicht zurückgeschrieben hatte, dass sie eine endlose Stunde auf dem Klo verbracht hatte. Bette hatte was vor.

Ruth saß schon an der Bar, hatte die Knöchel gekreuzt und trug ein schwarzes Kleid mit so tiefem Rückenausschnitt, dass ihr lippenstiftrosa BH hervorblitzte. Ihre Hand lag neben einem Martiniglas mit so vielen Oliven, dass es wie eine optische Täuschung aussah. Sie unterhielt sich lachend mit dem Drinks mixenden Barkeeper, warf den Kopf in den Nacken, streckte den Hals. Bette hatte noch nie gesehen, dass jemand so mühelos glamourös aussah. Ruth gehörte in einen Schwarz-Weiß-Film.

Bette schüttelte sich leicht, wie lange hatte sie jetzt schon vom Eingang aus hinübergestarrt? Sie ging zur Bar und nahm auf dem Hocker neben Ruth Platz.

»Na, das ist ja ein schicker Laden.«

»Bette! Du siehst umwerfend aus!« Ruth küsste sie auf die Wange, ihr mittlerweile vertrautes Parfum roch, frisch und leicht. »Wahnsinn, oder?«

Und wie. Die Einrichtung war gemütlich und nobel: poliertes Holz, dunkelgrüner Samt, gepolsterte Bänke. Das gedämpfte, warme Licht brachte jedes Gesicht zum Strahlen.

»Woher kennst du den Laden?«, wollte Bette wissen.

»Ich war noch nie hier, aber ich kenne den Küchenchef. Er testet nur ein paar Abende lang eine neue Speisekarte. Seine Frau ist eine Kollegin von mir, also habe ich Tickets gekauft, als er es vor Monaten angekündigt hat. Hatte es ehrlich gesagt schon wieder vergessen, bis sie mir letztes Wochenende eine Nachricht geschrieben hat.«

Bette schaute sich um und erspähte eine Karte auf der Theke. »Was gibt es denn? Ich Dussel hab gar nicht gefragt.« Alles auf dem Degustationsmenü bestand aus jeweils vier Zutaten, getrennt durch Kommas, und von mindestens einer pro Gericht hatte sie noch nie gehört. Ash hatte ihr so eine Karte schon mal erklären müssen, als sie einmal fein essen gegangen waren, und keine der Speisen hatte so ausgesehen wie erwartet. »Degustationsmenü heißt, dass wir alles davon bekommen, oder? Ich bin froh, dass ich mir nichts aussuchen muss. Das klingt alles so fantastisch.«

»Ich auch. Ich habe schon mal mit den beiden gegessen und ihn darüber ausgequetscht, wie es war, in San Antonio zu kochen. Ich war so neidisch.«

Während sie sich von ihrer jeweiligen Woche erzählten, bekamen sie die zum Menü gehörigen Margaritas serviert und einen Fenstertisch zugewiesen. Dann kam ein Teller mit gefüllten und gebratenen Jalapeños, und Ruth nahm sich mehr als ihren Anteil davon, aber Bette war nicht böse, als sie ihren entzückten Gesichtsausdruck sah. Immer mehr Teller wurden an ihren Tisch gebracht, und sie teilten alles. In der kurzen Gesprächspause, als sie beide aßen, fiel Bette die Frage wieder ein, die sie sich zurechtgelegt hatte, damit sie nicht allzu schnell auf ihr Dating-Leben zu sprechen kamen.

»Wir haben zwar schon festgestellt, dass Apps schrecklich sind, aber hast du in letzter Zeit trotzdem jemand Nettes kennengelernt?«

Ruth kaute zu Ende und spielte mit der Karte neben ihrem Teller, rollte die Ecke zwischen ihren Fingern auf. Sie senkte den Blick und sah zu, wie ihre Hand das Papier verbog, dann schaute sie Bette direkt in die Augen. Bette wartete und überlegte, ob sie die Frage bereuen sollte.

»Ich meine, nichts Weltbewegendes.« Ruth zuckte die Schultern, wollte offensichtlich direkt wieder das Thema wechseln. »Aber … ja, eigentlich schon. Nette Leute. Vor ein paar Wochen habe ich eine Frau kennengelernt, aber da wird wohl nichts draus.«

»Ach nein?«

»Nein, ich glaube, wir passen nicht zusammen.« Ruth zuckte wieder die Achseln. »Ein echter Widder, weißt du?«

»Ich …« Bette verstummte und beschloss, nicht zu lügen. »Nein, weiß ich nicht. Was soll das heißen?«

»Nichts.« Ein Schmunzeln umspielte Ruths Lippen. »Das soll gar nichts heißen. Ich hatte mit vielen Frauen Dates, die total auf Sternzeichen abgefahren sind. Also bin ich jetzt auch besessen davon, obwohl ich es eigentlich besser weiß.« Bettes Gesicht musste ihre Skepsis verraten haben, denn Ruths Tonfall nach schien sie sich angegriffen zu fühlen. »Ich wollte das ja selbst nicht, aber es passt total! Hab wohl mit ein paar sehr überzeugenden Lesben zu tun gehabt. Jedenfalls, die Frau war in dem Sinne ein echter Widder, dass sie ehrgeizig war und überall gute Stimmung verbreitet hat, aber eben auch immer im Mittelpunkt stehen musste.«

»Ich bin Steinbock, hat das eine Bedeutung?« Bette schwor sich, nichts davon jemals Ash zu erzählen, der Astrologie komplett gegen den Strich ging.

»Klar, wenn du willst. Alles kann eine Bedeutung haben, wenn man das will. Ich bin zum Beispiel Krebs, also bin ich loyal und sentimental, aber auch ein bisschen … anstrengend. Rational gesehen weiß ich natürlich, dass das wahrscheinlich nicht so viel damit zu tun hat, dass ich Ende Juni geboren bin. Aber gleichzeitig gefällt mir der Gedanke, dass ich ein Paradebeispiel für Krebse bin. Ein gutes Gefühl, zu einem Club anstrengender Spinner zu gehören.«

»Das verstehe ich«, sagte Bette, und zu ihrer eigenen Überraschung tat sie das tatsächlich irgendwie. »Dann erzähl mir mal von Steinböcken.«

»Na ja, du bist ausdauernd. Diszipliniert. Ehrgeizig auch …«

»Ha, okay.« Bette winkte ab und wischte die Worte mit beiden Händen fort. »Erzähl das mal meiner Mutter.«

»Was?«

Shit. So war das nicht gemeint gewesen. Sie wollte der ganzen Sternzeichensache bloß den Ernst nehmen. Sich ein bisschen darüber lustig machen und einen Spruch bringen. In ihrem Kopf war es ihr noch witzig, unbefangen und selbstironisch vorgekommen. Aber Ruth wollte es ihr wohl nicht einfach als Scherz durchgehen lassen.

»Na ja, ich meine, ist halb so schlimm. Aber … ausdauernd, diszipliniert und ehrgeizig würde meine Familie mich unter Garantie nicht nennen. Niemals.«

»Nein?«

Bette erkannte die Taktik aus der einen Therapiesitzung, zu der sie am Anfang ihres Studiums gegangen war: extrem knappe Nachfragen, die sie zum Reden bewegen sollten. Sie hasste es, wie gut das funktionierte.

»Nein. Nein, ich … Ach, ich weiß es auch nicht. Ich glaube, für sie bin ich eine ziemliche Enttäuschung. Sie hatten sich für mich ein Leben vorgestellt, dass ich … Also, sie sind davon überzeugt, dass ich meine Zwanziger in Bristol verschwendet habe. Dass mir das irgendwann klar wird und ich wieder nach Hause komme. Dass ich verstehe, dass ich ein konventionelleres Leben führen sollte. Dabei bin ich nicht mal radikal! Ich habe einen ganz normalen Bürojob. Ich bin keiner Sekte beigetreten. Aber wahrscheinlich haben sie es nicht verkraftet, dass ich nicht mit dreiundzwanzig geheiratet habe und Lehrerin geworden bin, oder irgendwas anderes … keine Ahnung. Mit mehr Sicherheit. Das Lesbischsein hat es auch nicht besser gemacht. Sie kommen natürlich damit klar. Sieht zumindest so aus. Aber ich weiß nicht …«

Sie holte Luft und bemerkte die falsche Fröhlichkeit in ihrer Stimme. Sie war erschöpft, als wäre sie zum Bus gerannt. Dabei hasste sie es, zum Bus zu rennen. Ruth sah sie an, nachdenklich, aber nicht mitleidig, und Bette spürte eine Welle der Erleichterung.

»Na ja, das ist relativ normal, oder?«, erwiderte Ruth. »Die Generation unserer Eltern kennt das alles noch ganz anders.

Denen fällt es schwer, uns und unser Leben mit ihren eigenen Erfahrungen zu vergleichen. Sich keine Sorgen zu machen und nicht ihre eigenen Meilensteine auf uns zu projizieren.« Ruth unterbrach sich und spielte wieder mit der Speisekarte. »Meine Eltern waren die Letzten in ihrem Freundeskreis, die Kinder bekommen haben. Sie haben es lange versucht, bevor ich dann unterwegs war. Als ich zur Welt kam, waren sie Mitte dreißig. Und ich bin jetzt dreiunddreißig. Ich habe nur eine Freundin, die Kinder hat. Ich studiere immer noch. Wohne zur Miete. In meinem Leben ist momentan gar kein Platz für ein Kind. Ich weiß, dass sie mich lieben und einfach wollen, dass ich glücklich bin. Sie geben sich Mühe. Aber verstehen können sie es nicht.«

Nichts an dem, was sie sagte, war besonders revolutionär. Aber Bette fühlte Wärme in ihrem Brustkorb aufsteigen, weil Ruth sie so gut verstand. Weil sie nicht allein war.

»Ich will deine Eltern gar nicht in Schutz nehmen!«, sagte Ruth, und Bette merkte, dass sie nicht geantwortet und die Wärme für sich behalten hatte. »Vor allem wegen der Sache mit dem Lesbischsein. Scheiße, wenn sie da komisch sind, das tut mir leid. Ich bin auf deiner Seite. Wenn es überhaupt Seiten gibt. Meiner Meinung nach bist du großartig und ehrgeizig und zielstrebig und … na ja … eindeutig sehr sensibel, was anderer Leute Wahrnehmung von dir angeht. Empfindlich sogar. Typisch Steinbock, könnte man sagen. Aber egal, du musst wissen, dass es nicht an dir liegt, wenn deine Eltern dich nicht verstehen. Dafür kannst du nichts. Da hängt noch viel mehr dran. *Du* bist großartig.«

Zwischen ihnen machte sich Stille breit, und Bette wusste nicht, wie sie die Unterhaltung wieder aufnehmen sollte. Wie sollte sie Ruth erklären, was ihre Worte ihr bedeuteten? Sie konnte sich überhaupt nicht vorstellen, wie Ruth Probleme haben konnte, jemanden zu finden. Jemand Besonderen. Sie war wundervoll. Wie konnte irgendwer Ruth *nicht* wollen?

»Danke«, sagte sie mit Kloß im Hals und fühlte sich unglaublich unzulänglich. »Ich … Ich danke dir.«

»Außerdem, guck doch mal, wie entschlossen du dein Projekt in Angriff nimmst! Du hättest auch einfach eine Weile allein bleiben können oder so. Aber du nimmst es richtig ernst. Du gibst dir Mühe!«

»Wieso reden wir jetzt schon wieder über mich?«, fragte Bette. »Also, du hast gesagt, die Dates waren nicht alle schrecklich, und dann haben wir nur einen komischen Widder geschafft. Noch jemand?«

»Ja, schon. Es gibt noch jemanden, aber das war nicht übers Internet.« Bette sah, wie Ruth vom Hals bis zum Ausschnitt errötete. »Ist ganz frisch. Wir lassen es langsam angehen. Er heißt Gabe und ist Journalist. Hauptsächlich Krisengebiete, bei seinem letzten Einsatz hat er eine Serie Fotos gemacht, die vor ein paar Wochen in der Uni ausgestellt wurden. Da habe ich ihn kennengelernt.«

Gabe. Gabe der Journalist, der nicht nur Fotos machte, sondern »eine Serie Fotos«. Gabe, der nach zwei Sätzen schon unheimlich beeindruckend klang. Aus irgendeiner Ecke von Bettes Gehirn tauchte eine Erinnerung aus dem Nebel billigen Weins auf: der Typ auf der Treppe bei der Party. Sie dachte darüber nach, wie toll sie beide ausgesehen hatten, und an Gabes Gesichtsausdruck, als er mit Ruth gesprochen hatte.

»Habe ich … habe ich ihn nicht am Wochenende mit dir gesehen? Als ich gegangen bin?«

Ruth nickte, jetzt liefen auch ihre Wangen rot an. Es mochte noch ganz frisch sein, aber offensichtlich hatte sie ihn gern. Bette war versessen auf mehr Einzelheiten, wollte unbedingt wissen, was Ruth so rot werden ließ.

»Also habt ihr euch schon ein paarmal getroffen?«

»Ein paarmal, ja. Wir lassen uns Zeit, das ist ganz wichtig. Mir zumindest. Ich mag ihn. Ich … ja. Es langsam angehen war der Plan. Ist der Plan.«

»Langsam ist gut.« Bette hatte keine Ahnung, ob sie das wirklich so sah, auch wenn sie es sagte. Langsam kam ihr irgendwie albern vor.

»Wir waren in der Rollerdisco.« Ruth lächelte leicht beschämt.

»Der Rollerdisco? Also Rollschuhe, Scheinwerfer und Discomusik? Ist das hier eine Teeniekomödie aus den Achtzigern?«

»Ich weiß. Wie sich rausgestellt hat, bin ich grauenvoll schlecht im Skaten.«

»Echt?«

»Total.« Ruth nickte so ernst, dass Bette einfach lachen musste. »Keine Ahnung, warum ich dachte, das würde ich schon einigermaßen hinkriegen. Hab sie angezogen und mich direkt auf den Hintern gesetzt. Also wirklich sofort. An der Kasse. Die nächste Stunde habe ich mich wie ein Kind an der Bande festgehalten.«

»Nein.«

»Oh doch. Er wollte mir helfen, aber bei mir ist echt Hopfen und Malz verloren. Außerdem kann Gabe auch noch tanzen. Also so richtig. Auf Rollerskates moonwalken und so. Er hatte auch seine eigenen dabei.«

Bette wusste auch nicht, warum sie plötzlich den Typen von der Treppe – unfair gut aussehend in Jeansshorts, offenem Hemd und pinken Rollschuhen – vor sich sah, und sich selbst, wie sie ihm ein Bein stellte, als er vorbeiflitzte. Warf kein gutes Licht auf sie.

»Heute habe ich beinahe Mei getroffen«, sagte sie stattdessen und bereute es gleich wieder. Fahrig dippte sie den Finger in die übrig gebliebene Soße auf ihrem Teller und leckte ihn ab. »Ich meine, ich hab sie nicht tatsächlich getroffen. Aber sie war im Büro. Und ich … hab mich auf dem Klo versteckt.«

»Ach.«

»Ja, ich wusste ja irgendwie, dass das mal passieren musste, aber ich war einfach nicht …«, setzte sie an, weil sie keine andere Wahl mehr hatte, als weiterzusprechen, aber Ruth fiel ihr ins Wort.

»Bette, ich will nicht darüber reden, dass du dich auf dem Klo verstecken musstest. Ich will überhaupt nicht über Mei reden. Auch wenn du das komisch findest.«

Es fühlte sich an, als hätte sich krachend ein Rollladen zwischen ihnen geschlossen, als hätte Ruth komplett zugemacht. Ihre warme Gesichtsröte war verschwunden, und ihr Blick abwesend. Ihre Stimme klang auch schärfer, auf einmal ganz anders, als könnte Bette sich daran schneiden. Plötzlich war Gefahr aufgezogen. Sie war falsch abgebogen.

»Was?«

»Ich will nicht über sie reden.«

Verständlich, klar. Ruth kannte Mei ja gar nicht. Warum sollte sie Mei interessieren? Aber Ruth schien seltsam … sauer. Und das ergab überhaupt keinen Sinn.

»Ich wollte doch nur …«, versuchte Bette, es wieder hinzubiegen, wollte die Härte in Ruths Stimme unbedingt vertreiben. Aber sie bekam nicht mal den einen Satz zu Ende. Warum hatte sie Mei eigentlich erwähnt?

»Hey, wenn sie deine Freundin wäre, klar, warum nicht. Dann könnten wir über sie reden. Aber ich weiß eigentlich nur über sie, dass sie dir ein Ultimatum gestellt hat und dich zu etwas zwingt, was du – und das ist jetzt nicht böse gemeint – nicht besonders gut hinkriegst. Und das reicht mir, um lieber nicht über sie reden zu wollen.«

Unbegreiflich, wie sie Ruth noch vor ein paar Minuten so felsenfest auf ihrer Seite gewusst hatte. Vor lauter Verlegenheit wurden ihr Hals und ihr Gesicht heiß, aber das Gefühl schlug schnell in Zorn um. Ruth hatte doch keine Ahnung von ihrer Beziehung mit Mei.

»Ich weiß nicht, was du damit sagen willst.«

»Hör zu, ich weiß, wie merkwürdig das für dich ist. Ich weiß, dass es dir schwerfällt. Aber … ich meine … das mit Nat …«

Das steckte also dahinter. Sie hatte mit Natalia gesprochen. Und unter der Oberfläche der netten Einladung zum Essen und dem Sternzeichenblödsinn hatte es die ganze Zeit gebrodelt. Bette hatte Ruths Freundin wehgetan, und jetzt war sie sauer. Sie spürte die Tränen in den Augenwinkeln brennen. Hier im Restaurant konnte sie auf keinen Fall weinen.

»Hast du mich heute hierhergebeten, um mir zu sagen, dass ich schlecht darin bin, Leute aufzureißen? Das ist nämlich echt nicht nötig. Ich hab mich den ganzen Sonntag total mies gefühlt.«

Ruth wirkte betreten, zog die Schultern hoch und mied Bettes Blick.

»Na ja, eigentlich freut mich das sogar? Ich meine, ich will natürlich nicht, dass du dich mies fühlst. Aber man kann das alles auch besser handhaben. Besser, als du es gemacht hast.«

»Bei dir hört sich das so an, als würde ich es nicht bereuen.« Bette war sich bewusst, wie voll es im Restaurant war, dass ihre Stimme langsam hysterisch klang. »Als würde ich nach deiner Meinung fragen.«

»Du hast mir doch geschrieben und um Rat gebeten, wie du andere Frauen abschleppen kannst, oder? Wir sitzen eindeutig nur hier, weil du meine Meinung hören wolltest.«

Der Vorwurf traf Bette mit voller Wucht, ihr drehte sich der Magen um, und ihre Haut fing an zu prickeln. Sicher, ihre ersten Nachrichten waren ein Hilferuf gewesen. Aber das war jetzt Wochen her. Wochen, in denen sich zwischen ihnen viel mehr entwickelt hatte. Dachte sie wenigstens.

»Und ich dachte, wir wären Freundinnen geworden, aber dann bin ich wohl in jeder Beziehung ein Loser? Nicht nur in romantischen.« Bette stand auf und griff in ihre Handtasche. Dann setzte sie sich wieder hin, spannte den Kiefer an und biss die Zähne zusammen. »Scheiße, ich hab kein Geld dabei. Ich lass dich jetzt nicht auf der Rechnung sitzen, so was würde ich nicht machen, aber du sollst wissen, dass ich jetzt gehen würde, wenn ich könnte.«

Sie blieben schweigend sitzen, die Sekunden verstrichen erbarmungslos langsam, bis eine ganze Minute um war.

»Fairerweise muss man sagen, dass heutzutage niemand mehr genug Bargeld mit sich rumträgt, um so einen Abgang hinzulegen«, sagte Ruth.

»Nein. Das stimmt.«

»Außerdem habe ich schon bezahlt. Ich habe doch die Tickets gekauft.«

»Oh.«

Dann saßen sie wieder schweigend da, die Luft zwischen ihnen unbehaglich angespannt, bis Bette beschloss, dass sie auch nachgeben konnte. Wenn es unbedingt sein musste.

»Sollen wir noch einen Kaffee zum Dessert bestellen?«

Ruth hob ruckartig den Kopf, zog die Brauen zusammen und machte große Augen. Sie nickte, was in Kombination mit ihrer Mimik seltsam und kindlich aussah. Die Erleichterung war ihr so deutlich anzusehen, dass Bette sie in der Brust spürte.

»Ja. Bestellen wir welchen. Bette, ich wollte wirklich nicht …«

»Schon gut.« Bette wusste genau, dass eine richtige Entschuldigung sie entweder aufregen oder zum Weinen bringen würde. Womöglich beides. »Wir können doch … Vergessen wir es einfach.«

»Nein, das war echt falsch von mir – ich meine, es geht mich wirklich nichts an. Ich weiß auch nicht, was über mich gekommen ist.«

»Hey, können wir das jetzt bitte einfach lassen?«

»Okay.« Ruth nickte ihr beruhigend zu. »Bin fertig.«

Bette suchte den Blick eines Kellners. Dessert würde alles wieder einrenken. Hoffentlich.

KAPITEL 12

Samstag, 3. September
Noch 42 Tage

Bevor sie das Restaurant verließen, hatten sie so was wie eine Einigung erzielt. Zumindest soweit, dass Ruth sich beim Abschied mit rotem Gesicht noch mal entschuldigte und versprach, sich am Wochenende zu melden. Soweit, dass Bette sich ebenfalls entschuldigte, als Ersatz für eine Entschuldigung bei Natalia. Aber die Unterhaltung wirkte noch schmerzhaft nach, wie ein blauer Fleck, den sie immer wieder betasten musste. Und weil Bette auf Verständnis hoffte und hören wollte, dass Ruth den Verstand verloren hatte, sprach sie die Sache am nächsten Abend Ash gegenüber an.

»Ich habe Ruth das mit Mei erzählt«, sagte Bette mit dem Abendessen auf dem Schoß und den Fersen gefährlich auf der Sofatischkante balancierend, während schon wieder *Good Wife* lief.

Ash packte ein paar Stückchen Lachs mit ihren Stäbchen, tunkte sie in die Soße unten in der Schüssel und schob sie sich in den Mund.

»Warte mal. Dass du bei der Arbeit eine Stunde geschwänzt und dich aufs Klo verdrückt hast, nennen wir jetzt *das mit Mei*?«, fragte Ash entspannt, anscheinend war sie vertieft in

Kalinda und Alicia, die sich auf dem Laptopbildschirm anfunkelten.

»Ja.«

»Klar.« Ash nickte. »Ruth konnte bestimmt gar nicht genug kriegen von der Story.«

»Na ja, sie hat echt total komisch reagiert. Im Grunde hat sie gesagt, ich sei beschissen im Daten, und dann hat sie sich geweigert, über Mei zu reden. Ich weiß ja selber, das mit Natalia war nicht gerade eine Glanzleistung von mir, und von jetzt an werde ich auf jeden Fall die Finger von Ruths Freundinnen lassen. Aber sie hat das irgendwie persönlich genommen.« Bette war selbstkritisch genug, um zu begreifen, dass ihr das Gespräch immer noch zu schaffen machte, weil sie tatsächlich nicht ganz unschuldig war, sie hätte die Sache mit Natalia anders regeln sollen. Aber sie nahm es Ruth übel, dass sie ihr das ins Gesicht gesagt hatte.

»Kann ich mir gar nicht erklären. Totales Rätsel.«

»Die zwei stehen sich wohl näher, als ich dachte. Wenn das jemand mit dir machen würde, würde ich es auch *sehr* persönlich nehmen.«

»Ach ja, nee, so hab ich das nicht gemeint.«

Ash machte ein selbstgefälliges Gesicht, und plötzlich verstand Bette, was sie andeuten wollte.

»Ash, verdammt noch mal. Du kennst sie doch gar nicht. Du hast keine Ahnung, wovon du redest.« Sie war sich bewusst, wie aufgebracht sie sich anhörte, weil sie sich ärgerte, dass die Unterhaltung nicht wie gehofft verlief. Ash hatte sie total missverstanden. »Außerdem datet sie jemanden. Gabe. Er ist Journalist. Also, was auch immer deine Augenbrauen sagen wollen, es stimmt nicht.«

»Ach! Das ist ja interessant.« Ash zuckte die Schultern und führte ein Nudelknäuel zum Mund. »Und wie geht es dir damit?«

»Das hat doch nichts mit mir zu tun«, antwortete Bette gereizt und fragte sich, wie um alles in der Welt sie an diesen Punkt gelangt waren. Sie dachte zurück an Ruths gerötete Wangen, das verlegene Lächeln. Es war schön gewesen, Ruth so glücklich zu sehen.

»Hm.«

»Sie scheint ihn echt gernzuhaben. Das ist also ... Das ist schön«, sagte Bette, und Ash lächelte mit vollem Mund und Essstäbchen zwischen den Lippen. Bette konzentrierte sich wieder auf den Bildschirm und wünschte, sie hätte gar nicht erst den Mund aufgemacht.

***

Am Anfang hatte Bette an ihrem Job vor allem die Möglichkeit gefallen, auf Dienstreisen zu gehen. Schon merkwürdig, sich über ein Zimmer in einem Premier Inn mit Blick auf den Parkplatz zu freuen. Plus ein paar Spesen, von denen sie sich einen Meal Deal am Bahnhof leisten konnte und Abendessen in einem Pub, in dem sie noch nie gewesen war, ein Pint, das ihr erstattet wurde. Ein paar Stunden im Zug, fernab aller Ablenkungen im Büro, wo sie vergeblich versuchte, ihres Posteingangs Herr zu werden. Eine kurze Auszeit, fast wie Urlaub, als sie sich noch keinen leisten konnte. Wenigstens kam sie so ab und zu in den Genuss, in einem Bett zu schlafen, das sie nicht selbst gemacht hatte.

Mit der Zeit verloren die Trips jedoch ihren Reiz: Je glücklicher sie zu Hause war, desto weniger verspürte sie den Drang, zu verreisen. Aber nachdem sie ein paar Jahre kaum aus Bristol, oder besser gesagt kaum aus ihrer Straße rausgekommen war, war der Gedanke, irgendwo anders zu sein, zweifellos verlockend. Als Erin ihr also geschrieben und sie gebeten hatte, einzuspringen, weil sie in Edinburgh mit

Hochzeitsvorbereitungen beschäftigt war, hatte Bette der Reise innerhalb von Minuten zugestimmt.

Im Zug war es zu eng, um den Laptop aus dem Rucksack zu holen. Stattdessen verbrachte sie die Fahrt mit Blick auf vorbeirauschende grüne Felder und den grauen Himmel und mit zwei Folgen eines Podcasts im Ohr, auf den Ruth sie gebracht hatte.

Aber als der Zug in Weymouth einfuhr, hielt sie unschlüssig ihr Handy in der Hand. Vielleicht lohnte sich ein bisschen Swipen. Klar, sie war beruflich hier, aber am Abend hatte sie frei. Ergab auch total Sinn, hier nach einem lockeren Date zu suchen, wo sie die Frau hinterher höchstwahrscheinlich nie wiedersehen würde.

Sie aktualisierte ihren Standort in der App. Ein neuer Zehn-Meilen-Umkreis mit neuen Frauen. Frauen auf Selfies mit ihren Hunden, Frauen am Meer, Frauen mit Schmollmund im Badezimmerspiegel, Frauen mit Cocktails in der Hand, Frauen mit Boxhandschuhen, Frauen voller Glitzer auf Festivals, Frauen mit großen runden Brillen. Sie zögerte. Die Frau mit der großen runden Brille. Rezeptionistin, Hundefreundin. Switch. Evie. Als der Zug anhielt, swipte sie nach rechts.

Der Weg vom Bahnhof zum Pflegeheim war nicht weit, und sie hatte genug Zeit, zu Fuß zu gehen. Das Wetter war miserabel, der Himmel war zum Bersten gefüllt mit bedrohlichem Grau. Er spiegelte sich finster und uneinladend im Meer. Irgendwie erleichternd, sich nicht so vom Wasser angezogen zu fühlen wie an einem sonnigen Tag. Arbeit war viel leichter, dachte sie, als sie auf einen großen Parkplatz abbog und auf eine schwere Glastür zuging, wenn der Sommer scheiße war.

Am Ende des Flurs saß eine Frau mit fransiger Frisur hinterm Tresen und telefonierte. Die große runde Brille rutschte ihr immer wieder die Nase runter, und sie trug ein offenes Hemd, das sie über einem olivgrünen Tanktop verknotet hatte. Die Frau, bei der sie gerade im Zug nach rechts geswipt hatte.

Das konnte unmöglich wahr sein. Aber entweder war sie es, oder sie hatte eine beeindruckende Doppelgängerin.

Vielleicht-Evie strich sich das Haar hinters Ohr, hob den Blick und sah Bette in die Augen. Sie formte mit den Lippen »Moment« und hielt entschuldigend den Finger hoch, sodass Bette ein paar Meter vor dem Empfang wie angewurzelt stehen blieb und verlegen wartete.

»Können Sie uns beide zum Vergleich schicken?« Sie nickte, ließ dabei fast das Telefon fallen und verdrehte selbstironisch die Augen in Bettes Richtung. »Ja. Ja, prima. Okay. Dann sprechen wir uns nächste Woche. Danke.«

Sie legte auf, schaute über den Tresen und strich sich wieder die Haare hinters Ohr. »Du musst Bette sein. Schön, dich kennenzulernen. Willst du noch irgendwas hier ablegen, bevor wir reingehen?«

Bette schüttelte den Kopf, drehte sich um und schob die Hüfte zur Seite, um ihren Rucksack zu präsentieren. Sie bereute den Grundschul-Move sofort. »Geht schon. Mehr hab ich nicht dabei. Und du …« Sie unterbrach sich, beinahe hätte sie sich und ihren Swipe verraten und eine völlig Fremde vor den Kopf gestoßen. Eine neue Kollegin. »Ich meine, tut mir leid, wie h… ?«

»Evie«, erwiderte die Frau und bestätigte damit Bettes unabsichtliche Detektivarbeit. Sie kam hinter dem Empfang hervor und gab Bette die Hand, fester und selbstbewusster Händedruck, dann führte sie sie den Flur entlang. »Ich bin die Rezeptionistin. Ich weiß, eigentlich sollte Barbara dich heute hier begleiten, aber das werde hauptsächlich ich machen. Sie hat eine Menge um die Ohren. Wir schauen mal, ob wir sie später noch erwischen.«

»Das macht doch nichts! Ich wollte ja vor allem die Sitzung und die Gruppe sehen. Ich kann Barbara auch nächste Woche anrufen, wenn sie unabkömmlich ist.«

Die nächsten paar Stunden verbrachte Bette zwischen zwei Frauen: eine so groß und ausgemergelt und die andere so klein und weich, dass sie nebeneinander in ein Bilderbuch gehörten. Beide waren herrlich sarkastisch und gnadenlos, was die Arbeit der jeweils anderen anging, und Bettes eigene Versuche ernteten ebenso brutal-liebevollen Spott. Den Großteil des Nachmittags musste sie unter schallendem Gelächter an ihre Nonna denken.

»Hab doch gesagt, dass es gut läuft.« Evie stand in der Tür, als Bette nach der Session die Feedbackbögen in ihren Rucksack stopfte. Sie hatte den ganzen Nachmittag immer mal wieder reingeschaut, aber die letzte Stunde über hatte Bette sich oft nach ihr umgesehen und befürchtet, sie könne schon nach Hause gegangen sein. »Barbara hat noch vierzig Minuten, bis sie gehen muss, wenn du dir ihre Sicht der Dinge noch anhören willst?«

»Oh ja, gerne.« Bette nahm ihren Rucksack und folgte Evie nach draußen. Sie ging neben ihr her und stellte fest, dass sie aus der Nähe deutlich nach einer Seife roch, die bestimmt alles gründlich desinfizierte. Aber sie konnte auch die hellen Sommersprossen an ihrem Schlüsselbein sehen, und ihr schoss immer wieder durch den Kopf: Rezeptionistin, Hundefreundin, Switch. Sollte sie sie einfach ... fragen? Was sie später noch vorhatte? Sie hatte sich fast durchgerungen, als Evie ihren Gedanken vorwegnahm.

»Hey, du übernachtest hier, oder? Soll ich dir heute Abend ein bisschen was von der Stadt zeigen?«

Vom Pflegeheim zum Premier Inn war es nicht weit zu Fuß, und auf dem Weg lagen ein oder zwei Pubs. Also nicht gerade Paris. Da brauchte man eigentlich keine Stadtführung, und das wusste Evie mit Sicherheit. Bette verstand, dass sie ihr das nicht aus Pflichtgefühl anbot.

»Klar.« Sie lächelte. »Das wäre echt nett.«

***

Nach zwei Pints und zweieinhalb Partien Billard beschloss Bette, mit Evie zu schlafen. Sie wusste, dass das in professioneller Hinsicht fragwürdig war, aber sie arbeiteten ja nicht tagtäglich im selben Büro. Außerdem war Evie scharf, und das auf eine Art, die an Dr. Ellie Sattler erinnerte. Sie war scharf, und sie erwiderte Bettes Flirten unmissverständlich. Was für ein Glücksgriff für einen Abend, an dem sie ein Hotelzimmer zur Verfügung hatte und am nächsten Morgen nicht früh rausmusste.

Dann war Evie auch noch gut im Billard. Erstaunlich gut, sie vollführte alle möglichen Stöße unter Zuhilfenahme physikalischer Kräfte, die Bette theoretisch einigermaßen verstand, aber niemals in der Praxis anwenden könnte. Evie beugte sich über ihr Queue, wobei ihr das Shirt von der Schulter rutschte und ihre nackte Haut entblößte. Es war verlockend, zuzusehen, wie sie um den Tisch herumging und sich mit der Hüfte dagegen lehnte, während Bette mit ihrem Queue hantierte und eine Kugel mehr oder weniger in die Nähe des Lochs beförderte. Dann versenkte sie die schwarze genauso leicht wie alle anderen davor, obwohl sie hinter zwei von Bettes roten gelegen hatte, und trank genüsslich ihr Glas aus.

»Noch eine Runde?«, fragte Evie, ihr Körper war Bettes plötzlich viel näher, als jeder Höflichkeitsabstand gebot. Bette war nicht sicher, ob sie Bier oder Billard meinte, aber sie ließ den Blick von Evies Augen zu ihren Lippen wandern und sah, wie ihr Lächeln breiter wurde.

»Das hier macht natürlich auch Spaß.« Evie legte Bette die Hand an den Kiefer.

Der Kuss war selbstbewusst, ohne jede Zurückhaltung oder Frage. Bette konnte Evie unter dem Desinfektionsmittel riechen, nach Salz und Sommer, als wäre sie am Morgen vor der Arbeit im Meer schwimmen gewesen und an der Sonne getrocknet. Bette wollte die Hände nach ihr ausstrecken und ließ den Billardstock los, Evie lachte an ihren Lippen, als er zu Boden polterte. Sie schauten beide nach unten, dann wieder hoch, und Evie leckte sich die Lippen. Bette kam Ruths Warnung in den Sinn, nicht unbedingt im Pub mit Frauen rumzuknutschen, aber darum konnte sie sich jetzt nicht scheren. Also beugte sie sich wieder vor.

Evie stöhnte leise und knabberte an Bettes Lippe, und Bette fiel ein, dass sie noch was sagen musste, bevor sie sich nicht mehr bremsen konnten.

»Ich will aber nichts Ernstes«, sagte sie viel zu laut und zuckte innerlich zusammen. »Wenn das okay für dich ist. Ich meine, ich bin ja sowieso nie hier. Aber du bist wunderschön, kannst entwaffnend gut Billard spielen, und das hier macht echt Spaß, also wenn du nichts dagegen hast ...«

»Hey.« Evie tippte ihr mit dem Queue gegen die Schulter, den sie immer noch in der Hand hielt, während die andere in Bettes Nacken mit ihrem Haar spielte. »Ich suche auch keine zweite Freundin. Ich habe schon eine Partnerin. Wir sind ethisch nicht-monogam. Ich bin auf der Suche nach authentischen Verbindungen und bedeutsamen Begegnungen mit Menschen, die ich interessant finde. Ich erwarte nach heute Abend nichts weiter von dir.«

Bette nickte und dachte, dass eine Frau, die todernst Sachen sagte wie »authentische Verbindung« oder »bedeutsame Begegnung«, in jedem anderen Zusammenhang gar nicht ihr Fall wäre. Aber es ging ja nur um eine Nacht. Egal.

»Sollen wir ...« Bette deutete in Richtung Tür. »Ich meine, ich habe ein Hotelzimmer. Das ist vielleicht besser als der Pub. Wenn du ... also ...«

Evie lachte, etwas heftiger als nett gewesen wäre, und Bette spürte, wie sie rot anlief. Aber dann beugte sie sich vor und küsste sie, fest und gewiss, und Bette beschloss, sich keinen

Kopf zu machen. Wenn sie nur einfach die Klappe hielt, wurde das hier vielleicht was. Evie trat zurück und zog immer noch grinsend eine Augenbraue hoch. Eine offensichtliche Herausforderung, wieder die Führung zu übernehmen. Und Bette liebte Herausforderungen. Sie holte ihren Rucksack unter dem Billardtisch hervor und ging aus dem Pub, wollte unbedingt cool bleiben und sich nicht umsehen, ob Evie ihr auch folgte. Kurz vorm Ausgang siegte der Orpheus'sche Drang beinahe, aber sie kämpfte dagegen an und atmete erleichtert auf, als sie die Tür hinter sich wieder aufgehen hörte.

»Du übernachtest im Premier Inn, oder?«, fragte Evie hinter ihr.

Es war ein Schauspiel, aber sie wollte unbedingt sexy sein und die Sache nach der Ungeschicklichkeit im Pub retten. Sie drehte sich zu Evie um.

»Jap.«

Zehn Minuten später zog Bette ihre Schlüsselkarte durch den Schlitz und schob die Tür auf. Das Schauspiel fiel ihr zusehends schwerer, sie war nervös. Irgendwo zwischen dem Billardtisch und dem grell beleuchteten Flur im Premier Inn hatte der Abend an Sexyness eingebüßt. Das Hotel fühlte sich zu sauber an, zu steril, wie ein Büro. Bette wollte am liebsten ein Tuch über die Lampe werfen.

»Möchtest du was trinken?«, fragte sie.

Evie lachte. »Ich glaube nicht, dass der Schrank da eine Minibar ist.«

Natürlich hatte sie recht.

»Ich könnte ja losgehen und …« Sie verstummte.

»Klar, könntest du. Aber dann müsstest du gute zwanzig Minuten laufen bis zum nächsten Eckladen. Alles andere hat längst zu.« Evie zuckte die Schultern. Eine Erklärung und Entschuldigung für ihre Stadt, die spätabends nicht viel zu bieten hatte. »Ist aber nicht schlimm. Ich brauche nichts zu trinken.«

Bette nickte, bestimmt wirkte sie ganz hibbelig und seltsam. Sie standen immer noch mitten im Zimmer, und sie hatte ihren Rucksack immer noch nicht abgelegt. Sie sah sich um. Es gab nur einen winzigen Schreibtisch, sonst konnte man nirgends sitzen, ohne direkt gemeinsam das Bett anzusteuern.

»Hey, alles klar bei dir?« Evie trat auf sie zu und berührte ihren Oberarm. »Kein Druck, hörst du? Wenn ich lieber gehen soll, auch okay. Kein Ding. Oder wir machen erst mal ein bisschen den Fernseher an?«

Bette war so dankbar, dass sie gar nicht wusste, wie sie es ausdrücken sollte. »Ja. Ja, tut mir leid. Gucken wir einfach irgendwas.«

Sie zog die Schuhe aus, stellte den Rucksack auf den Boden und setzte sich auf das Bett, ohne die Decke zurückzuschlagen. Evie tat es ihr gleich und brachte die Fernbedienung mit. Sie fand eine alte Folge *Grand Designs: Der Weg zum Traumhaus* und legte die Fernbedienung auf den Nachttisch.

»Oh ja, perfekt.« Bette lehnte sich ans Kopfteil und legte einen Knöchel über den anderen.

»Ja? Macht Kevin McCloud dich an?«

»Bah, nein. Aber das Wort Fußbodenheizung schon.«

Evie sah sie an und grinste. »Also, wie hast du dir das hier vorgestellt?«

»Ehrlich gesagt habe ich nicht weiter vorausgedacht, ich wollte dich bloß küssen im Pub.« Bette riss sich von dem modernistischen Haus an der Steilküste und seiner plötzlich schwangeren Eigentümerin los und wandte sich Evie zu. »Ich meine, habe ich schon. Ich habe dich ja gefragt, ob du mitkommst. Aber ich … Worauf stehst du denn?«

Was für ein Rückzieher. Aber sie sagte die Wahrheit, das spürte sie. Sie hatte sich wirklich nichts Spezifisches ausgemalt, den Part sollte Evie übernehmen. Es gab Sachen, die früher gut funktioniert hatten. Aber lag das daran, dass sie Mei gefallen hatten? Direkt darauf angesprochen, konnte sie nicht in Worte fassen, welche Fantasien sie hatte, was sie wollte. Nichts außer: Frauen. Was, wenn sie um etwas bat und dann nicht zum Höhepunkt kam? Was, wenn sie mit Evie etwas machte, was sie mit Mei gemacht hatte, es aber bei ihr nicht klappte? Dann würde Evie Bescheid wissen – dass sie neu war, unerfahren, und alles erst noch lernen musste. Sie sehnte sich mit plötzlicher Klarheit danach, diese Phase zu überspringen. Es einfach hinter sich zu haben.

Zu ihrer Erleichterung ergriff Evie die Initiative und verströmte dabei ermutigende Selbstsicherheit. Also zwang Bette sich, sich zu entspannen, und versuchte, es zu genießen, wie Evie ihren Körper anfasste und ihr das Breton-Shirt auszog. Versuchte zu genießen, wie Evie ihr flüchtig die Brust küsste und dabei die Stellen ausließ, an denen sie am liebsten berührt werden wollte. Als Evie sich auf sie setzte, ihre Beine in Position schob und anfing, sich zu bewegen, sagte Bette nicht, dass ihr das eigentlich nicht besonders gefiel. Sie versuchte einfach, dem Rhythmus zu folgen. Dann lehnte Evie sich zurück und schob Bette die Hand in die Jeans, unter die Unterhose. Es war zu trocken. Zu fest. Aber sie sah so sicher aus, so entschlossen. Also sollte es wahrscheinlich gut sein. Und als eine angemessene Zeitspanne vergangen war, tat Bette so, als sei es das auch.

***

Ein Stück am Bahnhof vorbei fand sie einen Marks & Spencer. Sie hatte noch Zeit hinzugehen, bis ihr Zug nach Bournemouth abfuhr, und sie schmeckte die salzige Seeluft auf den kussgeschwollenen Lippen. Mit Lizzo im Ohr trat sie vor die offenen Kühlregale, die vertrauten abgepackten Sandwiches und die grelle Beleuchtung irgendwie tröstlich. Sie ging gern in den Sandwichshop, sah sich die verschiedenen Beläge an und überlegte, was sie zum Mittag essen wollte. Aber noch mehr mochte sie, dass sie die Garnelen mit Mayonnaise und das dunkle Brot jetzt schon schmecken konnte, und die Salt-and-Vinegar-Chips, die sie mit drauflegen würde.

Mit dem Sandwich und den Chips in der Tasche verließ sie den Gehweg und betrat den Sandstrand. Sie ging am Ufer zurück in Richtung Bahnhof, kniff hinter der Sonnenbrille die Augen zusammen und schwitzte ihr T-Shirt hinten komplett durch. Wie konnte auf einen derart kalten grauen Tag so einer folgen? Heute Morgen war es schwerer, sich gegen die Anziehungskraft des Meeres zu wehren. Sie zog die Schuhe aus, genoss das Gefühl von Sand zwischen den Zehen und watete ins Wasser.

Ihr Rock war eigentlich zu lang, um bis zu den Schienbeinen in den Wellen herumzulaufen. Der Saum war komplett nass, als sie ihn hochzog und in die Shorts mit Spitzenborte steckte, die sie sich bei Ruth abgeschaut hatte. Aber das würde schon wieder trocknen. Dafür war ja eine ganze Zugfahrt lang Zeit. Mit den Füßen im Sand, der Sonne im Gesicht und dem brennenden Salz an den frisch rasierten Beinen war es schwer, irgendwas zu bereuen.

Natürlich war es dann nicht so einfach, die Schuhe wieder anzuziehen (das Shirt von gestern musste dafür herhalten, um den Sand abzurubbeln), und so erreichte sie gerade noch rechtzeitig den Bahnhof. An einem Tisch war glücklicherweise ein Platz nicht reserviert. Sie machte ihr Viertel des Bereichs zum Minibüro, das Kabel quer über den Tisch, Laptop aufgeklappt und Arbeitstabs sowie E-Mails geöffnet.

Zu ihren Füßen vibrierte ihr Handy pausenlos in der Außentasche des Rucksacks. Das konnte Erin sein, also verrenkte sie sich, obwohl sie es eigentlich ignorieren und arbeiten wollte.

Neues Match!, verkündeten ihre Nachrichten. Natürlich Evie. Nach allem, was passiert war, hatte sie den Swipe schon fast wieder vergessen.

Evie: Was für ein komischer, aber glücklicher Zufall, dass ich dich hier gesehen habe, bevor der Workshop gestern zu Ende war

Evie: Jedenfalls fand ich es toll gestern Abend und finde, wir hatten eine richtig besondere Verbindung

Evie: Wär schön, dich mal wiederzusehen

Evie: XXXX

Eine SMS hatte sie auch noch. Und eine Sprachnachricht. Eine vierzehnminütige Sprachnachricht. Ihre Haut begann unangenehm zu kribbeln.

+447535498919: Hoffe, du hast nichts dagegen, dass ich dir noch mal so schreibe, hab deine Nummer von der Arbeit! Hab dir in der App ne Nachricht geschickt. Würde mich freuen, von dir zu hören, wenn du mal wieder hier bist!

Nein. Ganz bestimmt nicht.

Sie musste daran denken, wie still es geworden war, nachdem sie *Grand Designs* abgeschaltet hatten. Belastend. Mit Mei, Charlie und Natalia hatte sie sich endlos unterhalten können. Nach zehn Jahren mit Männern war ihr aufgefallen, wie gut Frauen es beherrschten, miteinander zu reden. Oder überhaupt zu reden. Vielleicht nicht unbedingt direkt zu kommunizieren und sich klar auszudrücken – dafür war immer zu viel Mehrdeutigkeit, Unsicherheit und Rücksicht auf Gefühle im Spiel. Aber so bewusst schweigsam war sie noch mit keiner Frau im Bett gewesen. Kein Gelächter und keine Versautheiten, kein endloses Hin und Her von Reden zu Vögeln und wieder zurück wie bei Mei. Kein heißes Flüstern in ihrem Ohr wie bei Charlie. Nicht mal – und Bette wand sich innerlich vor schlechtem Gewissen, wenn sie bloß daran dachte – eine Spur von Komplimenten, Freude oder Charme wie bei Natalia. Nichts von den Gesprächen oder den sprühenden Funken wie vorher im Pub. Gar nichts.

Und nun. Vierzehn Minuten – das war anzunehmen – das komplette Gegenteil von Schweigen.

Vorsichtig wischte sie die Benachrichtigung fort, ohne sie anzuklicken. Dann öffnete sie ihre Nachrichten-App, damit Evie sie nicht bei WhatsApp sehen konnte. Sie zögerte. Ihr erster Impuls war, Ruth zu schreiben, aber das Essen war erst ein paar Tage her. Sie hatten sich übers Wochenende geschrieben, aber die Situation war immer noch etwas heikel. Also schickte sie ein SOS an Ash und starrte auf Antwort wartend auf das Display. Dann schielte sie auf die Uhrzeit: 11.14 Uhr. Ash hatte Unterricht. Und das noch stundenlang. Bette schickte eine kurze Erklärung hinterher, damit sie später keine Panik bekam, wenn sie das SOS sah, und schluckte ihre Zurückhaltung gegenüber Ruth runter, ihr von einer Frau zu erzählen, mit der sie geschlafen hatte.

Bette: Hast du Zeit?

Ruth: Eine SMS! Wie altmodisch. Was verschafft mir die Ehre?

Bette: Na Gott sei Dank

Bette: Danke, dass du einen Job hast, bei dem du ans Handy kannst

Bette: So meine ich das nicht

Bette: Du weißt schon

Ruth: Ja, ich weiß. Genau so einen Job hab ich. Noch sechs Minuten. Dann habe ich ein Tutorium.

Bette: Danke, unglaublich, dir zu Ehren werden Statuen errichtet usw.

Bette: Na ja, wollte nicht auf WhatsApp online gehen

Bette: Deshalb die SMS

Bette: Hab gestern bei der Arbeit nämlich eine Frau kennengelernt

Bette: Danach sind wir noch was trinken gegangen und ... du weißt schon ...

Ruth: Schon klar. Euphemismus ...

Bette: Ja

Bette: War okay

Bette: Auf jeden Fall habe ich diesmal die Karten auf den Tisch gelegt!

Bette: Also dass ich nicht mehr will als eine Nacht

Ruth: Toll gemacht!

Ruth: Okay, das könnte ein bisschen sarkastischer klingen, als ich es gemeint habe.

Bette: Aber dann steige ich heute Morgen in den Zug

Bette: Und sie hat mir tausend Nachrichten geschickt

Ruth: Okay

Bette: Und

Bette: Eine VIERZEHN MINUTEN LANGE SPRACHNACHRICHT

Bette: Also einen Podcast

Bette: Einen ganzen Podcast

Ruth: Hahahahaha

Ruth: Hey, gut dass Frauen so hot sind, oder? Sie sind nämlich auch total irre.

Bette: Natürlich höre ich mir das irgendwann an, bin ja kein Monster

Bette: Aber ich muss das noch mal wiederholen:

Bette: VIERZEHN MINUTEN LANGE SPRACHNACHRICHT

Ruth: Wenn ich hier fertig bin, will ich eine Podcast-Review von dir.

Im Zug war es so voll, und sie musste so viele Mails beantworten, dann ins Taxi und zum nächsten Workshop, dass sie einfach nicht die vierzehn Minuten Zeit fand, die die Nachricht verlangte, bis sie bei Sonnenuntergang wieder auf dem Weg zum Bahnhof war. Inzwischen war sie in ihren Chats auch ein ganzes Stück nach unten gerutscht unter einer Reihe Ausrufezeichen von Ash und einem VIERZEHN MINUTEN?! NICHT DEIN ERNST in Großbuchstaben, einer Nachricht von ihrer Mutter mit Zugverbindungen für ihren nächsten Besuch, einem Artikel von Carmen über den Arts Council und einer … einer …

Einer vierzehn Minuten langen Sprachnachricht von Ruth. Sie stöpselte ihre Kopfhörer ein und tippte auf Abspielen.

»Ich dachte, während ich zum nächsten Seminar laufe, liefere ich dir mal eine kleine Feierabendzerstreuung. Falls du dich an den anderen Podcast nicht rantraust, den du heute bekommen hast, und was zum Aufwärmen brauchst. Ein Amuse-Bouche, sozusagen. Aber für die Ohren. Oooh, also ein Amuse-Oreille? Mist, voll lame. Das hätte ich mir sparen sollen. Aber ich hab keine Zeit, noch mal von vorne anzufangen. Egal. Es ist ein wunderschöner Spätsommerabend in Bristol, und die Stadt vermisst dich …«

Bette verdrehte die Augen und bildete sich merkwürdigerweise was darauf ein, dass Ruth ihr ihre Viertelstunde Pause zwischen ihren Seminaren gewidmet hatte. Sie hatte weder die Stille genossen noch sich selbst irgendwas angehört. Sie hatte ihre Zeit auch nicht Heather oder Jody geschenkt. Oder Gabe. Sondern Bette. Sie konnte nicht anders, als bis über beide Ohren zu strahlen.

KAPITEL 13

Samstag, 10. September
Noch 35 Tage

»Komm doch mal mit zum Fußball«, sagte Ash. Sie saßen in der Küche und löffelten Frühstücksflocken, während der Kaffee brühte. Bette war ungewöhnlich früh auf, aber es war so hell, und Ash hatte ihren Frust darüber, am Samstag arbeiten zu müssen, lautstark knallend an den Türen der Wohnung ausgelassen. »Würde dir bestimmt gefallen.«

Ash war im vergangenen Winter in eine Frauenmannschaft eingetreten und hatte ihre alte Leidenschaft für den Fußball wiederentdeckt, als wäre sie wieder mit ihrer Sandkastenliebe vereint worden. Den Sommer über war es ruhiger geworden, aber jetzt kurz vor dem Herbst ging die Saison los.

»Wir waren uns doch einig, dass meine sportlichen Fähigkeiten sich aufs Wasser beschränken.«

»Du sollst ja auch nicht mitspielen. Ich will, dass wir weiterhin gewinnen.« Der Gedanke erfüllte Ash offenbar mit Schrecken. »Nein, es sind nur so viele Lesben im Team. Könnte doch lustig werden.«

»Oh!« Auf den Gedanken war Bette gar nicht gekommen. Eigentlich naheliegend, aber die letzte Spielzeit war vor Mei gewesen, und damals hatte ihr die Vorstellung eine Heidenangst gemacht, sie alle zu treffen. Ash hatte immer von ihren Mitspielerinnen und deren coolen Freundinnen erzählt, von dieser Riesengruppe Frauen, die ihr Leben voll im Griff hatten. Für Bette, die da erst seit ein paar Monaten dabei war, ihre Gefühle gegenüber Frauen zu durchleuchten, war es damals unvorstellbar gewesen, auch einmal so zu sein. So selbstbewusst.

»Wäre das nicht komisch für dich, wenn ich was mit einer deiner Teamkolleginnen hätte?«

Schweigen.

»Na ja, ich habe gar nicht gemeint, dass du was mit einer von ihnen haben sollst.« Der Satz hörte sich an wie ein lang gezogener Seufzer. »Ich dachte einfach, wäre doch nett für dich, mal ein paar neue Leute kennenzulernen.«

Bette verzog das Gesicht. Blöder Tunnelblick. Wahrscheinlich wäre es wirklich gut, neue Leute kennenzulernen, auch unabhängig von ihrem Projekt. Menschen waren nämlich gut, interessant und unterhaltsam. Nicht nur als potenzielle Ficks. Mist.

»Shit, tut mir leid, Ash.« Bette meinte es ernst.

»Nicht so schlimm. Aber ... das Ganze überschattet langsam alles. Also, ist nicht unbedingt ein Problem, dass du sofort an so was denkst. Aber ... vielleicht ... keine Ahnung, ist da was ...«

Bette nickte ihren Bran Flakes mit Banane zu.

»Möchtest du den Gedanken noch fortführen?« Sie fühlte sich unwohl und verlegen und wollte Ash ebenfalls leiden lassen.

»Lieber nicht.« Ash stand mit ihrer Schüssel in der Hand auf. Sie holte die Kaffeekanne und schenkte ein. »Weißt du was? Will ich wirklich nicht.«

Bette nahm ihre Tasse entgegen, und sie tranken schweigend. Ash beeilte sich, anscheinend wollte sie dringend weg.

»Na ja, klingt schon nett.«

»Klar«, sagte Ash unverbindlich. »Ist es auch. Am Donnerstag ist die Saisoneröffnungsparty. Falls du auch kommen willst.«

Bette nickte und zückte ihr Handy, um scheinbar in ihren Kalender zu schauen. Aber die Atmosphäre zwischen ihnen war eigenartig gereizt. Bette würde nicht zu der Party gehen. Mit Sicherheit nicht. Zu Jody hatte sie sich in der Hoffnung locken lassen, dort interessante Menschen kennenzulernen. Aber normalerweise ging sie nicht gern zu solchen Feiern voller fremder Leute.

»Bäh«, machte Ash. »Hey, können wir nicht einfach so tun, als hätten wir beide nichts gesagt? Einfach auf Reset drücken? Oder so? Ich muss jetzt los und hab keine Zeit, das auszuklamüsern. Tut mir leid, dass ich so komisch war.«

»Ich war doch zuerst komisch!« Bette liebte Ash so sehr, dass sie es kaum aushielt. »Tut mir leid, wirklich, war einfach ... War einfach alles ein bisschen viel in letzter Zeit.«

»Okay, gut, dann ignorieren wir alles Komische und tun so, als wäre ich schon weg gewesen, als du aufgestanden bist und – Mist!« Sie schaute auf die Uhr. »Ich muss echt los. Das Meeting geht in einer halben Stunde los. Die bringen mich um, wenn ich zu spät komme. Okay. Ich bin gegen Mittag wieder da und bringe die Zutaten mit. Sie haben versprochen, dass wir um elf alle da raus sind.«

Bette nickte und winkte Ash hinterher, die mit noch vollem Mund loseilte. Einen Augenblick später schob sie hastig ihren Stuhl zurück, dass er über den Boden scharrte, und rannte ihr nach. An der Tür nahm sie Ash in den Arm und drückte sie.

»Hab dich lieb«, sagte Ash an ihrer Schulter.

»Ich dich auch«, antwortete Bette. »Bis zum Mittagessen. Kann ich schon was vorbereiten?«

»Den Tisch dekorieren? Den Wein in den Kühlschrank stellen, den wir gekauft haben? Aber musst du nicht. Sie kommen eh erst um zwei. Ich freue mich schon, schnell wieder aus der Schule rauszukommen und zu Hause zu kochen.«

***

Im Nachhinein betrachtet, hätten sie es besser wissen müssen. Immer, wenn Ash davon ausging, dass irgendwas in der Schule planmäßig ablaufen würde, endete es in einem Desaster. Und die zahlreichen Versammlungen am Samstagvormittag zu Schuljahresbeginn, gegen die das Lehrpersonal sich erfolglos gewehrt hatte, dauerten naturgemäß länger. Und tatsächlich vibrierte Bettes Handy um halb elf unablässig auf dem Küchentisch. Als ihr Tee fertig gezogen hatte und sie endlich nachsah, füllten Ashs Nachrichten schon das ganze Display.

Ash: Bette, ich schaff es auf gar keinen Fall rechtzeitig

Ash: Scheißtag

Ash: Carmen holt mich hier ab und ich bringe sie und Anton dann direkt mit zu uns

Ash: Tim auch

Ash: Aber das wird sicher erst gegen 2

Ash: Ich weiß ich hab gesagt du brauchst mir nicht helfen aber jetzt musst du mir helfen

Ash: Wenn ich dir das Rezept schicke kannst du dann für mich einkaufen und schon mal anfangen?

Ash: So schwer ist es gar nicht

Ash: Aber ich frage echt ungern

Ash: Das war ja meine Aufgabe

Ash: So hast du dir deinen Samstag nicht vorgestellt, das weiß ich

Bette nahm das Handy in die Hand und lachte über die anwachsende Panik.

Bette: Sorry

Bette: Hab grad Tee gemacht

Bette: Komme zu spät zum Nervenzusammenbruch

Bette: Klar kann ich auch kochen, bin ja nicht komplett unfähig

Bette: Schick einfach das Rezept

Ash: Du rettest mir das Leben, ich liebe dich und werde mein Erstgeborenes nach dir benennen

Bette: Will ich auch hoffen

***

Während Bette genervt im Supermarkt herumlief, holte sie ihr Handy aus der Tasche. Ash hatte zu tun, und Bette wollte sie nicht stören. Sie wollte einfach ein bisschen meckern.

Bette: War jetzt in drei Läden und keiner hat Venusmuscheln

Die Antwort kam beinahe augenblicklich.

Ruth: Was zum Geier willst du mit Venusmuscheln?

Bette: Ist Ashs Idee, aber die ist noch in der Schule

Bette: Wir kriegen Besuch zum Mittagessen

Bette: Wir sind zu fünft

Bette: So oft koche ich nicht für fünf

Bette: Soll aber nicht schwer sein

Bette: Aber ich suche jetzt schon eine Stunde nach den Muscheln und glaube langsam, es gibt gar keine in ganz Bristol

Bette: Oder im Meer

Bette: Nirgends

Bette: Die sind doch fake

Ruth: Zeig mal

Bette: ??

Ruth: Das Rezept

Bette spürte einen Anflug von Scham. Einen auf frustriert machen war das eine, Ruth zum Lachen zu bringen und von ihr zu hören, es würde schon alles gut werden. Aber ihr das Rezept zu schicken, fühlte sich eher so an, als wäre sie nutzlos und würde um Hilfe bitten. Aber Ruth ließ ihr keine andere Wahl. Also leitete sie Ashs Rezept weiter und steckte das Handy wieder ein. Sie ignorierte das Vibrieren der Antwort und streifte minimal verzweifelt durch die Gebäckabteilung. Als sie dreierlei Schokoladenkekse im Korb hatte, riskierte sie doch einen Blick.

Ruth: Ja, dafür brauchst du Venusmuscheln.

Bette: Sehr hilfreich, danke

Ruth: Dann mach doch was anderes. Du bist immer noch im Supermarkt, oder? Gibt es irgendwas Gutes? Ash hat doch bestimmt nichts dagegen, wenn du was anderes kochst, oder?

Natürlich hätte Ash nichts dagegen. Das war nicht der Punkt. Der Punkt war, dass sie gesagt hatte, sie würde das hinkriegen.

Bette: Natürlich nicht

Bette: Halb so wild

Bette: Hab nur lieber ein Rezept

Bette: Keine Sorge, mir fällt schon was ein! Werd einfach googeln!

Mit den Ausrufezeichen ging es, fand Bette. Die Ausrufezeichen machten es zu Monica Gellers »lockerer Nachricht«. Bloß ... effektiver.

Ruth: Schick mir mal ein Bild von der Fischtheke.

Oder doch nicht.

Bette: ??

Ruth: Fischtheke. Mach einfach.

Bette ging zurück, richtete ihr Handy auf den Fisch und sah den Verkäufer entschuldigend an, während sie schnell ein paar verschwommene Fotos schoss. Sie verschickte das beste. *Ruth schreibt ...* stand ewig lang unten auf dem Display.

Ruth: Also, kauf drei Tüten von den Miesmuscheln, 300 ml Sahne, ein Tütchen Estragon aus der Kräuterabteilung beim Obst und Gemüse, drei kleine Schalotten (oder eine gelbe Zwiebel, wenn es keine gibt) und ein Glas körnigen französischen Senf. Wein und Brot bringe ich mit.

Bette wollte eigentlich sauer über die Implikation sein, sie wisse nicht, wo man Estragon herkriegt. Aber das wusste sie wirklich nicht, von daher war die Nachricht nervtötend hilfreich. Und abgesehen von der Sache mit dem Estragon schien sie auch noch zu sagen, dass Bette Gesellschaft bekam.

Bette: ... was

Ruth: Ich komm vorbei und helf dir

Bette: Du kommst vorbei und hilfst mir?

Ruth schreibt stand da wieder, verschwand kurz und tauchte wieder auf. Immer wieder. Hinter ihr schnaufte eine Frau hörbar ungeduldig, und Bette entschuldigte sich und schob ihren Wagen Richtung Käseabteilung.

Ruth: Ich wohne doch um die Ecke. Und du kriegst die Krise. Ich hab noch eine fast volle Flasche Weißwein, die können wir zum Kochen nehmen, und ich kann auf dem Weg noch beim Bäcker vorbeigehen. Muscheln und knuspriges Brot. Kinderleicht. Und wenn Ash Venusmuscheln mag, hat sie wahrscheinlich auch nichts gegen Miesmuscheln.

Bette: Okay

Ruth: Kauf die Muscheln. Beeil dich. Wir sehen uns in einer halben Stunde.

Bette: Okay

Mit klaren Anweisungen konnte Bette grundsätzlich gut umgehen. Aber ihre Erleichterung darüber, dass ihr klipp und klar gesagt wurde, was sie zu tun hatte, war überraschend stark. Außerdem war es heiß. Wieso heiß? Ruth war bloß eine Freundin, die ihr helfen wollte. Das durfte auf keinen Fall komisch werden. Ruth und sie waren befreundet, und Bette dachte nicht immer nur an Sex. Außerdem datete Ruth ja Gabe.

Ein bisschen komisch war es dann doch, als Ruth bei ihr auftauchte. Komisch in dem Sinne, dass sie eine Flasche Wein unter dem Arm hatte und aus ihrer Stofftasche zwei Baguettes herausschauten. Außerdem sah sie so kompetent aus, dass Bette am liebsten geweint oder sie umarmt hätte, sie wusste es auch nicht, konnte den Impuls nicht recht deuten. Komisch in dem Sinne, dass es ihr sofort so vorkam, als hätte Ruth schon immer in Bettes und Ashs Küche gestanden, als hätte sie dort ihren ganz eigenen, angestammten Platz.

Komisch im Sinne von überhaupt nicht komisch. Nicht im Geringsten.

Sie standen nebeneinander an der Spüle, und Ruth zeigte ihr, wie man die ekligen Fasern von den Muscheln entfernt. *Man muss einfach kräftig am Bart ziehen. Na los, trau dich.* Sie schrubbten die Schalen sauber, dabei blätterte Bette der orange Nagellack ab. Hoffentlich würden sie den nicht mitessen. Ruth bat um ihren größten Topf, der allerdings nicht groß genug war, also benutzten sie zwei. Dann kam Ash mit Tim und Anton und Carmen herein, und auf einmal war die Küche voll mit Bettes liebsten Menschen, für die sie gerade kochte. Mehr oder weniger. Zumindest half sie beim Kochen. Ein gutes Gefühl.

Carmen, die sich immer unendlich weicher anfühlte, als man bei ihrer großen, zerbrechlichen Gestalt denken mochte, schmiegte sich von hinten an Bettes Rücken und gab ihr ein paar Küsschen auf den Scheitel. Sie roch wie immer nach frischem Zitrusparfum, und zwar einem teuren, dessen Duft den ganzen Tag über hielt, was bei Bettes nie funktionierte. Bette sah Anton (dessen leicht verlotterter Wochenendbart graue Stellen hatte, an denen er sich vorgeblich störte) den Kühlschrank aufmachen, nach einem Glas Oliven greifen und sie mit den Fingern rausholen. Ash verdrehte die Augen und reichte ihm eine Gabel. Ash und Anton wirkten beide erschöpft, und Bette wollte ihnen Wein einschenken und sie auffordern, sich hinzusetzen. Aber es war auch schön, sie alle in der Küche um sich zu haben.

»Du bist der Wahnsinn.« Ash schaute über Bettes Schulter in die Spüle voller Meeresfrüchte. »Ich liebe Miesmuscheln. Perfekt. Im Ernst, ich glaube, ich habe noch nie jemanden so geliebt wie dich jetzt in diesem Augenblick.«

»Ich auch nicht«, rief Tim vom anderen Ende der Küche. Er hatte die Hand in einer Chipstüte und sah niedergeschlagen aus, als hätte er Ash einen Teil ihrer Last abgenommen und hätte nun schwer daran zu tragen.

»Na ja, eigentlich …«, setzte Bette an, aber Ruth unterbrach sie.

»Sorry, bin hier irgendwie reingeplatzt. Ich bin Ruth.« Da fiel Bette auf, was das Problem an ihrem Gefühl war, Ruth würde in ihr Zuhause und in ihre Küche gehören: sie hatte vergessen, sie vorzustellen. »Das war alles Bette, aber zu zweit geht es leichter, deshalb bin ich kurz vorbeigekommen. Schön, euch alle kennenzulernen!«

»Du bleibst doch, oder? Also zum Essen? Bette?« Ash zog die Brauen hoch.

»Ja?« Bette sah rüber zu Ruth, die die Schultern zuckte, nickte und erfreut aussah.

»Heute Abend habe ich noch was vor und müsste mich um sechs abholen lassen. Aber das ginge ja auch von hier, wenn das okay ist? Ich würde gerne bleiben.«

»Na klar!«, antwortete Ash. »Schön, dass du da bist.«

Nachdem Ash allen ein Glas Wein eingeschenkt und Tim eine zweite Tüte Chips gefunden hatte, schob sie alle ins Wohnzimmer, und sie überließen Bette und Ruth die Küche. Ash drückte im Vorbeigehen Bettes Ellbogen, und sie war unheimlich froh, dass sie im Supermarkt Ruth kontaktiert hatte. Dass sie ihre Hilfe angenommen hatte. Dass sie eine Möglichkeit gefunden hatte, sich in der Küche um alles zu kümmern, während Ash Wein trinken, durchatmen und sich umsorgen lassen konnte.

»Okay, gib mir mal ein paar Stichpunkte.« Ruth nippte an ihrem Weinglas, als die anderen fort waren.

»Stichpunkte?«

»Erzähl mir von Anton und ... Carmen, richtig? Ich glaube, über Ash und Tim weiß ich vorerst genug, aber gib mir ein paar Infos zu den anderen beiden.«

Das mochte sie am meisten an Ruth, dachte sie. Dass sie so aufmerksam war und sich bei jeder einzelnen Interaktion Mühe gab.

»Na ja, Anton arbeitet mit Ash zusammen in der Schule. Er unterrichtet die fünfte Klasse. Sie haben ungefähr zur gleichen Zeit dort angefangen, also sind wir schon seit Jahren mit ihm befreundet. Mit Carmen ist er jetzt etwa ein Jahr zusammen. Glaube ich. Sie schreibt Theaterstücke. Im Moment hat sie, glaub ich, was im Old Vic laufen, aber nagel mich nicht fest.«

»Fünfte Klasse, ein Jahr zusammen, Theaterstücke.« Ruth nickte. »Damit kann ich was anfangen.«

»Anton träumt außerdem insgeheim davon, das Lehrerdasein aufzugeben und einer von den Typen zu werden, die in der Formel 1 die Reifen wechseln. Und Carmen hat schon in neun verschiedenen Ländern gelebt, weil ihre Mum Diplomatin ist. Sie kann die tollsten Geschichten erzählen.«

»Na, an *solche* Stichpunkte hab ich gedacht! Perfekt.« Sie stieß mit Bette an. »Okay, machen wir das hier fertig?«

Ruth half ihr, die klein geschnittenen Zwiebeln in Butter anzubraten, dann verteilten sie den Wein und die Muscheln auf die beiden Töpfe.

Es roch fantastisch. Und als Ruth Bette ein paar Minuten später bedeutete, den Deckel abzunehmen, sah es auch noch fantastisch aus, die Muscheln prall und schwarz glänzend. Sie gossen die Sahne dazu, streuten den gehackten Estragon ein, und Ruth fügte mehr Löffel von dem Senf hinzu, als Bette gewagt hätte. Sie sah so gut beim Kochen aus, so geschickt und gemütlich, das Haar auf dem Kopf zum Dutt gebunden, und Bette musste an Gabe denken und fragte sich, ob er Ruth auch schon so gesehen hatte. Sie rührten alles mit der großen Suppenkelle um und trugen beide Töpfe zum Esstisch.

Alles fühlte sich immer noch erstaunlich angenehm an, als sie sich hinsetzten, als hätten sie das schon tausendmal gemacht. Als würde Ruth sich nahtlos einfügen. Sie beschwerte sich überhaupt nicht, dass sie ein ausklappbares Tischbein zwischen den Knien hatte, und wollte auch nicht mit Bette den Platz tauschen. Ruth fing Tims Blick auf und schenkte ihm Wein nach, dann fragte sie Carmen nach ihrem neuesten Stück und Anton nach seinen Fünftklässlern. Sie machte Ash Komplimente für ihre Ohrringe, woraufhin sie beide zu einer energischen Verteidigung von Vintage-Schmuck anhoben, der zwar ihre Haut reizte, aber sie waren nun mal Idioten.

Unwillkürlich musste sie an Mei an eben diesem Tisch denken, als sie zum ersten Mal mit Ash und Tim gegessen hatten. Da waren sie erst ein paar Wochen zusammen gewesen, und Ash hatte förmlich verlangt, dass sie Mei zum Essen mitbrachte und absegnen ließ. Es war schön gewesen, Tim und Mei verstanden sich sofort blendend, und Mei hatte einen selbst gebackenen Kuchen mitgebracht, mit dem sie Ash im Handumdrehen für sich eingenommen hatte. Später am Abend, nach dem Nachtisch, hatte Ash Bette beim Tischabräumen einen Blick zugeworfen, der *Komm mal mit* bedeutete. In der Küche hatte sie *Die musst du heiraten* geflüstert, und Bette war so rot angelaufen, dass es Mei aufgefallen war, als sie sich wieder an den Tisch setzte. Gott. Verdammt. Sie fehlte ihr.

»Wie habt ihr euch eigentlich kennengelernt?«, fragte Tim. Das Grinsen, das um seine Mundwinkel zuckte, war Bette Beweis genug, dass Ash ihm längst alles erzählt hatte. Vor ein paar Wochen waren sie alle gemeinsam im Pub gewesen, und Bette hatte Carmen und Anton über die »Pause« informiert. Über die Einzelheiten hatte sie nicht reden wollen, und sie hatten auch nicht nachgebohrt. Aber jetzt bohrte Tim eindeutig nach, und Carmen beugte sich neugierig vor, wobei ihr die Brille verrutschte. Sie bedeutete Anton mit einem sanften Stupser, still zu sein, da der anscheinend schon wieder über die Schule schimpfen wollte, wie er und Ash es immer taten, wenn sie alle zusammensaßen. Ruth drehte sich zu Bette und lehnte sich zurück, anscheinend war sie an der Reihe, und die Erwartung einer Erklärung lastete auf ihr. Sie hatte sich vorher nicht überlegt, wie sie das Ganze formulieren sollte.

»Tim, als einer der Schöpfer meines Profils solltest du eigentlich wissen, dass Ruth als eine der ersten ... Wie sollen wir das nennen?« Sie sah Ruth an, die zuckte die Achseln. »Gefallen daran fand, oder so? Jedenfalls haben wir uns getroffen, und nach einer Stunde hat sie mir dermaßen das Fell über die Ohren gezogen, dass wir beschlossen haben, lieber Freunde zu sein.«

Alle lachten, und Ruth stupste mit ihrer Schulter gegen Bettes.

»Man muss aber dazusagen, dass du auf der Suche nach Sex ohne Verpflichtungen warst, und das auf eine, na ja, nicht unbedingt nachahmenswerte Art und Weise. Also habe ich dir geholfen, eine neue Strategie zu finden. Und jetzt schau dich an! Die Girls stehen Schlange!«

»Tun sie nicht.« Bette fühlte, wie ihr Hals errötete, was nach dem Wein in der Küche noch schneller ging als sonst. »Hört nicht auf sie. Ich hatte erst ein paar Dates.«

»Also läuft das Projekt Vögeln für Mei wie am Schnürchen?«, wollte Anton wissen, und Ash warf ihm einen zornigen Blick zu. Er machte ein empörtes Gesicht. »Was? So nennst du es doch die ganze Zeit! Also, Bette, alles top, ja?«

Bette verkrampfte sich der Magen, und ihre Haut kribbelte unangenehm. Sie wollte die Sache auch locker und mit Humor nehmen, mit den anderen lachen, entspannt sein. Aber sie fühlte sich so traurig Mei-los, stellte sie sich in ihrer Runde vor, und auf einmal war ihr gar nicht mehr nach Lachen zumute.

»Ja, ganz okay«, sagte sie.

»Ach, jetzt komm schon.« Ash schenkte herzlich und gespannt Wein nach. »Doch nicht bloß ganz okay! Du bist schwer gefragt! Erzähl ihnen von Charlie.«

»Ich ... Tut mir leid ...« Bette verstand plötzlich, was das Problem war. So darüber zu reden, machte es zu einem Spiel. Sich mit Ash und Tim beim Profilerstellen kaputtzulachen, war eine Sache gewesen, oder sich endlich Evies quälend lange Sprachnachricht anzuhören und Ruth eine Pseudorezension zu schicken. Aber hier am Tisch mit ihren glücklich vergebenen Freund*innen kam es ihr irgendwie bloßstellend vor. Als sei sie ein Kuriosum und ihr Leben Stoff für Betrachtungen und Diskussionen. Sie dachte an den Sex an der Wand und Charlies Hand, an Natalia auf ihrem Schoß auf dem Sofa, daran, wie sie Evie was vorgetäuscht hatte, an Ruths Gesicht im

Restaurant. An das ganze Swipen und die grässlichen Chats mit Frauen, die nicht mal erwähnenswert waren.

Sie wollte nicht, dass ihr Liebesleben seziert und analysiert wurde wie irgendein Sport...dings. Alles, was sie wollte, war, Mei wieder an ihrer Seite zu haben. Nur darum ging es bei dem ganzen Spiel, und genau das wollte niemand hören. »Sorry, ich ... Ist irgendwie komisch, darüber zu reden.«

»Shit«, meinte Carmen. »Wir sind auch echt furchtbare kleine Tratschtrolle. Wir sollten dich nicht so ausquetschen. Wir sind einfach langweilig und wollen an deinem aufregenden Leben teilhaben.«

»Langweilig?!« Anton spielte den Empörten. »Schnauze! Ich bin *faszinierend.* Oder soll ich dich von der Langeweile erlösen? Willst du mal wieder ausprobieren, wie das Singleleben ist?«

»Ha, mach doch.« Carmen lachte und tunkte ihr Stück Brot in den Topf.

»Ja, Kumpel, du willst bestimmt nicht wissen, wie das ausgeht«, pflichtete Tim ihr bei.

Ash lenkte das Gespräch mit entschuldigender Miene wieder auf das Thema Schule. Bette atmete erleichtert auf. Unterm Tisch drückte Ruth ihren Arm, und Bette spürte, wie ihr Herz einen Satz machte.

Danach war es leichter. Es gab genug zu reden, das nichts mit Bettes Liebesleben zu tun hatte. In der Woche war eine Menge los gewesen, was zum Glück viele Gesprächsthemen lieferte. Im Parlament ging es drunter und drüber. Carmen schaute eine Fernsehserie, zu der Ruth einiges zu sagen hatte. Anton und Carmen waren in Irland gewesen und erzählten begeistert von Pubs und Wanderungen, die sie weiterempfehlen konnten. Ruth machte sich Notizen in ihrem Handy, und Bette fragte sich unwillkürlich, ob sie gerade an Gabe dachte und wohl mit ihm nach Irland wollte, und auf einmal ärgerte sie sich, dass Mei und sie nie zusammen irgendwohin gefahren waren. Tim und Anton wollten in den nächsten Ferien eine Woche in Yorkshire wandern gehen und unterhielten sich – wie so oft – ewig lange über Zelte und Wanderschuhe. Bette hörte nur mit halbem Ohr zu und überlegte, während alle anderen interessiert Fragen zur Wanderstrecke stellten, wie sie eigentlich zu so vielen wanderaffinen Freund*innen gekommen war. Die das nicht nur machten, um ein Stück irgendwohin zu laufen, sich die Natur anzusehen und ein Pint zu trinken, sondern einfach wanderten um des Wanderns willen, als würde das Spaß machen.

Als am frühen Abend die Muschelschalen entsorgt und die letzte Flasche Wein geöffnet worden war, fragte sich Bette, ob sie Ruth überreden könnte, noch zu bleiben und einen Film zu schauen. Wäre doch toll, ihr einen Vorwand zu liefern, noch zu bleiben.

Dann klingelte es, und Bette fiel es wieder ein: Ruth hatte schon was vor.

»Oh, das ist sicher Gabe! Der ist aber früh dran«, sagte Ruth. Bette empfand eine Mischung aus Unwillen und nervöser Spannung. Gabe war da, ohne dass sie sich darauf hätte vorbereiten können, und sie musste die charmante Gastgeberin mimen.

»Machst du mal auf, Bette?«, fragte Ash. »Bitte ihn doch auf ein Glas Wein zu uns.«

»Ach nein.« Ruth hatte ihre Tasche schon auf der Schulter. »Er holt mich nur ab, wir müssen gleich weiter! Ich hätte ihn nicht eingeladen, ohne vorher zu fragen.«

»Komm schon, wir wollen ihn gerne kennenlernen.« Ash sah Bette gespannt an. »Nicht wahr, Bette?«

»Natürlich.« Bette fand ihre Stimme irgendwo tief in ihrer Kehle wieder. »Klar. Dann werde ich mal … Ich hole ihn.«

Gabe stand vor der Tür, das weiße T-Shirt in die Jeans gesteckt und dunkle Locken bis über die Ohren. Sein Gesicht sah irgendwie weniger wunderschön und viel menschlicher aus als in ihrer Erinnerung. Er war gar keine Puppe. Sondern ein attraktiver, nach würzigem Parfum duftender, unerträglich nett aussehender Mann. Er streckte Bette die Hand entgegen.

»Du bist bestimmt Bette, oder? Genau, wie sie dich beschrieben hat. Schön, dich kennenzulernen.« Seinen Akzent konnte sie nicht zuordnen, seine Worte klangen warm und entschlossen.

»Du auch«, erwiderte Bette, obwohl Ruth ihn gar nicht beschrieben hatte. »Ich meine, sie hat viel von dir erzählt, und ich freue mich echt, dich kennenzulernen. Willst du reinkommen und einen Wein trinken? Ruth ist noch drin. Ich weiß, ihr habt was vor, also wenn das nicht ...«

»Danke. Klar, ich würde gerne ein paar von Ruths Freunden kennenlernen.« Gabe trat ein. Sie zeigte geradeaus durch den Flur und hörte das Begrüßungsgeschrei, als er das Wohnzimmer erreichte. Sie blieb einen Moment im Flur stehen und starrte verzweifelt in den Spiegel. Anscheinend war er wirklich ein guter Kerl. Kein Grund, dass ihr Magen sich so unangenehm zusammenzog. Ganz und gar keiner.

Im Wohnzimmer hatte Gabe sich auf ihren Platz neben Ruth gesetzt, und Ash war gerade dabei, ihm alle vorzustellen. Er fing Bettes Blick auf, als sie zurückkam, und erhob sich. Irgendwie war das noch schlimmer, als wenn er einfach sitzen geblieben wäre und gar nicht gemerkt hätte, dass sie jetzt keinen Stuhl mehr hatte.

»Tut mir leid, Bette, wusste nicht ...«, setzte er an, aber Bette unterbrach ihn.

»Schon gut! Bleib sitzen, ich geh solange aufs Sofa.« Sie bedeutete ihm, wieder Platz zu nehmen, und setzte sich auf die Sofakante. Dabei fühlte sie sich so außen vor, als würde sie der Unterhaltung am Tisch im Fernsehen lauschen. Das Sofa war zu weich, um aufrecht zu sitzen, und Bette spürte, wie sie sich nach vorn beugte, dass ihre Knie zu weit oben und ihr Arsch zu weit unten war, sodass es ihr auf den Bauch voller Wein und Muscheln drückte. Sie fühlte sich so grauenhaft und merkwürdig allein, dass ihr die Brust schmerzte. Vielleicht lag das aber auch am Wein. Gabe und Ruth würden bald gehen, dann konnte sie wieder zu den anderen.

»Ruth hat erzählt, du bist Journalist?« Ash reichte Gabe Tims unbenutztes Wasserglas und schenkte ihm etwas Wein ein.

»Bin ich.« Gabe nickte und machte eine Dankesgeste. »Aber man kann kaum noch davon leben. Manchmal glaube ich, ich sollte mich wohl eher Journalist Schrägstrich Fotograf Schrägstrich Kellner für Events und Hochzeiten nennen.«

»Nur die besten haben Schrägstriche«, meinte Carmen. »Theaterautorin Schrägstrich Platzanweiserin Schrägstrich Sprachlehrerin Schrägstrich Gelegenheitsgärtnerin hier. Mein Lebenslauf sieht passenderweise aus wie Kraut und Rüben.«

»Und was habt ihr heute Abend noch vor?«, fragte Anton, und Gabe warf Ruth ein Lächeln zu.

»Wir wollen ins Autokino«, antwortete er. »Da läuft *Der weiße Hai.*«

Wer *war* der Kerl? Rollerdisco und Autokino und weißes Shirt in Jeans und dunkle Locken, als würde er jeden Moment anfangen, »Greased Lightning« zu singen.

»Und wenn wir auf dem Weg noch was zu essen mitnehmen wollen ...« Ruth hatte sich wieder die Stofftasche auf die Schulter geschoben.

»Schon erledigt«, sagte Gabe, und Bette durchfuhr ein merkwürdig triumphales Gefühl. Sie war vollkommen sicher, dass Ruth in Sachen Snackauswahl auch gern ein Wörtchen mitgeredet hätte. Da war sie nämlich wählerisch. Und Gabe sollte sie nicht einfach so übergehen.

»Na dann viel Spaß.« Bette stand auf, und die anderen am Tisch schauten sich um, als hätten sie schon vergessen, dass sie auch da war. »Ich bring euch raus.«

Es dauerte eine Weile, bis Gabe allen die Hand gegeben, Ruth Ash umarmt und sich bedankt und Bette sie raus in den Flur geführt hatte.

Bette trat zurück und ließ sie vorbei, und dabei gab Ruth ihr einen Kuss auf die Wange. Nicht die Art angedeuteter Kuss, den Bette gewohnt war, bei dem man die Wangen aneinanderlegte und demonstrativ »Muah« machte. Auch nicht so ein lauter Schmatzer, wie Ash ihn ihr ständig verpasste. Das hier war voller Wärme, Ruth drückte ihr die weichen Lippen ganz nah an den Mund, und ihr Atem streifte Bettes Kinn, als sie sich von ihr löste.

»Danke für alles«, sagte sie zu Bette und drehte sich um, als sie das kleine Eisentor erreichte. »Hat echt Spaß gemacht. Deine Freunde sind richtig nett.«

»Ohne dich hätte ich das nicht geschafft.« Bette merkte, wie ernst sie das meinte. Ruth grinste und legte sich die Hand aufs Herz.

Bette winkte, kam sich seltsam allein gelassen vor, und sah zu, wie die beiden Schulter an Schulter die Straße entlanggingen.

»Was für ein tolles Paar«, sagte Carmen, als Bette wieder ins Wohnzimmer kam.

»Ist nichts Ernstes«, erwiderte Bette automatisch und ließ sich eigenartig niedergeschlagen zurück auf ihren Stuhl fallen. »Sie sind eigentlich kein Paar.«

Schweigen.

»Klar.« Ashs Stimme klang sonderbar. So sonderbar, dass Bette hätte verstummen sollen, aber ihr Mundwerk war schneller.

»Ich meine, klar. Er scheint ganz nett zu sein. Aber Ruth hat mir gesagt, dass sie es langsam angehen lassen will. Von daher will sie wahrscheinlich nicht, dass ihr alle denkt, sie wäre mit ihm zusammen. Wisst ihr? Die treffen sich nur, ganz locker.«

Sie zuckte zusammen, bereute, überhaupt damit angefangen zu haben, und biss sich von innen auf die Wange, um zu verhindern, dass ihr noch mehr Worte aus dem Mund purzelten. War doch egal, wie man es nannte. Sie brauchte nicht so ein Fass aufzumachen.

»Klar«, wiederholte Ash mit einem Unterton, über den Bette auf keinen Fall nachdenken wollte. Vielleicht war das das Gefühl im Flur gewesen: plötzlich war Ruth eine weitere Freundin, bei der feststand, mit wem sie den Samstagabend verbrachte. Alle, die sie kannte, hatten jetzt jemanden, jemand Besonderen. Konnte sein, dass Ruth momentan noch keine feste Beziehung wollte, aber das war bloß eine Frage der Zeit. Irgendwann würde Gabe richtig mit Ruth zusammen sein wollen. Das würde jeder. Natürlich fühlte Bette sich da ein bisschen unglücklich, ein bisschen ausgeschlossen. Sie wünschte nur, sie hätte es besser verbergen können. Sie konnte das Mitleid in den Gesichtern ihrer Freund*innen nicht ertragen.

»Na ja, egal.« Ash schien das Gespräch unbedingt in eine andere Richtung lenken zu wollen, um Bette vor sich selbst zu retten. »Noch mehr Wein? Sollen wir Karten spielen? Oder habt ihr noch was vor?«

Anton schüttelte den Kopf, Ash ging in die Küche, um noch eine Flasche Wein zu suchen, und Bette nahm einen großen Schluck aus ihrem Glas.

KAPITEL 14

Samstag, 17. September
Noch 28 Tage

Die Zugfahrt nach Devon kostete sie anderthalb Stunden ihres Nachmittags und zehn Jahre ihres Alters. Und das nicht im positiven Sinn wie eine Hyaluronsäuremaske und neun Stunden Schlaf, sondern insofern, dass sie sich wieder wie eine Teenagerin *fühlte:* bockig, launisch, sauer auf die ganze Welt, mit dem dringenden Verlangen, Kopfhörer aufzusetzen, sich die Kapuze ins Gesicht zu ziehen und ihre Umgebung zu ignorieren. Dabei fuhr sie gar nicht allzu oft nach Hause, mehr als resignierte Höflichkeit würde von ihr nicht erwartet werden. Obwohl Bristol ziemlich nah an Exmouth lag, war sie das ganze Jahr noch nicht »zu Hause« gewesen. Sie hatte ihre Eltern gesehen, als sie ihre Nonna besucht hatte, aber selbst das tat sie seit Mei seltener. Sie fühlte sich so schlecht. Andere Menschen schafften es doch auch, sich Zeit für ihre Familie zu nehmen. Aber es war zu leicht gewesen, Ausreden zu finden, es auf die Arbeit oder darauf zu schieben, dass sie am Wochenende was mit Ash vorhatte, oder mit Mei.

Aber irgendwann kam dann doch das unvermeidliche Wochenende. Ihr Bruder hatte Mitte September Geburtstag, und ihre Mutter bestand darauf, dass sie als Familie gemeinsam

Mittag aßen. Sie hatten ihr sogar die Zugtickets gebucht, die leuchtend orange Fahrkarte mit offener Rückfahrt kam mit der Post. Dazu die unheilvolle Nachricht: *Für den 17. Bis dann.*

Bettes Mutter holte sie am Bahnhof von Exeter ab. Sie trug ein gestärktes und gebügeltes marineblaues Kleid, hatte sich die Brille ins Haar geschoben, und ihre Haut war glatt und faltenfrei, die Arme durchtrainiert und gebräunt. Bette hätte auch in einen Anschlusszug umsteigen können, aber die Zeiten passten nicht, und ihre Mutter hatte darauf beharrt, dass es einfacher war, sie abzuholen. In Wirklichkeit wollte sie sich natürlich Bettes ungeteilter Aufmerksamkeit sicher sein, während sie nicht weggehen und sich Tee machen konnte und sie eine halbe Stunde lang nur einen halben Meter voneinander entfernt im Auto saßen. Tatsächlich kam ihre Mutter in den zehn Minuten, die sie im Stau standen, auf ihre Lieblingsthemen zu sprechen. Bettes Haare: *Wie schade, dass du deine schönen braunen Haare so färben musst.* Ihre Karriere: *Sollte illegal sein, wie wenig die dir zahlen.* Ihre Wohnsituation: *Ash zieht bestimmt bald mit ihrem netten Freund zusammen, und was machst du dann?* Wenigstens fragte sie nicht nach Mei. Vor der Beziehungspause hätte es Bette gewurmt, wie ihre Mutter das Thema mied, aber nun war es eine Erleichterung, ihr nichts vormachen zu müssen. Bette quittierte die Informationen mit unverbindlichen Hms und schaute aus dem Fenster in Richtung des näher kommenden Meeres.

Wirklich schade, dass sie so selten nach Hause kam. Nicht wegen des ewigen Ausfragens und Kritisierens und der endlosen Urteile. Sondern wegen der Küste. Sie vermisste es, barfuß auf heißen Steinen zu laufen, das pudrig trocknende Salz auf den Schultern, den Geschmack von Eis im Sommerwind. Es flüsterte ihr zu, rief sie zu sich – sie brauchte bloß ihren Vater begrüßen, dann konnte sie den Nachmittag auf einem Handtuch verbringen.

Aber ihre Mutter sprach über das Essen: *Dein Bruder will morgen Lamm essen, Elisabetta,* wobei sie Bettes Namen überbetonte, als wüsste sie, dass sie nicht richtig zuhörte. »Und heute Nachmittag kannst du mir mit dem Kuchen helfen, ja?«

»Eigentlich wollte ich runter zum …«

»Du warst seit Weihnachten nicht mehr zu Hause, und da willst du heute Nachmittag rausgehen?«, fiel ihr ihre Mutter ins Wort. »Nein. Nein, du hilfst mit. Wenn du da draußen Zeit für dich willst, kannst du ja morgen extra früh aufstehen.«

Sie verstanden einfach nicht, was sie daran so liebte. Sie waren die einzigen Menschen, mit denen sie aufgewachsen war, die die englischen Strände hassten. Die – eine Generation, nachdem ihre Familie von Puglia nach Bedford gekommen war – auf der Suche nach einer Küste umzogen. Und dann blieben, obwohl ihnen das ihrer Meinung nach minderwertige Meer so zuwider war.

»Wir freuen uns wirklich, dich bei uns zu haben.« Bettes Mutter legte ihr die Hand aufs Knie. Bette überkam wieder das schlechte Gewissen. Ihre Mutter konnte auch nichts dafür, dass sie nichts gemeinsam hatten, dachte sie.

»Klar, Mum. Backen wir Kuchen. Das wird prima.«

Das Lächeln ihrer Mutter war schmerzhaft mit anzusehen, so dankbar und glücklich. Bette konnte an einem Wochenende unmöglich ihre andauernde Abwesenheit wettmachen. Aber Kuchen backen konnte sie.

Drei Stunden später hatten sie eine Kanne Kaffee ausgetrunken, und der Kuchen kühlte auf einem Gitter ab. Es war der Lieblingskuchen ihrer Mutter mit Orange und Mandel nach einem Rezept von Anna del Conte. In der Küche roch es nach Weihnachten, nach den Zitrusfrüchten, die sie gekocht hatten, und nach Erinnerungen, wie sie den Kuchen früher zu Silvester gebacken hatten. Zu Hause betrieb sie das Kochen weder mit Selbstvertrauen noch mit Begeisterung, aber hier in der Küche ihrer Mutter, wo sie Zutaten aus dem Schrank holen, den Abwasch machen und auch sonst nur das tun sollte, was man ihr sagte, ging ihr doch alles so leicht von der Hand, als hätte sie nie was anderes gemacht.

Ihr Vater hatte sich kurz blicken lassen, um eine Tasse Kaffee zu trinken und ihr warm auf die Schulter zu klopfen, dann hatte er sich in den Schuppen verzogen, wo ein Haufen Samstagsaufgaben auf ihn warteten. Aufgaben, die sich nicht auf ein Wochenende verschieben ließen, an dem sie nicht zu Besuch war. Aber eigentlich lief alles gut, besser, als sie befürchtet hatte. Bis sie den Schlüssel ihres Bruders im Schloss hörte.

»Fede!«, rief ihre Mutter leichthin, »wir sind in der Küche!«

Die große Gestalt ihres Bruders füllte den Türrahmen aus. Auf der schiefen Nase saß neuerdings eine Brille, seit seiner Jugend hatte er Kontaktlinsen getragen. Ansonsten hatte sich nichts an ihm verändert, nicht seine kleinen Locken, nicht seine sonnengoldbraune Haut. Er umarmte ihre Mutter.

»Hi, Federico. Alles Gute zum Geburtstag«, sagte Bette.

»Beth.« Er war der Einzige, der noch ihren ehemaligen Spitznamen aus der Kindheit verwendete, der ihr ganz fremd war. »Schön, dich zu sehen. Wir wussten nicht, ob du es schaffst.«

Bette versuchte sich vorzustellen, sie wäre nicht gekommen, und das nach den Tickets in der Post, den Wochen voller altbekanntem schlechtem Gewissen, den Anrufen ihrer Mutter.

»Ist doch selbstverständlich.«

»Ich hole mal euren Vater.« Ihre Mutter tätschelte ihrem Sohn liebevoll den Arm. Sie ging in den Garten und ließ Bette mit ihrem Bruder allein. Er stand immer noch an der Tür, und sie lehnte an der Spüle, zwischen ihnen tat sich eine Kluft auf.

»Heute ohne Sara?« Bette war froh, dass ihre Schwägerin nicht da war.

»Sie ist heute Nachmittag in der Kirche. Chorprobe. Sie kommt morgen. Du hast aber auch niemanden mitgebracht«, konterte er, und Bettes Haut fing unangenehm an zu kribbeln. Deshalb war er also vorbeigekommen. »Ich wollte nur … Ich wollte da sein, falls …«

»Falls ich meine Freundin mitbringe?«

»Ja«, gab er zu. Offensichtlich war ihm bewusst, wie wenig Zeit sie hatten, also kam er ohne Umschweife zur Sache. »Ja, falls du deine Freundin mitbringst. Hör zu, wir lieben dich. Egal, was du machst. Ist doch klar. Aber Dad geht es nicht so gut. Sie versuchen, seinen Blutdruck zu senken. Da dachte ich, ich komme einfach vorbei. Ich hatte Angst, dass du – ich weiß auch nicht.«

Am Rande hatte sie von der Sache mit dem Blutdruck gehört. Aber der Gedanke, dass sie Einfluss darauf haben könnte, war ihr neu.

»Du hattest Angst, dass ich mit meiner Freundin Händchen halte und er einen Herzinfarkt kriegt?«

Bette stellte sich vor, ihm von der Beziehungspause zu erzählen, von dem zwanglosen Sex, wie sie es an der Wand in einem Club getrieben hatte, und im Premier Inn mit jemandem, den sie mit Sicherheit nie wiedersehen würde. Sie versuchte, sich seine Reaktion vorzustellen, wie die Farbe aus seinem goldenen Gesicht wich.

»Jetzt übertreibst du aber«, erwiderte Federico in leicht genervtem Tonfall. »Wir freuen uns, dass du da bist. Du solltest uns öfter besuchen. Sie vermissen dich. Ich weiß einfach nicht, warum du unbedingt … Ich meine, Beth, warum hast du es ihnen überhaupt erzählt? Wieso machst du eine so große Sache draus?«

Sie wusste, was als Nächstes kam. Diese Unterhaltung hatte sie schon mal geführt, mit ihrem Bruder ausdrücklich und mit ihren Eltern zwischen den Zeilen. Jedes Mal, wenn sie seit ihrem Coming-out dort gewesen war, sogar als sie sich mit zwei Metern Abstand und Masken im Garten treffen mussten. Sie hatte versucht, es zu ignorieren, hatte versucht, ihre Perspektive einzunehmen. Sich auf ihr Versprechen zu konzentrieren, sie weiterhin zu lieben, egal, zu wem sie sich hingezogen fühlte. Hatte versucht, es nicht so an sich ranzulassen. Andere hatten es viel schwerer als sie. Und sie würde sicher nicht aufhören, sie zu besuchen. Schon gar nicht, wenn sie ihr ansonsten verwehrt hätten, ihre Nonna zu sehen. Das war es wert, einfach ein bisschen seltener vorbeizukommen und keinen Streit vom Zaun zu brechen.

»Du hast ja eh noch nie jemanden mitgebracht«, fuhr Federico fort. »Das ist alles so theoretisch. Aber ... du brauchst doch nicht so einen Wind darum zu machen. Das müssen sie doch gar nicht hören. Sie lieben dich sehr, wirklich.«

Das Wort »theoretisch« versetzte ihr einen schmerzhaften Stich in der Seite und unter den Rippen. Ihre Eltern waren immer noch nicht wieder zurück. Also hatte sie noch Gelegenheit, es auszusprechen, ihn herauszufordern, es abzustreiten. Scheiß auf Ignorieren. Scheiß auf keinen Streit.

»Kann schon sein, aber nicht mich. Nicht mein wahres Ich. Bloß eine Fantasieversion von mir, die zur Kommunion geht. Die vor zehn Jahren geheiratet hat und für die man weder beten noch sich entschuldigen oder rechtfertigen muss. Die nicht in der Hölle landen wird.«

Ihre Eltern kamen wieder in die Küche, bevor er antworten konnte. Auch gut, dachte Bette, während sie Tee für alle aufsetzte, ihr Bruder austrank, sich unter einem Vorwand verabschiedete und wieder ging. Seine Antwort hätte mit Sicherheit alles noch schlimmer gemacht.

***

Später am Abend lag Bette auf der Seite im Bett, das Display ihres Handys erleuchtete ihr altes Kinderzimmer. Das Bett war immer noch dasselbe schmale, aber der wenige restliche Platz wurde durch den Nähtisch ihrer Mutter, ein Klapp-Ergometer, das eisern aufgeklappt blieb, und einen Stapel belegt, der nach Pilateszubehör aussah. Bette war oft genug in ihr ehemaliges Zimmer zurückgekehrt, um die kaum verschleierte Botschaft zu verstehen. Aus dem Zimmer ihres Bruders hatten sie ein richtiges Gästezimmer für zwei gemacht. Sie hatten die dunkelblauen Wände, die er sich mit dreizehn ausgesucht hatte, in neutralem Cremeweiß überstrichen und neuen weichen, grauen Teppich verlegt. Ihr Bruder war immerhin verheiratet. Da konnten sie nicht so tun, als führe er ein sexloses Leben im Einzelbett. Er war erwachsen geworden. Im Gegensatz zu Bette.

Sie lag seit einer Stunde im Bett und hatte sich seit gut vierzig Minuten von der Hoffnung verabschiedet, einschlafen zu können. Stattdessen machte sie es absichtlich schlimmer und riss eine Wunde wieder auf, die nach der Konfrontation mit ihrem Bruder besonders schmerzhaft war. Sie hatte Meis Social Media seit Wochen nicht angeschaut, absichtlich nicht. Aber allein im Bett und meilenweit entfernt von allen Freund*innen, die sie hätten ablenken können, ging sie Meis kompletten Instagram-Feed durch. Der einzige neue Inhalt waren ein paar Bilder unfertiger Arbeiten, aber sehr lange musste sie nicht scrollen, bis sie sich mitten in den Monaten wiederfand, die sie miteinander verbracht hatten. Ein Foto von Mei neben einer fertigen Arbeit, das sie gemacht hatte. Ihre Schatten nebeneinander am Kai. Davor die Fotos, die sie sich unendlich oft angesehen hatte, als Mei nur eine Frau in ihrem Handy gewesen war – ihre Kunst, ein paar Selfies, ein Tattoo an der Schulter, das Bette mit den Fingern nachgezeichnet hatte. Als sie den Feed durchhatte, wechselte sie zu ihrem Nachrichtenverlauf mit Mei. Ihr Herz machte einen Sprung bei jedem X, bei jedem *denk an dich,* bei einer Reihe Nachrichten, die sie aufforderten, sich selbst anzufassen, kurz bevor alles den Bach runtergegangen war. Dann scrollte sie ganz nach oben, zu den Flirts am Anfang, zu den Nachrichten, nachdem sie die erste Nacht bei Mei verbracht hatte, durch ein paar Bruchstücke Italienisch. Sie war angeturnt, sauer und unglücklich. Masochismus. So nannte man das.

Sie schloss die Unterhaltung und öffnete stattdessen die Dating-App. Eine gewisse Sorge beschlich sie, das hier zu tun, wo sie aufgewachsen war. Dass es sich irgendwie zu ihren Eltern und ihrem Bruder rumsprechen könnte, wenn sie öffentlich nach Frauen zum Flachlegen suchte.

Erst als sie bei der neunten Frau angelangt war, fiel Bette auf, dass sie das Ganze vielleicht nicht besonders optimal anstellte. Die Lesben der Stadt saßen am Samstagabend bestimmt nicht zu Hause und swipten sich durch die Apps. Sie waren unterwegs. Bis sie ihr Profil sahen und ein Match auslösten, wäre sie längst wieder in Bristol. Bloß eine noch. Sie swipte erneut. Noch zwei.

Sie hielt inne.

Es war Stephanie. Steph. Aus der Schule.

Das Gesicht auf dem Foto hatte sie seit über zehn Jahren nicht mehr gesehen. Großartig verändert hatte es sich nicht: Mit ihrem runden Gesicht, den rosa Wangen und dem glatten Bob wirkte Steph absurd jung. Aber sie war es eindeutig. Unter ihrem Foto stand *Steph, 30.*

Bette ließ den Daumen unschlüssig über dem Display schweben, dann wischte sie nach rechts. Sie wollte nicht mit ihr schlafen. Das wäre zu merkwürdig, zu vertraut, zu persönlich, auch wenn sie einander gar nicht mehr kannten.

Aber sie wollte mit ihr reden.

Sie starrte aufs Handy und fand sich langsam damit ab, dass Steph wahrscheinlich schon schlief. Oder unterwegs war. Oder …

Neues Match!

Oder um 23 Uhr auf ihr Handy guckte.

Steph: Krass!!!

Steph: Bist du zu Besuch hier?

Bette: Nur übers Wochenende

Bette: Wie waren die letzten zehn Jahre so?

Steph: lol

Steph: Ganz gut

Steph: Was machst du gerade?

Bette: Hier sind alle vor einer Stunde ins Bett

Bette: Wollte vielleicht noch raus

Bette: Aber ich hab keine Ahnung, wo man heutzutage hingeht

Steph: Zur Promenade

Steph: Alles beim Alten

Steph: Sollen wir uns treffen?

Die Promenade war nicht sonderlich weit weg, eine Viertelstunde zu Fuß, im Dunkeln vielleicht ein bisschen mehr. Und sie war keine Bar. Also nichts mit Knutschen. Aber wesentlich weniger erbärmlich, als hellwach in ihrem Kinderzimmer zu liegen und Meis Instagram-Profil zu stalken.

Bette: Ich bring was zu trinken mit, mal sehen, was ich finde

Steph: Sehr gut

Steph: Halbe Stunde?

Sie stand auf, zog frische Unterwäsche und die Jeans an, die sie über die Lehne ihres alten Schreibtischstuhls gehängt hatte. Ihr BH war mit Spitze eingefasst, und das breite Band reichte ihr fast bis zur Taille. Mit einer höher sitzenden Jeans oder der passenden *attitude* wäre er als Oberteil durchgegangen. Während sie sich die passende *attitude* wünschte, knotete sie ihre Bluse zu und ließ die Knöpfe vom Hals bis zum Busen offen. Zumindest ein Hauch von dem, was sie gern gewesen wäre. Die coole Lesbe aus Bristol, für die Steph sie halten sollte.

Bette drehte den Knauf ihrer Zimmertür und zuckte zusammen, als er quietschte. Es machte erschreckend viel Krach, sich durch das Haus zu bewegen. Gab es überhaupt ein Haus in England, das nicht knarzte und ächzte, nur weil jemand darin leben wollte? Vielleicht könnte sie ... Oder war das albern? Aus dem Fenster klettern zu wollen? Sie schlich rüber und schaute raus, auf das flache Dach über der Küche, und stellte sich vor, wie sie von dort in den Garten sprang. Totaler Irrsinn. Lächerliches Verhalten. Sie war eine dreißig Jahre alte Frau. Sie konnte durch die Haustür gehen. Außerdem hatte sie Alkohol versprochen. Und im Garten gab es keinen.

Also bewegte sie sich auf Socken so leise wie möglich und schnappte sich im Vorbeigehen eine fast volle Flasche Amaretto.

Der Weg zur Promenade war ein angenehmer Spaziergang bergab. Den Weg kannte sie bestens, weil sie ihn nachmittags nach der Schule, spätabends und an faulenzerischen Feiertagen oft gegangen war. Sie kam am Fish-and-Chips-Laden vorbei und am Schnapsladen (dabei sah sie nach, ob die Flasche Moët im verstaubten Karton noch im Schaufenster stand – Bingo), dann an der Bushaltestelle, wo sie so viel Zeit mit Warten vergeudet hatte, um nach Exeter zu kommen. Bloß weg hier.

Auf dem Weg zum Meer kam ihr »an der Promenade« immer uneindeutiger vor. Sie hatte dabei an eine bestimmte Bank gedacht, aber das konnte Steph ja nicht wissen. Und dann, als Bette gerade ihr Handy rausholte und ihr schreiben wollte, sah sie Steph. Auf der Bank. Sie trug eine Jogginghose und einen kurzen Pullover, die Ärmel bis zu den Ellbogen hochgeschoben und die Haare zur Hälfte als Knoten oben auf dem Kopf. Bette fühlte sich overdressed. Sie wollte einen Knopf zumachen, aber dafür war es zu spät.

»Hey.« Steph breitete die Arme aus. Es war ein bisschen merkwürdig, ein bisschen verkrampft, und Bette bereute es schon wieder. Es war auch komisch, sich mitten in der Nacht mit jemandem zu treffen, den sie in der Schule schon kaum gekannt hatte. Und sie war auch noch diejenige, die geswipt hatte. Vielleicht dachte Steph, dass das hier ein Date war? Ein Date an der Promenade, als wären sie wieder sechzehn.

»Hey.«

»Wie lange ist das jetzt her? Fünf Jahre?«

Bette dachte an das letzte Weihnachtstreffen im Pub, bei dem sie dabei gewesen war, und wie sie danach beschlossen hatte, in Zukunft nicht noch mal hinzugehen. Da war sie einundzwanzig gewesen.

»Ich glaube, eher zehn.«

»Fuck.« Steph atmete tief durch. »Sind wir alt.«

Bette lachte und entspannte sich spürbar. Wäre das hier ein Date, hätte Steph keine Jogginghose an. Wohl kaum. Es war viel lockerer. Eigentlich ganz schön, jemanden von früher zu treffen. Jemanden von früher, der auch über Apps nach Frauen suchte. Sie setzte sich auf die Bank und schraubte die Amarettoflasche auf.

»Bist du mit irgendwem verabredet, solange du hier bist?« Steph wechselte in den Schneidersitz und griff nach der Flasche.

Bette zögerte und fragte sich, wie sie darauf reagieren sollte. Bristol war nicht so weit entfernt. Es sprach nicht gerade für sie, dass sie keinen Kontakt mehr zu irgendwem hatte. Sie könnte lügen und sich was aus den Fingern saugen. Aber was, wenn die Person inzwischen mit Steph befreundet war? Das konnte nur schiefgehen.

»Ehrlich gesagt nicht so richtig, ich meine, ich bin echt mies darin, Kontakt zu halten. Ich weiß auch gar nicht, wer überhaupt noch hier ist.«

Steph gab Bette die Flasche zurück, und sie trank einen großen Schluck. Der süße Geschmack erinnerte sie sofort an Schulpartys, wie seltsam und einsam es war, sechzehn zu sein. Sie trank sonst aus gutem Grund keinen Amaretto mehr.

»Das versteh ich.«

Daraufhin erzählte Steph ihr, was aus Leuten geworden war, an die sie seit Jahren nicht mehr gedacht hatte. Kinder, Hochzeiten, neue Jobs, Scheidungen. Bette nickte so heftig mit gespieltem Interesse, dass sie langsam Kopfschmerzen bekam. Sie wollte eigentlich nur Stephs eigene Geschichte hören: Wann hatte sie sich geoutet? War sie in einer Beziehung? War alles gut gelaufen?

Aber nach so was konnte man nicht einfach fragen. Vielleicht wollte Steph auch gar nicht darüber reden.

»Und, wie lange bist du hier?« Die erste Frage seit einer Weile.

»Bloß über Nacht. Mein Bruder hat Geburtstag.«

»Ach Mist, hab ihm gar nicht geschrieben.«

»Er hat auch erst am Montag.« Bette fragte sich, seit wann er und Steph so eng befreundet waren, dass sie seine Nummer hatte. In der Schule hatte er eigentlich immer seine eigenen Leute gehabt. Und seitdem hatte er Steph auch nie erwähnt. »Hast nichts verpasst.«

»Ach, sehr gut. Ich sehe ihn eh morgen. Apropos, Fede hat da was gesagt, als ich ihn das letzte Mal in der Kirche getroffen habe.«

Kirche. Was sonst.

»Ach ja?«

»Ja, ich glaube, er wollte wohl, dass ich dich anrufe und dir sage, dass du ruhig immer noch zur Kommunion gehen kannst.« Sie zuckte die Schultern. »Als würdest du denken, das könntest du nicht? Na ja, vergib uns unsere Schuld und so. Alles gut. Oder er wollte, dass ich dir erzähle, dass es bei mir auch funktioniert. Also sage ich es dir halt jetzt.«

»Wirklich?« Bette fühlte sich merkwürdig hoffnungsvoll. Sie wollte nicht Buße tun, wollte nicht wieder in die Kirche. Aber es hatte trotzdem etwas Tröstliches zu hören, dass jemand anderes aus der Gemeinde queer war und es anscheinend kein großes Problem war.

»Klar. Ich meine, ich gehe ja morgen hin. Und du hast mich über eine Dating-App gefunden. Und gestern Abend war ich im Vaults. Muss nicht immer alles so kompliziert sein.«

Das Vaults war eine Gay Bar in Exeter, von der Bette schon in ihrer Jugend gehört hatte. Dort gewesen war sie nie. Natürlich nicht. Wahrscheinlich sollte sie mal reinschauen. Vielleicht gab es ihr ein gutes Gefühl.

»Ach, echt? Da war ich noch nie.«

»Ist ganz nett. Aber voller Dykes.« Steph trank noch einen Schluck. Bette stutzte, was daran jetzt schlecht sein sollte, und man sah ihr die Verwirrung wohl an. »Ach, du weißt schon, was ich meine. Du bist nicht, na ja … Du bist nicht *so* eine Lesbe. Du trägst Lippenstift, das sehe ich.«

Das stellte sie so ohne jeden Zweifel fest, als sei es ein unumstößlicher Fakt. Ohne Diskussion. Als sei Lippenstift ein Beweis für irgendwas. Bette starrte sie wortlos an. War sie doch *so eine* Lesbe? Sie wusste es nicht. Nein. Wahrscheinlich nicht. Sogar mit ziemlicher Sicherheit nicht. Aber sie mochte solche Lesben. Stand auf sie. Sie wollte in einer Bar von solchen Lesben angequatscht werden.

»Weißt du, es ist leichter, wenn man nicht so ist wie die. Man braucht es ja nicht so an die große Glocke zu hängen.«

Ihr wurde ganz flau im Magen. Das hatte ihr Bruder auch gesagt. Lesbisch sein war in Ordnung, quasi eine interne Familienangelegenheit, man sollte es bloß nicht so raushängen lassen. Hauptsache, man war femme genug. Oder konnte einigermaßen als hetero durchgehen.

Mehr würde sie von Steph zum Thema Coming-out nicht hören, und Bette wurde klar, dass sie nicht am Strand bleiben wollte. Sie wollte nach Hause. Sie stand so schnell auf, dass sie sich einen Moment lang betrunken fühlte.

»Ich muss dann ... Ich meine, keiner weiß, wo ich hin bin, also sollte ich wieder ...«

»Klar. Darf ich?« Steph trank noch einen großen Schluck, bevor Bette antworten konnte, und gab ihr die Flasche zurück.

»Wär schön, wenn du ... wenn du ...«

»Wenn ich deinem Bruder nicht erzähle, dass du über eine Dating-App nach schnellem Sex suchst?«

»Ja.«

»Klar.« Steph zuckte wegwerfend die Achseln. »Dann sehen wir uns?«

»Ja. War schön, dich zu sehen«, log Bette und setzte noch einen drauf. »Vielleicht komme ich ja mal in der Kirche vorbei.«

Der Rückweg fühlte sich viel länger an. Der eigenartige Reiz der Vertrautheit war verschwunden, die Straßen schienen endlos. Endlos und unglaublich leer.

Ihr Herz klopfte, das tat es immer, wenn sie allein nach Hause lief. In Bristol war das was anderes, dort gab es Straßenlaternen, Autos und andere Passanten, die zur Arbeit gingen, von der Arbeit kamen oder nach einer Partynacht auf dem Heimweg waren. Hier war sie ganz allein. Und alles war dunkel.

Sie holte ihr Handy raus, ihr albernes kleines Sicherheitsnetz. Frauen wurden nicht ermordet, wenn sie Freundinnen im Handy hatten. Sie fing an zu tippen.

Bette: Bist du noch wach?

Unter Ruths Namen geschah nichts, kein *schreibt …*, kein *online*. Sie hatte das letzte Mal um halb elf aufs Handy geguckt, wie ein normaler Mensch, der sich nicht aus seinem Kinderzimmer geschlichen hatte, um am Strand Amaretto zu trinken.

Dann plötzlich:

Ruth: Trinke gerade Cocktails mit Gabe
und Heather!!! Komm doch auch???

Bette: Schön wär's!

Bette: Bin bei meinen Eltern

Bette: Komme morgen wieder

Ruth: Tja, wir würden uns freuen, wenn
du jetzt hier wärst!

Ruth: Nächstes Mal??

Ruth: Das müssen wir machen!!!

Diesmal waren es angesäuselte Ausrufezeichen. Bette wünschte sich inständig, sie könnte dabei sein. Sie starrte auf ihr Handy, auf Ruths Nachricht, bis ihre Augen feucht wurden und alles verschwamm.

***

Das Mittagessen war in Ordnung. Nicht so angenehm und unkompliziert wie bei Ashs Familie. Zwischen Bette und allen anderen am Tisch herrschte eine krampfige Distanziertheit. Aber das war in Ordnung. Das Lamm war gut, und niemand hatte bisher angesprochen, dass Bette, die das erste Jahr am College von Baked Beans und Crumpets gelebt hatte, angeboten hatte, zu Hause beim Kochen zu helfen, statt mit in die Kirche zu gehen. Das Gespräch drehte sich zum Großteil um Saras Arbeit. Ihre Schwägerin hatte gerade eine Ausbildung zur Optometristin abgeschlossen, und mit Augen konnte anscheinend eine Menge passieren. Von Bette schien nicht mehr erwartet zu werden, als zu lächeln und hin und wieder zu nicken, was ihr nur recht war.

Dann kam der Augenblick, als Sara ihr Glas hob. Bette wusste sofort, was los war.

»Wir wollten«, Sara nahm Federicos Hand, »die Gelegenheit nutzen, wo wir alle hier beisammen sind, euch aufregende Neuigkeiten zu verkünden.« Na sag schon, dachte Bette, als Sara sich am Tisch umsah. Raus damit. »Wir sind schwanger.«

Bette spürte den Freudenschrei ihrer Mutter, bevor sie ihn hörte, wie ihr ganzer Körper vor Begeisterung explodierte. Alle sprangen vom Stuhl, fielen einander in die Arme und gaben vor, eine gute, glückliche Familie zu sein. Was, wenn sie eine Schere nahm und sich selbst aus dem Bild rausschnitt, wahrscheinlich auch stimmte.

So eine Scheiße. Sie sollte sich freuen. Das waren doch eindeutig erfreuliche Neuigkeiten. Sie sollte ihre übelsten Reflexe runterschlucken und ihren Bruder umarmen. Aber sie blieb wie betäubt sitzen. Hatten sie es also schon wieder geschafft, einen weiteren Schritt auf dem Weg zum gemeinsamen Bilderbuchleben abgehakt. Noch ein Grund, Bette voller Sorge und Mitleid zu betrachten.

Irgendwann lächelte sie doch, umarmte alle, die sie umarmen sollte, und ignorierte, wie ihre Mutter ihr mitfühlend den Arm tätschelte. Ihr Vater wollte anstoßen, aber Sara trank keinen Alkohol, also ließen alle anderen es auch sein. Bette setzte Kaffee auf (Sara hatte entkoffeinierten für alle mitgebracht), und steckte halb geschmolzene Kerzen aus der Schublade in den Geburtstagskuchen. Ihre Mutter kam dazu, zündete sie an und trug den leuchtenden Kuchen zum Tisch, Bette folgte mit dem Kaffee. Sie sangen, Federico schnitt den Kuchen in schmale Stücke, und sie aßen schweigend.

»Auf dem Weg zum Bahnhof schauen wir noch bei Nonna vorbei, oder?«, fragte Bette an ihre Mutter gewandt. Ihre Nonna wohnte in einem Pflegeheim in Exeter, nicht weit vom Bahnhof, und Bette besuchte sie immer am Sonntag. Das kam ihr passend vor, ihre Nonna an dem Tag zu sehen, an dem sie früher in die Kirche gegangen war.

»Ich war gestern Morgen schon da.« Ihre Mutter schaute angestrengt auf ihren Teller. Bette spürte die Anspannung, die sie ausstrahlte. »Bevor ich dich abgeholt habe. Vormittags passt es ihr jetzt besser, und heute konnten wir ja nicht.«

»Aber ich … ich will sie sehen. Nur deshalb … Ich meine, können wir nicht noch mal hin? Du kannst mich doch einfach absetzen? Dann laufe ich zum Bahnhof.«

Sie hatte sich darauf verlassen, hingefahren zu werden, hatte es als selbstverständlich betrachtet. Beim ersten Gespräch mit ihrer Mutter über das Wochenende war es auch um den Besuch gegangen.

»Das halte ich für keine gute Idee. Wir wollen sie nicht durcheinanderbringen. Nachmittags schläft sie oft.«

Bette nickte, knirschte mit den Zähnen und spürte einen Schmerz hinter der Stirn. Sie wusste, was »sie durcheinanderbringen« hieß. Als würde sie dort reinmarschieren und in jedem Satz das Wort »lesbisch« unterbringen. Als müssten sie ihre Nonna vor ihr schützen, als könnte man ihr nicht trauen.

»Wir besuchen sie nächstes Mal, wenn du hier bist. Sie meinten auch, du wärst in letzter Zeit recht oft da gewesen.« Ihre Mutter schob ihr letztes Stückchen Kuchen auf dem Teller umher.

Ach. Eine Strafe also. Eine Strafe, weil sie ihre Nonna besucht hatte und sie nicht. Bette biss sich von innen auf die Lippe, bis sie Blut schmeckte.

Bald wäre sie wieder in Bristol. Auf dem Sofa. Bei Ash. Zu Hause.

KAPITEL 15

Mittwoch, 21. September
Noch 24 Tage

Im Lauf der Woche sammelten sich noch ein paar Frauen auf ihrem Handy an. Sie hatte ein ruhiges Wochenende vor sich, und das ganze Dating-Spiel war in weniger als einem Monat sowieso vorbei. Ein gutes Gefühl, es bald hinter sich zu haben. Aber sie konnte es nicht mit Sex und Sprachnachrichten von Evie oder Strand-Amaretto mit Steph enden lassen. Das wäre echt bitter.

Bette hatte Möglichkeiten. Gar nicht so üble Möglichkeiten. Zum einen war da Esther, Kapitänin eines Korbball-Teams (die Bette leider Gottes extrem an ihre Sportlehrerin erinnerte, die sie gezwungen hatte, den Geländelauf zu beenden, nachdem sie sich auf halber Strecke übergeben hatte). Lily schien großartig, klug und gebildet, wenn auch ein bisschen yogafixiert, bis sie komplett in die Verschwörungsschiene einbog und einen Haufen Links zum Thema 5G schickte. Sonya war äußerst vielversprechend, bis sie in jeder Nachricht ihren Hund erwähnte und irgendwann ganz nebenbei fallen ließ, dass sie ein paar Tage wegfuhr und jemanden brauchte, der so lange mit Pickle »abhing«.

Bette wollte keine von ihnen. Sie wollte sicher sein können, dass es gut würde, wollte sich in guten Händen wissen. Im Idealfall bei einer zweiten Charlie. »Gar nicht so übel« war nicht gut genug.

Und dann, am späten Mittwochabend, meldete sich Netta. Die auf Nora Ephron stehende, gewitzt schreibende und 176 Meilen entfernte Netta.

Bette lag schon im Bett und hielt sich das Handy so nah vors Gesicht, wie das Ladekabel es zuließ.

Netta: Hey, bin morgen wieder in Bristol

Netta: Arg kurzfristig, ich weiß

Netta: Aber sag Bescheid, wenn du dich immer noch treffen willst?

Ihre Fotos waren noch die gleichen: auf dem Kopf geknotete Braids, große Disney-Augen und glatte, entblößte Haut von der Schulter bis zum Schlüsselbein. Seit jenem ersten Abend hatten sie keinen Kontakt mehr gehabt, aber Bette reagierte augenblicklich und aus dem Bauch heraus.

Bette: Ja

Bette: Soll ich dir die Stadt zeigen?

Bette: Mach ich gerne

Netta: Ja, zeig mir deinen Lieblingspub

Netta: Warte, ich wohne beim Cabot Circus, diesem Einkaufscenter

Netta: Komm doch da hin, dann trinken wir was?

Unmissverständlich. Netta war auf der Suche nach was Zwanglosem. Das hatte sie deutlich gemacht. Sie war genau das, was Bette sich erhofft hatte.

***

»Wir haben gestern gar nicht drüber geredet, was du machen willst. Was wir machen wollen. Also hab ich einfach mal ein paar Sachen eingepackt, für alle Fälle.« Netta warf eine große Reisetasche auf die Bank vor dem Bett. Sie trug einen Hosenanzug, die zugehörige Jacke hing hinter ihr über dem Stuhl, und ihre Bluse war weiter aufgeknöpft als vorher bei der Arbeit, vermutete Bette zumindest. Sie sah sogar noch umwerfender aus als auf ihren Profilfotos und war genauso clever und witzig wie in ihren Nachrichten. Vor dem Date hatte Bette sich Sorgen gemacht, sie könnte sich vorkommen wie bei Evie, als würde sie eine Rolle spielen. Aber seit dem ersten Moment mit Netta fühlte sich alles richtig und easy an. Sie hatten sich auf ein paar Drinks in der unerwartet noblen Hotelbar getroffen. Sie hatten sich über romantische Komödien der späten Neunziger unterhalten, über Nettas Job als Baurechtsanwältin und Pläne für ein neues Projekt am Hafen, für das sie Verträge aufgesetzt hatte. Dann waren sie mit dem Aufzug direkt hoch in den dritten Stock gefahren.

»Was willst *du* denn machen?« Bette setzte sich knieend aufs Bett, wobei ihr Wickelrock ihre Oberschenkel freilegte. Sie folgte Nettas Blick zu dem komplett sichtbaren halterlosen Strumpf mit Spitze und beschloss, den Rock nicht zurechtzuziehen. Sie fühlte sich sexy und berauscht davon, dass Netta sie offensichtlich attraktiv fand. Was sie ihr so in der Bar gesagt hatte. Außerdem hatte sie das Gefühl, Ehrlichkeit könne sich lohnen, Netta wirkte so unerschrocken und entspannt. Ihr konnte sie so was sagen. »Fangen wir doch mit dir an. Ich … ich bin immer noch dabei rauszufinden, was ich will.«

»Ach ja?« Netta zog eine Augenbraue hoch.

»Ja. Na ja, nicht, dass ich … Ich stehe auf Frauen. Das ist kein Experiment. Zumindest nicht auf die Art. Ich will nur …

na ja, rausfinden, was mir wirklich gefällt. Du weißt schon. Ganz konkret.«

»Ich weiß.« Netta grinste. »Okay, das wird lustig. Wir können einfach ... spielen.«

Bette ließ sich langsam von Netta ausziehen, überließ ihr völlig die Kontrolle und gab sich Mühe, nicht einzugreifen. Sie küssten sich eine Ewigkeit, bevor Netta Bettes Gesicht und Haar streichelte und die Hände in aller Ruhe über ihren Körper wandern ließ. Es hatte so lange gedauert, dass Bette längst total erregt war und wollte, dass Netta sie überall berührte. Und sie wollte sie ebenfalls berühren.

Sie knöpfte Netta die Bluse auf und bewunderte dabei jeden Zentimeter freigelegter Haut. Sie war wunderschön, alles an ihr rund und geschwungen, ihre Wange wölbte sich perfekt, wenn sie lächelte, die Kurven ihrer Brüste über dem BH, ihre Hüfte, wenn sie auf der Seite lag.

»Ich will jetzt baden.« Netta strich mit den Fingern sacht über Bettes Rückgrat, den Mund an ihrem Hals.

»Okay.« Bette löste sich von ihr, war plötzlich angespannt und sich ihrer Nacktheit überaus bewusst. »Dann werde ich ...«

Sie begegnete Nettas Blick und bemerkte die perfekt gewölbten Augenbrauen.

»Oh.« Bette atmete auf. »Du meinst zusammen.«

»Mmmhmm.«

Bette kletterte aus dem Bett und folgte ihr, wobei sie mühsam dem Impuls widerstand, auf dem Weg durch das Hotelzimmer ihre Brüste festzuhalten. Netta hielt bestimmt nichts fest – oder bedeckte sich.

Im Bad war es nicht so hell, als einzige Lichtquelle fungierten die Nachttischlampen von nebenan. Netta drehte den Wasserhahn so heiß auf, dass in der klimaanlagenkalten Luft Dampfwolken aufstiegen. Bette wünschte einen Moment, sie wäre länger auf dem Bett geblieben; es war irgendwie unangenehm, nackt im Bad zu stehen und darauf zu warten, dass die Wanne vollief. Aber dann setzte Netta sich auf den Rand, während hinter ihr der Schaum anwuchs, und streckte die Hand nach Bette aus.

Netta küsste sie, und Bette fühlte eine Hand innen am Knie, spürte, wie sie unglaublich langsam nach oben wanderte. Sie drückte die Fingerspitzen in Nettas Schlüsselbein, bewegte sie über ihre Haut. Und dann, als Netta gerade das Ende von Bettes Oberschenkel erreicht hatte, wo die Haut am zartesten war, zog sie die Hand fort und drehte den Hahn zu.

»Also echt jetzt«, stöhnte Bette. »Das ist ja Folter.«

»Mmhmm.« Netta stieg mit breitem Lächeln in die Wanne. »Kommst du?«

Bette setzte sich Netta gegenüber ins Wasser, der Schaum reichte ihnen bis zum Kinn. Ganz einfach war es nicht, die Wanne war zwar groß genug für zwei, aber nur gerade so, und Füße und Knie mussten sorgfältig angeordnet werden. Aber nachdem sie es sich bequem gemacht hatten, war es sehr angenehm, im Halbdunkeln zu sitzen und Nettas vom Küssen geschwollene Lippen zu bewundern, die Braids, die sie als Knoten auf dem Kopf trug, und ihre unfassbar langen Wimpern. Und es war aufregend zu versuchen, durch den Schaum einen Blick auf sie zu erhaschen und zu wissen, dass sie das Gleiche tat und Bettes Körper von oben bis unten musterte. Es war wahnsinnig intim, ganz anders als erwartet. Schwer, diesen Moment mit dem Wissen zu vereinbaren, dass sie Netta rein theoretisch nie wiedersehen würde. Aber das Wasser war warm und die Wanne tief, es fühlte sich gut an, so geschmeidig, sauber und immer noch heiß zu sein.

»Wenn wir hier raus sind«, Netta drückte Bette den Fuß gegen den Schenkel, »will ich dich lecken.«

»Okay.« Bette hätte wahrscheinlich jedem von Nettas Vorschlägen zugestimmt. Aber dieser konkrete Plan war zum

Glück genau das, was sie sich erhofft hatte. Netta betrachtete sie immer noch lüstern, und Bette schauderte, wusste nicht, wann sie sich je so begehrt gefühlt hatte. Es war betörend. »Okay, also … jetzt? Können wir jetzt raus?«

Das Wasser war immer noch warm, und zu Hause hätte sie es nicht derart verschwendet. Aber das hier war ein Hotel. Später gab es auch noch warmes Wasser, wenn sie dann weiterbaden wollten. Also stand Bette auf und spürte Nettas Blicke, als sie aus der Wanne stieg und sich in ein Handtuch vom Stapel hüllte. An der Tür hingen Bademäntel, und nachdem sie sich flüchtig abgetrocknet hatte, zog sie einen davon an.

Bette lehnte sich ans Waschbecken und sah zu, wie Netta aus der Wanne kam, sah zu, wie sie sich die Oberschenkel und den Bauch unter den Brüsten abrieb. Als sie das Bein auf den Rand stellte und sich auch noch zwischen den Zehen abtrocknete, riss Bette der Geduldsfaden.

»Ähm, wolltest du nicht …«

»Ach ja, stimmt.« Netta schien immer noch keine Eile zu haben. Sie zog sich den zweiten Bademantel über die Schultern, ließ ihn offen und trat auf Bette zu. »Na, dann komm.« Ihr Mund war Bettes so nah, dass sie sicher war, dass sie sich küssen würden. Stattdessen ließ sie sich hinter Netta herziehen, ließ sich manövrieren und zurechtschieben, ließ sich von Netta auf die Bettkante drücken. Ließ sich den Bademantel weit öffnen. Ließ sich aufs Bett legen, und Netta kniete sich vor ihr auf den Teppich.

Dann wurde sie überhaupt nicht mehr auf die Folter gespannt, Nettas Zunge war unermüdlich im Einsatz. Sie saugte und streichelte, sacht und langsam und perfekt, und Bette konnte gar nichts anderes tun, als auf dem Bett zu liegen, eine Hand über dem Gesicht, die andere spielte leicht mit ihren harten Nippeln. Sie merkte, wie ihr Oberschenkel zitterte, ihre Zehen sich auf dem Teppich verkrampften und ein unkontrollierbares Stöhnen aus ihrer Brust drang.

Nettas Finger waren streng genommen in ihr, aber nur ein kleines bisschen, umspielten die empfindliche Haut an ihrem Eingang. Sie war noch nie so sanft gefingert worden, und noch nie von jemandem, der sie nicht berührte, als würde er etwas tief in ihr suchen, sondern als hätte er es bereits gefunden und würde es bewundern, ganz am Rande. Das Gefühl von Nettas Fingerspitzen und die feuchte Wärme ihrer Zunge waren eine überwältigende Kombination. Bettes ganzer Körper spannte sich an, und sie keuchte, kam, bevor sie überhaupt gespürt hatte, dass sie kurz davor war.

»Oh mein Gott«, stöhnte sie, Nettas Mund ließ noch immer nicht von ihr ab. »Oh mein *Gott,* du bist so verdammt gut. Das weißt du, oder? Musst du einfach. Also, das hörst du doch garantiert ständig.«

Netta löste sich von ihr und legte Bette die Wange an den Oberschenkel. Sie schüttete sich aus vor Lachen.

»Tu ich wirklich. Ja. Aber ist trotzdem schön zu hören.«

Bette zog sie hoch aufs Bett, legte sich auf sie und schmeckte sich selbst in Nettas Kuss.

»Was willst du jetzt machen?« Bette legte Netta eine Hand unterm Hintern an den Oberschenkel und schob ihr mit der anderen den Bademantel vom Körper.

»Kannst du mich ficken?«

Bette nickte. »Ja, ich meine, das ist ja klar, oder? Aber mit den Fingern oder ...«

»Nein, ich hab einen Strap dabei. Fickst du mich damit?«

Im Nachhinein hätte sie sich wohl mehr Gedanken über die Tasche machen sollen, die immer noch vorm Bett stand. Aber sie hatte sich so leicht mitreißen lassen von der Nacktheit, dem Bad und dem offen gestanden überragenden Orgasmus. In ihrem Zustand – ihr Körper bebte immer noch ein wenig –

war es schwer, nervös zu werden. Netta hatte es drauf. Und zwar so richtig. Sie würde Bette schon sagen, was ihr gefiel.

Die Riemen passten ihr besser als bei Meis, schnitten ihr nicht so störend in die Oberschenkel ein. Bette dachte an Meis Vorschlag, sie sollte ihn einfach zu Hause tragen, beim Abwasch zum Beispiel, um sich daran zu gewöhnen.

Netta saß auf der Bettkante und spreizte die Knie. Bette stand zwischen ihren Beinen und schaute nach unten.

»Willst du vielleicht …« Bette zögerte. Netta vervollständigte ihren Satz nicht. Sie wartete geduldig mit der Hand an Bettes Brust. »Willst du vielleicht oben sein?«

Netta lächelte breit und nickte, ihre Hand an Bettes Brust warm und beruhigend. »Sehr gerne. Leg dich hin.«

Als Bette gehorchte und das kühle Laken im Rücken spürte, erblickte sie vor sich Netta, die knieend eine Flasche Gleitmittel in der Hand hielt. Sie schwang ein Bein über Bette und setzte sich auf ihre Schenkel.

Bette bedeckte Nettas Mund mit ihrem. Minutenlang küsste sie sie, dann bedeutete sie Netta, sich wieder aufzurichten und schob langsam zwei Finger in sie. Netta stöhnte an Bettes Mund und bewegte das Becken nach vorn.

»Komm her.« Bette übernahm das Gleitgel und schob Netta in Position. Sie küssten sich, während Netta sich auf den Dildo herunterließ, und Bette genoss das Geräusch, das aus Nettas Kehle drang. Bette lehnte sich zurück, hielt Nettas Schenkel fest und sah zu, wie sie sich vor und zurück bewegte, und schob ihr die Hüfte entgegen. Sie war wunderschön: die schweren Brüste, das lustvoll angespannte Gesicht, der unglaublich lange Hals, wenn sie den Kopf in den Nacken warf.

»Nicht aufhören.« Als wäre das Bette auch nur in den Sinn gekommen. Sie ließ die Hände aufwärtswandern und berührte mit dem Daumen sacht die zarte Haut zwischen Nettas Beinen.

Sie rieb behutsam hin und her, und Netta senkte keuchend den Kopf. »Nicht aufhören.«

Sie hörte nicht auf, stieß weiter zu, streichelte und hielt den Rhythmus, den Netta vorgab, wollte es auf keinen Fall versauen. Der Druck fühlte sich auch für sie gut an, kribbelte am ganzen Körper, aber das war weniger wichtig als der Schweiß auf Nettas Brust und ihr stockender Atem. Bette stieß noch fester zu, und Netta schrie auf und ließ sich nach vorn fallen.

»Das war perfekt«, sagte sie ein oder zwei Minuten später, schob Bette die Finger ins Haar und zog leicht daran, während sie immer noch auf ihr saß. »Perfekt.«

Bette war ganz warm, wegen Nettas Körper über ihr, aber auch ganz allgemein.

Um Mitternacht bestellten sie Pommes und Eis beim Zimmerservice und aßen in dem lächerlich großen Bett, dazu tranken sie Bier aus der Minibar. Lächelnd und mit leuchtenden Augen tunkte Netta den Finger in ihren Eisbecher und hielt ihn Bette an die Lippen. Sie leckte ihn ab und ließ die Zähne über ihre Haut fahren. Dann hatte Bette Eis am Schlüsselbein, an der linken Brustwarze, entlang der Wirbelsäule, den Grübchen am Steiß und in einer kitzligen Kniekehle. Netta folgte der Süßigkeit über Bettes ganzen Körper und ließ sich besonders Zeit, wann immer sie sich wand oder aufschrie.

Bette zerbrach sich längst nicht mehr den Kopf, ob es Netta gefiel – denn das tat es eindeutig –, und konnte sich ganz ihren Empfindungen hingeben. Wie sich Nettas Lippen anfühlten, ihre geschickten Finger und die Funken, die ihr durch den ganzen Körper schossen.

»Was willst du machen?« Netta biss Bette in den Oberschenkel und beruhigte die Stelle anschließend mit der Zunge.

Diesmal fiel es ihr leicht, darauf zu antworten. Sie wollte von Netta festgehalten werden, damit sie nicht das Kommando übernehmen und oben sein konnte, sie wollte Nettas

Finger tief in sich spüren und ihre Zähne auf der Haut. Sie wollte angetrieben und geneckt werden. Wollte, dass Netta die Kontrolle hatte.

Hinterher drehte sie sich zu Netta um, die in Richtung Decke grinste, ihre Brust hob und senkte sich immer noch. »Du bist der Wahnsinn.«

»Ja, ich weiß.« Nettas Stimme war frei von Sarkasmus.

Bette hielt sich die Hände vors Gesicht und lachte, lange und von Herzen, erfüllt von reinster Freude. Es war gut gewesen. Richtig, richtig gut. Sie konnte großartigen Sex mit jemand anderem als Mei haben. »Kann ich …« Sie sah Netta an.

»Willst du denn?« Netta bat sie, es sich zu überlegen. Und Bette spürte einen Anflug von so starker Zuneigung, dass sie beinahe jedes andere Gefühl verdrängte.

Bette nickte, drehte sich auf die Seite, strich mit den Lippen über Nettas Schlüsselbein und küsste sich hoch bis zu ihrem Ohr. »Ja, will ich unbedingt.«

Am nächsten Morgen konnte Bette gar nicht aufhören zu lächeln. Sie sah zu, wie Netta wieder in ihren Hosenanzug schlüpfte und wurde kurz traurig, weil sie die Haut unter ihrer Bluse nie wieder sehen würde. Aber genau darum ging es schließlich, sagte sie sich. Diesmal hatte sie alles richtig gemacht. Genau so hätte die ganze Pause verlaufen sollen. Zwangloses, völlig unkompliziertes Vögeln. Beiderseitige Anziehung, beiderseitige Befriedigung, beiderseitige Klarheit. Ein so schönes Hotelzimmer, dass sie ihr Glück immer noch kaum fassen konnte. Das war sie gewesen, die wahrscheinlich letzte Frau, bevor sie wieder mit Mei zusammen wäre. Es war perfekt. Netta war die perfekte Frau dafür.

»Heute Abend sitze ich im Zug zurück nach London.« Netta machte ihre Tasche zu, stellte sie neben die Tür und zog ihre hohen Schuhe an. »Aber ich muss erst um zehn auschecken, wenn du also noch duschen willst, bevor du gehst, mach ruhig.«

Sie kam zurück zum Bett und gab Bette einen sanften Kuss, legte ihr dabei die Hand an den Kiefer. Bette reckte sich ihr entgegen, berührte sie unten am Brustkorb. Netta grinste, schüttelte aber den Kopf.

»Keine Zeit. Aber das hat Spaß gemacht. Bin echt froh, dass ich mich gemeldet habe.«

»Ich auch«, erwiderte Bette. »Danke ... für alles.«

»Das ist jetzt ein bisschen übertrieben, glaube ich«, meinte Netta, und Bette lachte.

»Okay, hast recht. Danke für gestern Abend also. Danke für den Sex. War sehr schön.«

»Gern geschehen.« Sie war schon fast an der Tür. »Pass auf dich auf, Bette.«

KAPITEL 16

Montag, 26. September
Noch 19 Tage

Ruth kam gerade zurück zum Tisch, als Bettes Handy in ihrer Jeanstasche klingelte. Sie waren zur Spätvorstellung im Kino gewesen, und der Gin Tonic in Ruths Hand war schon ihr zweiter, also war es schon sehr spät. So spät, dass Bette Herzrasen bekam und sich alle möglichen Katastrophen ausmalte, die am anderen Ende der Leitung lauern konnten. So spät rief niemand an.

Als Ruth sich an den winzigen Tisch setzte und ihren Vortrag über den lächerlichen Plot wieder aufnehmen wollte, den sie gerade auf der Leinwand hatten ertragen müssen, holte Bette ihr Handy raus und sah aufs Display.

Es war Mei.

Sie hatte jetzt seit über einem Monat keine Nachricht mehr von ihr bekommen – seit denen, die sie nach der Sache im Büro ignoriert hatte. Je näher sie dem Ende der Pause kamen, desto klarer konnte sie sich in ihrem Gefühlschaos orientieren, weil die wichtigen sich an die Oberfläche gekämpft hatten. Sie vermisste Mei, vermisste es, ihre Partnerin zu sein, vermisste, was sie gehabt hatten. Sie spürte nervöse Erwartung in sich aufsteigen, wenn sie an die nächsten Wochen dachte, daran,

Mei wiederzusehen. Sie war bereit, zumindest theoretisch. Bereit, dass es wieder so wurde wie früher. Aber Meis Name auf ihrem Handy brachte ihr Herz ins Stolpern und ihre Hand zum Zittern. Darauf war sie nicht gefasst. Nicht heute Abend. Aber da stand er.

»Bette.« Ruth unterbrach ihre Tirade und schaute ebenfalls auf das Display. »Willst du nicht … also …«

»Ich … ich muss eben …« Bette sah, wie Ruth sich auf die Lippe biss, als müsse sie sich einen Kommentar verkneifen. Bette wollte nicht drüber nachdenken.

»Mei?«

»Oh, du bist wach«, sagte Mei mit belegter Stimme. »Ich wusste nicht … Ich dachte, vielleicht sollte ich einfach … Ich hab mir eingeredet, dass du nicht …«

»Ich bin da«, versicherte Bette ihr, auch wenn sie sich fragte, was sie meinte. »Was ist denn?«

Ruth sah sie an, und es war unmöglich, ihrem Blick auszuweichen. Aber sie hörte, wie Mei am anderen Ende ein paarmal tief Luft holte. Ein grauenhaftes, herzzerreißendes Geräusch. Übers Telefon schien sie unendlich weit weg.

»Kannst du herkommen?« Sie flüsterte beinahe. »Ich kann … Ich brauche dich, Bette.«

Ihr war sofort klar, dass Ruth es gehört hatte, oder zumindest grob erahnte, was los war. Bette sah, wie Ruth die Hände im Schoß verschränkte und in Richtung Bar starrte. Bette dachte daran, wie abweisend Ruth reagiert hatte, als sie Mei Wochen zuvor beim Essen erwähnt hatte. Alles andere als ideal, dieses Gespräch in ihrer Gegenwart zu führen. Aber ideal hin oder her, so war es jetzt eben.

»Wo bist du?«, fragte Bette.

»Im Krankenhaus. Wartezimmer. Notaufnahme. Es … ist mein Dad. Sie waren zu Besuch und …«

Bette sprang beinahe das Herz aus der Brust. Sie dachte an

Meis Eltern beim Mittagessen, wie sie eine zweite Flasche Wein bestellt und auf Dessert bestanden hatten. Ihr Vater war kompakt und ernst, ein trügerisch kräftiger Mann mit harten Kanten, während ihre Mutter ganz weich war. Unmöglich, sich ihn im Krankenhaus, in der Notaufnahme vorzustellen.

»Ich bin in zwanzig Minuten da. Einer Viertelstunde. Schreib mir, welches Krankenhaus, ja? Dann nehme ich ein Taxi. Aber ... schaffst du das so lange? Ist jemand bei dir?« Ruth spielte mit ihrem Strohhalm, faltete ihn oben und zerstörte dabei das Papier. Sie würde es verstehen, dachte Bette. Mit Sicherheit.

»Geht schon. Ich bin nicht allein, Mum ist ja da. Aber ich brauche dich wirklich.«

»Ich schaffe es in zwölf Minuten«, versprach Bette und versuchte zu ignorieren, wie ihr Herz auf das »ich brauche dich« reagierte. »Mei ist im Krankenhaus. Wegen ihrem Dad. Tut mir echt leid, aber ich ... ich muss ...«

»Na klar. Geh schon. Reden wir die Woche noch mal?«

Bette umarmte sie und schielte dabei schon über ihre Schulter auf Uber.

***

Ungefähr eine Viertelstunde später stand Bette vor dem Krankenhaus. Tatsächlich wusste sie ganz genau, wie viele Minuten sie gebraucht hatte (siebzehn), weil ihr jede einzelne davon überdeutlich bewusst gewesen war, jede Sekunde hatte sich ihr im Wagen einzeln ins Rückgrat gebohrt. Auf ihrem Handy kamen pausenlos Nachrichten an, während sie ausstieg und loslief.

Mei: Tut mir echt leid

Mei: Ich bin so froh, dass du noch wach warst

Mei: Ich fasse es nicht, dass du herkommst

Mei: Schreib mir, wenn du uns nicht findest

Vor ihr wies ein Schild in Richtung Notaufnahme, und sie bog in den Korridor ein, versuchte dabei nicht in die Zimmer zu schauen, an denen sie vorbeikam. Stattdessen hielt sie den Blick auf ihr Handy gerichtet, auf dem noch ein Schwall Nachrichten von Mei aufploppte.

Mei: Meine Mum weiß es nicht

Mei: Also was zwischen uns passiert ist, sorry

Mei: Sie denkt, es ist alles wie immer, also könntest du es ihr bitte nicht sagen?

Mei: Ich will ihr das nicht ausgerechnet heute erklären müssen

Mei: Tut mir echt leid, dass ich das verlange

Bette konnte sich nicht vorstellen, vor Meis Mutter ein Gespräch über ihre Beziehungspause anzufangen – in einem Krankenhauswartezimmer. Aber die Vorwarnung war trotzdem hilfreich. Dann war sie also wieder Meis Freundin. Für heute. Sie versuchte, sich nicht darüber zu freuen. Es gelang ihr nicht, sich nicht darüber zu freuen.

Die Besuchszeit war längst vorüber, und Bette befürchtete

einen Moment, so offensichtlich unverletzt gar nicht eingelassen zu werden. Aber in der Notaufnahme war die Zeit offensichtlich aus den Fugen. Eine junge Frau ließ ein quengelndes Kleinkind auf den Knien wippen, zwei fröhliche Saufkumpane hielten einem dritten ein blutgetränktes Handtuch an den Kopf, ein Paar mit unklaren Verletzungen oder Erkrankungen saß mit verschränkten Fingern da, ein Vater las seinem Kind mit trockenem Husten vor.

Und da war Mei. Ihr Gesicht war ganz aufgequollen, über ihre Wangen rollten frische Tränen. Bette ging auf sie zu und nahm sie in den Arm, bevor sie darüber nachdenken konnte, wie lange es her war. Mei roch vertraut und tröstlich, und Bette wollte sie am liebsten küssen. Einen unpassenderen Zeitpunkt gab es gar nicht. Stattdessen drückte sie Mei die Lippen auf die Schulter und wiegte sie hin und her.

»Es tut mir so leid.« Bette fiel plötzlich ein, dass sie gar nicht wusste, was los war oder weswegen sie Mei ihr Mitgefühl aussprach.

»Wir wissen immer noch nicht ... Ich ...« Meis Stimme zitterte. Sie schluckte zweimal kurz hintereinander und versuchte, sich zu beruhigen. »Er ist gestürzt. Er stand im Dunkeln auf der Leiter und wollte die Lampe reparieren. Die über der Hintertür, weißt du?«

Bette nickte. Sie sah die Lampe vor sich, sie befand sich über einer Betonstufe. Der Gedanke, darauf zu fallen, war grässlich. Ihr wurde übel, ihr Magen brannte.

»Wir meinten noch, das kann doch warten, aber er ...« Sie verstummte.

»Warten ist nicht sein Ding«, sagte ihre Mutter von ihrem Platz aus. Bette ließ Mei wieder los und hielt Mrs. Hinota die Hand hin. Sie stand auf, ihr graues Haar hing schlaff herunter, und ihre Haut war so blass, dass sie beinahe durchsichtig schien. Dennoch ergriff sie Bettes Hand mit bemerkenswertem Druck.

»Schön, Sie zu sehen, Mrs. Hinota. Wenn auch unter diesen … na ja …« Bette machte eine hilflose Geste durch die Luft. »Wie lange ist er schon …?«

»Sie haben ihn vor einer Stunde mitgenommen, um Scans zu machen und seine Schulter einzurichten. Eigentlich hätten wir mitgehen sollen, aber …« Mei unterbrach sich. »Sie wollen uns irgendwann Bescheid sagen. Dann können wir zu ihm.«

Bette nickte. »Kann ich irgendwas tun? Wollt ihr Tee? Oder was anderes?«

Sie hatte keine Ahnung, ob sie überhaupt welchen beschaffen könnte, aber es gab doch sicher irgendwo einen Automaten. In Filmen war das zumindest so.

Mei schüttelte den Kopf. »Ich krieg wahrscheinlich eh nichts runter. Aber danke. Nein, setz dich bitte einfach zu mir.«

Sie zog Bette mit zum Platz ihrer Mutter. Dann saßen sie dort, Mei in der Mitte, und schwiegen.

»Mei hat erzählt, du hättest bei der Arbeit gerade viel um die Ohren«, sagte Mrs. Hinota dann, faltete unentwegt die Hände im Schoß und löste sie wieder.

Bette machte bestätigend »Hm«, spielte gern mit und nickte unbekümmert ab, was auch immer Mei ihren Eltern erzählt hatte.

Sie wollte sich gern nützlich vorkommen, wollte mit ihrer Ankunft alles besser gemacht haben. Aber es wurde immer offensichtlicher, dass diese Situation durch nichts zu verbessern war. Dass es vielleicht das Beste war, einfach neben Mei zu sitzen und sich an ihre Schulter zu schmiegen. Mei hatte ihr Handy in die Hand genommen, und Bette konnte nicht anders, als einen Blick darauf zu werfen. Sie scrollte durch eine Liste mit Suchergebnissen: Kopfverletzungen, Kopfverletzungen und wieder Kopfverletzungen. Bette zögerte, dann nahm sie ihr das Handy weg.

Ohne nestelte und hampelte Mei herum. Sie streckte die Beine aus wie ein Kind auf der Schaukel und ließ die Sneakers dabei über den Boden scharren. Immer wieder, bis ihre Mutter ihr die Hand aufs Knie legte, um sie zu beruhigen. Bette sah, wie sie mit zitterndem Kinn mehrmals tief durchatmete.

Bette wollte gerade etwas fragen, aber dann hörte sie »Hinota?« aus einer Tür am anderen Ende des Raumes und vergaß, was sie sagen wollte.

Mei war schon aufgesprungen, bevor Bette überhaupt registriert hatte, was los war. Sie stand auf wackligen Beinen und streckte die Hand nach hinten, Bette ergriff sie und verwob ihre Finger mit Meis. Mrs. Hinota hatte sich ebenfalls erhoben und ging der auf sie zukommenden Ärztin einen Schritt entgegen, als würde sie die Neuigkeiten so schneller erfahren. Der Kittel der Ärztin war zerknittert, aber sauber, und Bette hatte an der Uni genug Folgen *Casualty* gesehen, um ihren Gesichtsausdruck seltsam beruhigend zu finden.

»Mrs. Hinota?«, wandte sie sich an Meis Mutter. »Sie können jetzt zu Ihrem Mann.«

Bette spürte über ihre Hand, wie Mei aufatmete und die Anspannung und Nervosität langsam aus ihrem Körper wich.

»Er hat eine heftige Gehirnerschütterung, drei gebrochene Rippen, und seine Schulter mussten wir auch einrichten. Der Scan hat länger gedauert als erwartet; tut mir leid, dass Sie so lange ohne Update warten mussten. Wir behalten ihn mindestens über Nacht zur Beobachtung hier. Morgen schauen wir uns alles noch mal an, aber wahrscheinlich können Sie ihn dann wieder mit nach Hause nehmen. Wenn Sie heute Nacht bei ihm bleiben möchten, können wir das für eine von Ihnen ermöglichen.«

»Danke.« Mrs. Hinota warf Mei einen Blick zu. »Ich bleibe.«

»Danke.« Meis Stimme klang dünn und gepresst. »Danke, dass Sie … danke.«

Die Ärztin nickte, ihre Bewegungen knapp und effizient. Sie hatte keine Energie zu verschwenden. »Wenn Sie möchten, bringe ich Sie jetzt zu ihm?«

Mei verstärkte den Druck, und Bette merkte, dass ihre Hände immer noch ineinander verschränkt waren. Sie schaute hoch zu Mei. Sie wusste nicht mehr, wann sie beschlossen hatte, sitzen zu bleiben, während alle anderen aufstanden, aber es kam ihr richtig vor. Sie gehörte nicht zur Familie. Sie sollte sich zurückhalten.

»Ich warte hier.« Sie wollte es Mei ersparen, sie darum bitten zu müssen. »Lass dir ruhig Zeit, ich bleibe hier.«

Mei nickte abwesend und eilte hinter ihrer Mutter her. Bette blieb allein im Wartezimmer zurück. Es fühlte sich falsch an, hier zu sitzen und an der schrecklichen Nacht der Menschen um sie herum teilzuhaben. Aber als sie gerade Mei schreiben wollte, dass sie draußen auf sie warten wollte, stellte sie beim Blick nach unten fest, dass sie Meis Handy immer noch auf dem Schoß liegen hatte. Also blieb ihr nichts anderes übrig, als zu bleiben.

Sie saß seit ein paar Minuten da und scrollte lustlos durch Instagram, als Meis Handy in ihrem Schoß vibrierte. Sie widerstand der Versuchung, nachzusehen.

Stattdessen wandte sich Bette wieder Instagram zu und schaute ein Video von einer Frau, die sich zum Zombie schminkte. Zweimal. Ein merkwürdig attraktiver Zombie.

Meis Handy summte wieder.

Es war nach Mitternacht, und Bette wollte unbedingt wissen, wer Mei schrieb. Das Handy lag mit dem Display nach unten auf ihrem Schoß, und es juckte ihr in den Fingern, es umzudrehen. Sie dachte daran, wie Ash gefragt hatte, was Mei in der ganzen Zeit eigentlich machen durfte, ob sie auch andere Frauen haben durfte.

Dann vibrierte es wieder.

Da kam Bette der Gedanke, es könnte auch Mei sein, von Mrs. Hinotas Handy aus. Mei, die ansonsten keinen Kontakt zu Bette aufnehmen konnte, weil Bette ihr Handy hatte. Mei, die sich selbst Nachrichten schickte und annahm, dass Bette sie sehen würde. Bettes Nummer kannte sie sicher nicht auswendig – wer hatte überhaupt noch Nummern im Kopf? Höchstwahrscheinlich war es Mei. Sie sollte nachsehen.

Sie drehte es um und wischte über den Sperrbildschirm. Das Handy verlangte einen Fingerabdruck oder eine PIN, beides hatte Bette nicht. Sie sah das WhatsApp-Symbol, aber sonst nichts von der Nachricht. Es war ungewöhnlich spät für Nachrichten, aber Mei hatte eine Schwester in Tokio. Bestimmt war sie das. Bald würde Mei zurückkommen, und bis dahin sollte Bette das Handy wahrscheinlich einfach ignorieren.

Eine halbe Stunde, einen Haufen Make-up-Reels und einige Runden Googeln zum Thema »Handy entsperren Notfall« später, kehrte Mei zurück. Bette hatte damit gerechnet, dass es noch länger dauern würde, trotzdem war sie langsam nervös geworden; sie hatte schon vor dem Kino nicht mehr viel Akku gehabt, und inzwischen stand er gefährlich nah bei null.

»Geht es ihm gut?« Sie kam sich sofort so blöd vor. Natürlich ging es ihm nicht gut. Er lag im Krankenhaus.

»Er wird wieder.« Meis Stimme war ruhiger und fester als vorhin. Sie ging voraus durch den Ausgang und über die Rettungswageneinfahrt. »Er sieht … na ja. Aber er wird wieder.«

Ihr gefestigter Ton änderte alles. Jetzt war sie nicht mehr die Mei, die ihr vorhin im Warteraum in die Arme gefallen war, die die Finger mit ihren verschränkt hatte. Ihr kurzes Wiedersehen hatte einen Schlusspunkt, und er stand unmittelbar bevor. Vielleicht hatte Bette ihn auch schon verpasst. Sie ließ sich einen Schritt hinter Mei zurückfallen und fand sich damit ab.

Es war eine kühle Nacht, die Krankenhausbeleuchtung hob sich deutlich vom tiefschwarzen Himmel ab. Mei schwieg, solange sie noch auf dem Klinikgelände waren, aber auf der Straße angekommen, drehte sie sich zu Bette um und sah ihr in die Augen.

»Ich muss dich um einen Gefallen bitten. Mein Auto steht auf dem Parkplatz, aber ich will nicht alleine fahren. Ich muss noch Sachen von meinen Eltern holen, damit sie ein paar Tage bleiben können. Könntest du fahren? Also mich?«

»Nach Cheltenham? Jetzt?« Die Fragen entfuhren Bette, bevor sie sich bremsen konnte.

»Ich weiß, ist echt viel verlangt. Aber ich … ich brauche dich.«

Diesmal konnte sie den Hüpfer in ihrer Brust nicht ignorieren, das warme Gefühl bei dem Satz. Bette nickte.

Die Fahrt aus Bristol raus war still. Mei drehte sich zum Fenster und legte die Stirn an die Scheibe. Irgendwann dachte Bette kurz, sie sei eingeschlafen, aber sie bewegte sich immer wieder auf ihrem Sitz, zog ihren Pulli zurecht, strich ihre Hose glatt und übte auf winzige, unerhebliche Art Kontrolle aus.

Es war beinahe unmöglich, nichts zu sagen. Bette wollte Mei geben, was sie brauchte, und das schien Stille zu sein. Aber sie biss sich auf die Wange und schluckte ihre Worte runter. Jetzt war nicht der richtige Zeitpunkt.

Aber als sie weiter und weiter die M5 entlangfuhren, wurde das Schweigen im Auto langsam, aber sicher lächerlich. An der Abfahrt nach Cheltenham geradezu albern. Sie musste was sagen. Irgendwas. Und dann drehte Mei sich zu Bette um und räusperte sich.

»Du siehst richtig gut aus. Geht es dir auch gut?«

»Ich sehe richtig gut aus? Ich sehe … richtig … gut aus?«,

wiederholte Bette langsam, als müsste sie sich das Ganze Wort für Wort durch den Kopf gehen lassen.

»Mein Gott, ich weiß doch auch nicht. Das ist echt schwer! Ich hab dich mitten in der Nacht angerufen. Zwischen uns ist alles so komisch. Und ich hatte vergessen, was für eine lange Fahrt das eigentlich ist.«

Bette konnte nicht anders. Sie musste lachen. Lange und ausgelassen. Die baumgesäumten Straßen waren nahezu leer, es war kurz vor halb zwei, Mei und sie waren vorübergehend getrennt, und sie merkte gerade, dass sie abgesehen von »Cheltenham« gar nicht wusste, wo sie überhaupt hinfuhr. Während ihrer Beziehung waren sie nie bei Meis Eltern gewesen.

»Mann, bin ich froh, dass du das gesagt hast. Die ganze Fahrt war es so grauenhaft eigenartig still wie im Vakuum, und ich wollte auch nichts sagen, ich kann ja nicht *Du fehlst mir, schön, dich zu sehen und deine Hand zu halten* zu der Frau sagen, deren Vater in der Notaufnahme ist, geht ja nicht um mich heute Nacht. Aber Mei, ich vermisse dich wirklich. Und ich weiß, ich habe dir neulich nicht auf deine Nachrichten geantwortet, als du im Büro warst, aber, ehrlich gesagt wusste ich einfach nicht, was ich sagen sollte. Und du sollst wissen, dass du mir fehlst, und dass ich froh bin, dass die Pause bald zu Ende ist, und dass ich – auch wenn ich heute …«

»Bette, ich muss …«

»Nein, tut mir leid. Lassen wir das. Heute geht es nicht um mich, oder um uns. Lass uns einfach … deinem Dad einen Schlafanzug holen oder was auch immer wir hier wollen. Wir können morgen reden.«

Sie riskierte einen Blick nach links, offensichtlich kämpfte Mei mit sich, ob sie doch etwas sagen sollte.

»Ich meine es ernst«, bekräftigte sie. »Ich bin da, und wir können ein andermal reden. Heute geht es nur um deine Mum und deinen Dad.«

»Okay.« Meis Stimme klang belegt. »Danke. Das bedeutet mir echt viel.«

»Ist doch selbstverständlich.« Bette fuhr gemütlich im vierten Gang und griff nach Meis Hand.

Das löste etwas zwischen ihnen. Mei dirigierte sie durch die Außenbezirke von Cheltenham bis zu einer Einfahrt, über die Bette unwillkürlich große Augen machte.

»Wow.« Sie bestaunte die Blüten und Reben, die sich von dem Anwesen im Regency-Stil rankten.

»Ich weiß.« Mei war offensichtlich auf diese Reaktion bei neuen Besuchen gefasst. »Ich hätte ... Ich weiß.«

»Das ist ... das ...« Bette wollte sagen, dass ihr Elternhaus wahrscheinlich viermal in Meis passen würde. Dass das hier eher die Dimensionen ihrer Kirche hatte. Aber als sie sich zu Mei umdrehte, saß sie immer noch angeschnallt und mit glasigem Blick da. Bette nahm wieder ihre Hand. »Okay. Was kann ich tun?«

»Nichts. Kannst du einfach ... mitkommen?«

»Klar.«

Das Innere des Hauses war sogar noch überwältigender. Bette kam sich in dem riesigen Eingangsbereich merkwürdig und winzig vor. Sie war es gewohnt, schnell durch eine Haustür zu treten, sowohl bei sich zu Hause als auch bei ihren Eltern, in der Tür stand man sonst allen anderen im Weg. Hier umrundete Mei sie einfach, zog ihre Schuhe aus und ging auf die auf Hochglanz polierte Treppe zu. Bette trat aus ihren Sneakern und wollte sich unbedingt nützlich machen, also rief sie Mei nach: »Tee?«

Mei drehte sich um, sah so müde und dankbar aus, und Bette liebte sie.

»Ja. Ja, bitte. Tee wäre fantastisch.«

Tee anzubieten war schön und gut, dachte Bette, aber wie sollte sie das anstellen? Sie zog die einzige ihr verfügbare

Logik heran: nach hinten gehen. Eine geschlossene Tür rührte sie nicht an, durch eine andere sah sie ein unbequem wirkendes Sofa und allen Ernstes ein Klavier. Dann, zum Glück, eine Tür mit Fliesenboden dahinter und einem sofort sichtbaren Wasserkocher auf dem Schrank. Ab jetzt würde es quasi von selbst gehen. Wie beruhigend, dass selbst eine völlig fremde Küche anscheinend ganz natürlichen Prinzipien folgte, was den Standort von Tassen, Teebeuteln und Milch anging (bei der Milch war die Sache zugegebenermaßen sehr einfach).

Sie sah es, als sie die Milch zurück in den Kühlschrank stellte. Da, zwischen einer Einladung zur Rubinhochzeit und ein paar John-Lewis-Gutscheinen unter einem Mausmagneten, hing ein Foto von ihr und Mei. Sie saßen in dem französischen Restaurant in Bristol, das einzige Mal, das sie Meis Eltern gemeinsam getroffen hatten. Ihr Gesicht wirkte so glücklich, fröhlich und sommerlich in dem grün-weißen Oberteil, das sie in den Jeansrock gesteckt hatte, daran erinnerte sie sich noch. Und Mei. Mei sah so gut aus. Ihre Augen leuchteten, und ihre Haut war so weich in dem Leinenkleid. Das Kleid, das Bette Mei später am Abend hochgeschoben hatte, als sie sie zu Hause auf den Tisch gesetzt und geleckt hatte. Hier war Meis roter Lippenstift, den sie später ruinieren sollte, noch makellos, selbst nach dem Essen. Meis Arm lag vor Bettes, sie saßen eng nebeneinander auf der Bank. Sie erinnerte sich an Meis Hand unter dem Tisch zwischen ihren Knien, erinnerte sich an den Gedanken, das Ganze wäre vielleicht zu intim für Mr. Hinotas Handy. Aber er hatte das Bild ausgedruckt und an den Kühlschrank gehängt. Dabei wirkte das Haus ansonsten überhaupt nicht, als würden seine Bewohner Sachen an den Kühlschrank hängen. Es war so vornehm und sorgfältig gestaltet, als gehörte es in eine Zeitschrift. Aber hier, an dieser für die ganze Familie greifbaren Stelle, hatte Bette sich selbst entdeckt. Ihr Herz zog sich zusammen. Es war alles, was sie wollte: am Kühlschrank neben Mei albern ins Handy ihres Vaters grinsen.

Irgendwo über ihr knarzte es, also schüttelte sie sich, drückte die Teebeutel aus und trug die Tassen in die Diele. Mei kam mit einer weichen Lederreisetasche in der Hand die Treppe herunter.

Sie sprachen kein Wort, als sie Mei die Tasse reichte, sie beide auf den viel zu heißen Tee bliesen und ihn hastig im Flur runterstürzten. Zwischen ihnen schien die stillschweigende Übereinkunft zu herrschen, dass sie zu müde waren, um sich zum Trinken hinzusetzen, sonst würden sie womöglich an Ort und Stelle einschlafen. Stattdessen brachte Bette die so gut wie leeren Tassen zurück in die Küche, spülte sie aus und ließ sie auf dem Abtropfgestell stehen.

»Fahren wir wieder?«, fragte Bette, so sanft sie konnte. Sie nahm Mei die Tasche aus der Hand, trug sie zur Tür und versuchte, sich nicht anmerken zu lassen, dass sie Meis unterdrücktes Schniefen hörte.

Als daraus ein ersticktes Schluchzen wurde, konnte sie es nicht mehr ignorieren oder höflich überhören. Sie drehte sich um, ließ die Reisetasche fallen und zog Mei an sich. Da wurde das Schluchzen deutlicher, weniger zurückhaltend und weniger kontrolliert, und als Meis Gesicht an Bettes Schlüsselbein lag, weinte sie richtig los. Bette hielt sie fest, streichelte ihren Rücken und presste ihr die Lippen aufs Haar.

Nach einer Weile beruhigte sich Meis Schluchzen, und sie wischte sich übers Gesicht.

»Tut mir leid, das ist eklig.«

»Das braucht dir doch nicht leidzutun. Willst du ein Taschentuch?«

Mei schüttelte den Kopf, zog sich den Pullover hoch und wischte ihre Tränen damit ab. Mit trockenem Gesicht lehnte sie sich wieder an Bette, verschränkte die Hände unterm Kinn und ließ sich eng an sie geschmiegt festhalten.

»Ich habe die Leiter festgehalten«, flüsterte sie beinahe. »Er ist abgerutscht. Ich konnte ihn nicht halten. Ich konnte nicht helfen.«

Bette klappte sinnlos den Mund auf.

»Das Geräusch, Bette. Sein Kopf, wie er aufgekommen ist.« Ihre Stimme bebte wieder, und sie schnappte nach Luft. »Ich höre es immer noch.«

»Aber es geht ihm gut.« Bette zog sie noch fester an sich. »Er wird wieder.«

Sie spürte Meis Nicken an ihrer Brust, ihre Arme waren zwischen ihnen eingeklemmt. Sie atmeten gemeinsam, und Bette gab sich Mühe, tiefe und gleichmäßige Atemzüge zu machen, damit Mei es ihr hoffentlich gleichtat. Dann spürte sie, wie Meis angespannte Gestalt sich etwas löste. Als sie sie langsam loslassen wollte, damit sie wieder zum Auto gehen konnten, legte Mei den Kopf in den Nacken und gab Bette einen sanften Kuss auf den Unterkiefer. Bettes Herz stolperte.

»Mei?«

»Ich …«, sagte sie an Bettes Schulter, »ich will einfach, dass es wieder so ist wie vorher.«

So ging es Bette auch schon seit Monaten. Wie sollte sie ihr das nun also abschlagen, wenn Mei ihr genau das anbot, was sie wollte? Den Graben zwischen ihnen hatte Mei an jenem Morgen im Bett gezogen und dann noch tiefer ausgehoben. Bette hatte den Graben von Anfang an verabscheut. Aber ihn jetzt zu überwinden, schien ihr auch riskant, vor allem in dieser Nacht, in der Mei so verletzlich war, als würden ihr tausend Nervenenden aus der Haut ragen. So gefiel es Bette nicht, wurde ihr klar. Mei hatte schließlich darauf bestanden, und es hatte sich nichts geändert. Bette wollte den Moment feiern, wenn sie wieder zusammenkamen, nicht von widerstrebenden Gefühlen geplagt werden.

»Ich glaube nicht ...« Bette fühlte sich verantwortlich, das Richtige zu tun, damit keine von ihnen morgen etwas bereuen musste. »Ich will nicht, dass du ... Ich weiß auch nicht, ich meine, ich habe das Gefühl, wir sollten nicht ...«

»Nein, tut mir leid, du hast recht.« Mei klang resigniert, und Bette wusste nicht, ob sie enttäuscht oder erleichtert sein sollte. Sie entschied sich für eine überwältigende Mischung aus beidem. »Fahren wir nach Hause.«

»Nach Hause«, stimmte Bette zu. Lange war es nicht mehr hin. Schließlich hing sie schon am Kühlschrank, dachte sie und spürte ein warmes Flackern in der Magengrube. Sie hing am Kühlschrank und wartete voller Zuversicht, dass die Pause vorbei war.

KAPITEL 17

Sonntag, 2. Oktober
Noch 13 Tage

Die nächste Woche verbrachte Bette in einem Schwebezustand. Sie ging früh ins Bett und schlief lange. Stolz war sie nicht darauf, aber so viel Zeit wie möglich mit Schlaf zu verbringen, kam ihr durchaus sinnvoll vor. Die restliche Zeit beschäftigte sie sich, um nicht grübelnd zu Hause zu hocken. Sie sah sich Carmens aktuelles Stück in einer Probe an und trank danach noch was mit der Besetzung. Sie machte einen langen Spaziergang mit Ruth, den Berg hoch und über die Hängebrücke, durchströmt von Endorphinen. Am Samstagabend spielte sie ein Brettspiel mit Ash und Tim.

Aber in Wirklichkeit wartete sie die ganze Zeit. Wünschte, die Zeit möge schneller vergehen. Wollte die letzten zwei Wochen einfach vorspulen.

Als am Sonntagabend nach *Good Wife* der Abspann lief, war Ash anscheinend mit ihrer Geduld am Ende.

»Geht es dir gut?«, fragte sie unvermittelt, teilte einen Bourbon Biscuit und tunkte die Hälfte ohne Füllung in ihren Tee. »Du bist die ganze Woche schon so komisch. Irgendwie … manisch, kann das sein?«

Bette biss in ihren eigenen Keks und nippte an ihrem Tee.

»Ich vermisse Mei. Die ganze Zeit schon. Ich vermisse, ich weiß auch nicht, den Alltag und wie leicht alles war, dass sie mit uns am Tisch sitzt. Ich will gar keinen Sex mit vielen verschiedenen Leuten haben. Ich fand es total schön, jemanden zu haben.«

»Klar, verstehe.« Ash drehte sich ganz zu Bette um und legte einen Arm auf die Sofalehne.

»Weißt du, in der Nacht im Krankenhaus, letzten Montag? Da hat Mei mich gebraucht, mich um Hilfe gebeten. Es war spät, und sie war müde, aber sie wollte mich küssen, und ich habe es verhindert. Und jetzt warte ich einfach. Ich meine, bei ihren Eltern hängt ein Foto von uns am Kühlschrank. Ich weiß, das mit uns wird schon wieder, ist nur noch eine Frage der Zeit. Aber trotzdem, ich wünschte, ich könnte einfach schlafen, und dann sind die zwei Wochen um.«

»Hast du seither mit ihr geredet?«

»Nein. Ich habe sie zurückgefahren und bin nach Hause gelaufen. Ich dachte, vielleicht meldet sie sich ja. Um darüber zu reden. Wo wir stehen. Aber hat sie nicht. Und ich will sie nicht unter Druck setzen.«

»Na ja, du könntest ihr schon eine Nachricht schreiben, oder? Du musst nicht darauf warten, dass sie anruft?«

Bette zuckte die Schultern. Nichts sprach dagegen, dass sie den ersten Schritt machte.

»Könnte ich.«

»Aber willst du nicht, oder?«

»Nein. Will ich nicht. Ich warte ab. Ich will wissen, dass sie auch genug davon hat, ich will, dass sie mich zurückwill. Bis dahin gehe ich auf keine Dates mehr. Ich hatte Sex mit anderen. Zum Teil war es auch ziemlich gut. Sogar richtig gut. Aber es ist jetzt auch keine große Überraschung, dass ich bei der Erkenntnis angelangt bin, dass ich nur sie will. Daran hat sich nichts geändert.«

Ash nahm sich noch einen Keks und zog ihn auseinander.

»Wieso kaufst du jetzt eigentlich wieder die? Ich mochte die mit Schoko und Ingwer lieber. Bourbons sind nicht übel, aber nur Mittelmaß. Höchstens.«

»Ich habe diese Woche so viele Kekse gegessen, dass ich mir die mit Ingwer nicht mehr leisten kann. Ich kann auch kein Geld scheißen.« Bette griff in die Packung, und Ash grunzte.

»Wird dir das Daten denn überhaupt nicht fehlen? Wenn es endgültig vorbei ist?«

»Ehrlich gesagt, nein. Ich meine, Spaß gemacht hat es schon. Charlie war toll.«

»Heiß, Bikerjacke, Sex im Club?«

»Ja. Ist auch 'ne tolle Geschichte. Ich bin froh, dass es passiert ist. Netta war auch unglaublich. Und ich bin so froh, dass ich Ruth getroffen habe. Das ist wahrscheinlich das Beste an der ganzen Sache. Sie ist fantastisch.«

»Ist sie wirklich«, stimmte Ash zu.

»Schon komisch, es so zu betrachten, aber offen gestanden war es das alles schon wert, weil ich jetzt weiß, dass ich mir bei Mei sicher bin. Und weil ich eine Freundin wie Ruth gefunden habe.«

***

Eigentlich war es ein völlig ereignisloser Dienstag, aber es war endlich Oktober, und außerdem schien die Sonne. Nächsten Samstag, also dem in einer Woche, wären die drei Monate um. Das Ende war so nahe, dass Bette es förmlich schmecken konnte. Ihre Laune passte zum Wetter: sonnig und hoffnungsvoll. Als Erin also vorschlug, sich Mittagessen zu kaufen und im Park zu essen, war Bette sofort dabei. Ihr mitgebrachtes Essen sah sie aus dem Bürokühlschrank vorwurfsvoll an, aber sie ignorierte es.

»Eigentlich sollte das eine arbeitsfreie Mittagspause sein«, meckerte Bette, als sie mit Chips und Sandwiches auf der Wiese saßen. Seit sie losgegangen waren, hatten sie über nichts anderes gesprochen als über die Arbeit. »Dann hätten wir auch am Schreibtisch bleiben können. Erzähl mir doch lieber von der Hochzeit.«

Die nächsten zehn Minuten überzeugten Bette beinahe, dass Heiraten nichts für sie war. Dass man es vielleicht generell lassen sollte. Es gab irgendwelche Lieferkettenprobleme, die das Hochzeitsmenü betrafen, Drama mit Cousinen und Tanten und Menschen, die nicht lange genug im Voraus eingeladen worden waren, und Niamhs Hosenanzug war schon dreimal zurückgegangen und passte immer noch nicht richtig. Bette konnte kaum glauben, dass Paare das alles überlebten.

»Ich bin echt froh, dass du trotzdem kommst.« Erin legte sorgfältig ein Chips-Mosaik auf das Ei ihrer zweiten Sandwichhälfte. »Ich weiß, Mei kenne ich noch länger, aber es wäre echt traurig, wenn du ihretwegen nicht kommen würdest.«

»Ach, alles gut. Ich meine, zwischen uns ist alles gut.« Mei hatte ihr wohl endlich von der Beziehungspause erzählt. Aber schon in Ordnung. Das hatte sich ja fast erledigt. Außerdem war sie Meis wichtigste Vertrauensperson. Diejenige, die sie mitten in der Nacht anrief.

»Na ja, ich finde das echt erwachsen von dir. Das sollte jetzt nicht herablassend klingen!«, schob Erin schnell hinterher. »Aber, weißt du, ich würde es wahrscheinlich nicht so locker sehen, bei einer Hochzeit meine Ex und ihre neue Freundin zu treffen.«

KAPITEL 18

Dienstag, 4. Oktober
Wer weiß das schon?

Später wusste Bette nicht mehr genau, wie sie nach Hause gekommen war. Sie war nicht wieder ins Büro gegangen, hatte Erin irgendeine Ausrede aufgetischt, die sie unmöglich geglaubt hatte. Sie war unbekümmert nur mit ihrer Brieftasche, Schlüssel und Handy in die Mittagspause gegangen, ohne zu ahnen, was sie erwartete, also stand ihr Rucksack noch unterm Schreibtisch und wartete auf ihre nun nicht mehr kurz bevorstehende Rückkehr. Sie trudelte benommen nach Hause.

Als sie endlich die Küche betrat, genügte Ash ein Blick in Bettes Gesicht, und sie nahm sie so fest in den Arm, dass sie kaum noch Luft bekam.

»Sofa?«, fragte sie. »Tee?« Sie verstand instinktiv, dass ganze Sätze wahrscheinlich zu viel wären. Irgendwo zwischen der Traurigkeit, dem Grauen und der Übelkeit war Bette zugleich überwältigt, wie gut Ash sie kannte. Sie nickte.

Ehe sie sichs versah, hatte sie etwas Weiches über den Schultern liegen und eine Tasse in der Hand. Eigentlich war es zu warm für beides auf einmal. Aber Bette war froh, zugedeckt, eingehüllt und verhätschelt zu werden. Ash ermutigte sie, ein paar Schlucke zu trinken, dann legte sie sich Bettes Kopf auf die Oberschenkel, schob ihr die Hand ins Haar, und Bette legte Ash den Arm um die Knie.

»Willst du drüber reden?« Ashs Nägel fuhren sanft über Bettes Kopfhaut.

»Ich weiß nicht … ich …« Bette blieben die Worte im Hals stecken.

Ash wartete, und Bette verlor jedes Zeitgefühl, während sie aus Lauten Wörter und aus Wörtern Sätze formen wollte, um irgendwie zu erklären, was passiert war.

»Es geht um Mei«, bekam sie heraus.

»Das dachte ich mir schon. Ach Süße, das tut mir so leid. Was ist denn passiert?«

»Sie bringt jemand anderen mit zu Erins Hochzeit. Sie hat eine Freundin. Sie heißt Tamara. Die beiden waren schon bei Erin und Niamh zum Essen. Sie sind seit über einem Monat zusammen.«

»Das ist doch nicht *wahr«,* hauchte Ash leise und schockiert.

»Ich weiß.«

»Aber … aber …«

»Ja, das auch.«

»Ich glaub das einfach nicht. Diese hinterhältige kleine *Bitch*«, stieß Ash mit zusammengebissenen Zähnen hervor. »Moment, also war sie …«

»Vor einer Woche auch schon mit ihr zusammen?« Bette wusste genau, worauf sie hinauswollte. »Als sie mich angerufen hat, ich ins Krankenhaus gefahren bin und ihrer Mum vorgemacht habe, dass wir noch zusammen sind, und sie dann nach Cheltenham gefahren habe? Ob sie auch mit ihr zusammen war, als sie mich im Hausflur ihrer Eltern küssen wollte? Als sie mir nicht auf meine Nachricht geantwortet hat, in der ich gefragt habe, wie es ihrem Dad geht? Als sie sich die ganze Woche nicht gemeldet hat, was ich darauf geschoben habe, dass ihre Eltern bei ihr waren, aber in Wirklichkeit lag es wohl eher … daran?«

»Ja.«

»Ja«, bestätigte Bette.

Die Hand in Bettes Haar spannte sich an, und Ash holte unsicher Luft.

»Ash.« Bette wand sich, um ihren Nägeln zu entkommen. »Aua.«

»Shit, entschuldige.«

Sie schwiegen. Bette hatte ein flaues, mulmiges Gefühl im Magen, wie kurz vor der ersten Achterbahnabfahrt, voller Reue und Grauen vor dem, was nun kam. Sie saß fest, konnte dem Absturz nicht entgehen. Also versuchte sie, sich aufs Atmen zu konzentrieren, was nicht mehr ganz automatisch ging, seit Erin Tamaras Namen ausgesprochen hatte. Sie hörte Adriene, die Yogafrau von YouTube, sagen: *Atme so tief ein wie den ganzen Tag noch nicht,* und das versuchte sie, wieder und wieder, bis ihr Kopf sich befreit anfühlte. Leer.

»Es ist erst um drei«, stellte Bette fest.

»Fortbildungstag.« Ashs Erklärung klang meilenweit entfernt.

»Gott sei Dank«, erwiderte Bette ernst.

Daran, dass Ash die erste Staffel des amerikanischen *Married at First Sight* anmachte, ließ sich ablesen, wie schlimm sie die Situation einschätzte. Ash hasste Reality-Dating-Shows, egal, wie viele verschiedene Bette ihr versuchte schmackhaft zu machen. Aber sie stand bloß auf, um frischen Tee zu machen, und beschwerte sich weder über den fehlenden Realitätsgehalt des Formats noch die Teilnehmenden, die es nur auf neue Instagram-Follower*innen abgesehen hatten, um umsonst Beauty-Produkte zu bekommen. Sie googelte nicht mal die Paare, um zu beweisen, dass sie sich nach dem Dreh direkt wieder getrennt hatten. Sie blieben einfach auf dem

Sofa, Bettes Kopf lag auf Ashs Bein, und aus dem Nachmittag wurde erst früher und dann späterer Abend.

»Ich habe Ruth geschrieben.« Ashs Stimme war sanft, seit Stunden hatte keine von ihnen ein Wort gesprochen. »Sie bringt auf dem Heimweg Eis vorbei.«

»Bitte was?« Bette setzte sich ruckartig auf und rieb sich die Augen. »Wieso schreibst du Ruth?«

»Im Ernst? Weil du was essen musst, und ich dachte, mit Eis könnte ich dich vielleicht überzeugen, aber ich wollte dich nicht alleine lassen, und Tim muss noch arbeiten. Da fiel mir ein, dass Ruth in der Nähe von dem Kiffer-Tesco wohnt, und da hab ich es einfach gewagt.« Den Berg runter lag ein Tesco-Supermarkt mit einer Auswahl an Ben and Jerry's, wie sie Bette noch nirgends im ganzen Land gesehen hatte. Und er war lange geöffnet.

»Seit wann hast du denn Ruths Nummer?«

»Seit sie die Muscheln gekocht hat natürlich. Ich schreibe ihr ab und zu. Meistens wegen Rezepten. Das ist doch okay, oder?«

Bette hätte am liebsten Nein gesagt. Dass Ruth *ihre* Freundin war. Aber es war auch rührend, dass die beiden sich zusammentaten, um sich um sie zu kümmern.

»Ist es … natürlich ist es okay. Aber ich … ich will nicht, dass Ruth mich so sieht.« Ash betrachtete sie einen Moment.

»Tut mir leid.« Das klang aufrichtig. »Ich dachte, das macht dir nichts aus. Ihr verbringt so viel Zeit miteinander, da dachte ich, das wäre okay.«

»Ich weiß, wir treffen uns oft.« Bette legte den Kopf in die Hände. »Aber es … Wir sind … Ach, ich weiß doch auch nicht. Gut. Danke. Im Voraus, für das Eis. Sehe ich schlimm aus?«

Ash überlegte.

»Soll ich die Wahrheit sagen oder lieb und tröstlich sein?«

»Lieb und tröstlich. Was sonst. Die Wahrheit verkrafte ich jetzt beim besten Willen nicht.«

»Du bist der schönste Mensch, den ich kenne, Bette.« Ashs Stimme klang vollkommen aufrichtig. »Und ich habe dich lieb.«

Bette schwieg einen Moment.

»Wahrheit?«

»Du siehst grauenhaft aus. Heulen entstellt dich immer total. Schlimmer geht's kaum. Ich hol dir mal einen kalten Lappen. Vielleicht beruhigt das deine Augen.«

Sie parkte Marge auf Bettes Schoß und lief durch den Flur ins Bad. Die Katze blieb unschlüssig stehen, statt Gespött zu riskieren, indem sie zeigte, dass sie gern gestreichelt werden wollte. Aber Bette strich Marge unbeirrt so lange über den Hals, bis sie sich schnurrend gegen ihre Hand schmiegte. Als Ash mit dem Lappen zurückkehrte, sprang die Katze Bette vom Schoß, offensichtlich war es ihr peinlich, beim Suchen von Zuwendung ertappt worden zu sein. Sie stolzierte davon.

»Besser?« Bette gab Ash den Lappen zurück, nachdem sie sich das Gesicht abgerieben hatte.

Ash verzog das Gesicht. »Nicht ... Ich meine, nein. Nein, jetzt ist es noch schlimmer. Du hast deine Wimperntusche total verschmiert. Und ganz rot bist du auch. Shit. Tut mir leid. Aber hey, das macht doch nichts! Ruth bringt bloß Eis vorbei und geht wieder nach Hause. Halb so wild. Sie braucht dich gar nicht zu sehen.«

»Wir können sie doch nicht mit Eis den Berg hochlaufen lassen und sie dann gleich wieder wegschicken!«

»Ich meine, ich finde ja, du solltest heute alles entscheiden dürfen. Was auch immer du brauchst. Wenn du willst, dass sie wieder nach Hause geht, können wir sie nach Hause schicken, Eis essen und ins Bett gehen.«

»Nein. Nein, lass sie ruhig rein. Das geht schon.« Natürlich würde das gehen. Ruth würde reinkommen, ihr das Eis und einen Löffel geben, sie bemitleiden und wieder gehen. Egal, dass Bette dicke Augen hatte, ihre Schminke überall verteilt war und sie im Laufe des Nachmittags ihre Jeans ausgezogen hatte und unter der Decke nur noch ihre Unterhose und das Oberteil von der Arbeit trug. Es war doch bloß Ruth.

Die Show lief auf ihr unvermeidliches Finale zu, dann folgten die Interviews. Ein paar Paare wollten es versuchen und waren unglaublich verliebt ineinander, zumindest schien es so, und Bette überlegte kurz, sie auf Instagram zu stalken. Bloß um zu sehen, wie es ihnen ergangen war, wie sie ihre »Seelenverwandte« und ihren »besten Freund« fanden, nachdem die Kameras aus waren. Aber das war ein Vorhaben für einen anderen, weniger schmerzhaft-fürchterlichen Tag.

Ohne den Trost einer nächsten Folge in Aussicht, war Bette verzweifelt auf der Suche nach etwas, womit sie die Stille im Raum füllen konnte. Sie hatte den Kopf wieder auf Ashs Oberschenkel gelegt, aber die Stille bedeutete wohl, dass sie sich erheben und bestimmen sollte, womit es weiterging. Und das war wahrscheinlich ein Gespräch über Mei. Was sie nicht wollte. Sie wollte gerade vorschlagen, dass sie *Parks* anmachten, und zwar eine der guten Ben-Wyatt-lastigen Folgen der dritten Staffel, als Ash den Laptop nahm und auf Bettes Kopf balancierte. Als sie ihn wieder abstellte, lief eine einstündige Eistanz-Compilation mit Scott Moir und Tessa Virtue, und Bette kamen die Tränen.

»Das ist perfekt«, sagte sie mit belegter Stimme. Ash strich ihr durchs Haar.

»Ich weiß«, sagte sie zärtlich. »Loser.«

Sie blieben reglos sitzen, bis das Video zu Ende war, Ashs Hand lag tröstend an Bettes Kopf. Danach hatte sie das Gefühl, sie sollte sich wahrscheinlich langsam aufsetzen. Sie drückte sich von Ashs Oberschenkel ab und dehnte ihren Rücken. Sie fühlte sich wie eine Spielzeugschlange mit Sprungfeder, als wäre ihre Wirbelsäule ganz verdreht und zusammengepresst. Nun saß sie aufrecht, aber sie war noch nicht richtig bereit, das Eistanzen hinter sich zu lassen.

Bette wählte ein Video von ihrem Lieblingsauftritt von 2018 aus und startete es. Sie lehnte sich im Schneidersitz ans Sofa und spielte mit der Decke auf ihrem Schoß. Als das Video ebenfalls zu Ende war, zog sie den Regler zurück zum Anfang und ließ es noch einmal laufen. Ash schnalzte mit der Zunge, unternahm aber nichts dagegen, sondern ging mit ihren Tassen in die Küche, um Tee zu holen. Bette saß allein vor dem Video, und die Tränen rollten ihr über die Wangen.

Ein Klopfen an der Tür riss sie aus ihrer Starre, sie drückte auf Pause und wischte sich mit der Decke das Gesicht ab. Als sie aufstehen wollte, merkte sie erst, wie dringend sie aufs Klo musste. Also rannte sie durch den Flur ins Bad, als Ash sich an ihr vorbeischob, um die Tür aufzumachen.

Hinter verschlossener Tür wagte sie einen Blick in den Spiegel. Ash hatte nicht übertrieben. Sie sah furchtbar aus. Sie spritzte sich Wasser ins Gesicht, das musste doch helfen. Ihre Mutter hatte immer gesagt, sie solle sich kaltes Wasser ins Gesicht spritzen, wenn sie traurig war. Oder müde. Oder nervös. Oder wenn sie vor der Schule Halsweh hatte. Oder wenn sie sich den Ellbogen gestoßen hatte. Für ihre Mutter war es ein wahres Allheilmittel.

Bette blinzelte durch die Tropfen an ihren Wimpern und vergrub das Gesicht in einem sauberen Handtuch vom Regal. Dann war Mei eben eine Lügnerin und ein manipulatives Arschloch, aber dank ihrem Einfluss hatten sie jetzt wenigstens ein Regal mit sauberen Handtüchern im Bad. Bette zog sich in ihrem Zimmer eine Schlafanzughose an.

Sie hörte Ash und Ruth im Wohnzimmer gedämpft miteinander reden, und fühlte sich auf einmal unwohl, weil sie so lange weg gewesen war. Um sich nicht bemitleiden zu lassen, betrat sie den Raum mit einem breiten Lächeln im Gesicht, das ihre Zähne entblößte.

»Hübsches falsches Lächeln«, begrüßte sie Ruth. »Hoffentlich nicht meinetwegen. Mir wurde als Gegenleistung für das Eis richtiges Elend versprochen.«

»Keine Sorge, das Elend kommt schon gleich wieder.« Bette merkte, wie brüchig und seltsam sich ihre Stimme anhörte.

»Das freut mich.« Ruths Tonfall war liebevoll. Sie hatte es sich auf dem Sofa gemütlich gemacht, und Marge hatte ihren Schoß in Beschlag genommen.

»Ich weiß.« Ash folgte Bettes Blick. »Katzenflüsterin.«

Auf dem Sofa war nicht genug Platz für drei Freundinnen plus Höflichkeitsabstand, und Bette hatte keine Lust auf die beiden Sessel, die sie selten benutzten. Ash erfasste die Lage natürlich sofort und stand auf.

»Muss echt früh raus morgen«, sagte sie. »Dann überlasse ich dir mal die emotional Versehrte und empfehle mich. Ihr schafft das doch, oder?«

»Klar!«, erwiderte Ruth.

»Ja, danke Ash«, stimmte Bette zu. »Danke für den Nachmittag.«

Sie beugte sich vor und drückte auf die Leertaste, woraufhin die letzten dreißig Sekunden des Videos abliefen. Ash warf einen Blick zurück zum Sofa, lachte leise und winkte.

»Hab dich lieb«, rief Bette Ash nach und hörte sie zurückbrüllen. Das Video endete, und sie startete es von Neuem. Scott Moir zog eine Augenbraue hoch, und die Musik von *Moulin Rouge* setzte ein, Vorhänge, Pantomime, das volle Programm. Und los.

»Wie oft hast du dir das Video schon angeguckt?«

Bette war gar nicht auf die Idee gekommen, dass Ruth es vielleicht seltsam fand, dass sie hier in eine Decke gewickelt saß und ein Video von den Olympischen Winterspielen in

Pyeongchang in Endlosschleife ansah. Kurz wurde ihr bewusst, dass sie sich dafür vielleicht rechtfertigen sollte. Oder lügen. Aber der Tag hatte ihr alles abverlangt und jeden Widerstand gebrochen.

»Heute? Oder überhaupt? Kann ich so oder so nicht sagen. Hab nicht mitgezählt. Aber oft. Schau sie dir doch an. Sie sind perfekt. Und so verliebt.«

Sie spürte Ruths Blick auf sich und wollte ihn zurück auf den Bildschirm lenken, wollte, dass sie nichts verpasste und es verstand.

»Bette, das sind doch bestimmt ... Kollegen? Teamkameraden? Vielleicht sind sie befreundet? Was weiß ich.« Ruth holte ihr Handy raus und wollte offensichtlich eine definitive Antwort liefern. Kurz darauf hielt sie Bette das Display hin. »Siehst du, die sind jeweils mit anderen zusammen. Das ist Eiskunstlauf und nicht das wahre Leben. Die spielen das nur!«

Eis*tanz,* murrte Bettes Hirn. Außerdem legte sie gar keinen Wert auf Beweise, auf die harte, hässliche Realität. Sie spürte einen Kloß im Hals. Entsetzt versuchte sie, daran vorbeizusprechen, sie konnte ihn kontrollieren, indem sie einfach ihre Gedanken mitteilte.

»Das weiß ich natürlich. Aber guck doch, wie sie hochfliegt und auf seinem Gesicht landet!« Sie hörte, wie Ruth ein erstauntes Lachen unterdrückte. »Guck doch, wie er sie auffängt! Stell dir mal vor, jemandem so zu vertrauen!«

Darauf folgte längeres Schweigen, und als Bette sich zu Ruth umdrehte, sah sie sie mit schief gelegtem Kopf an, ihr Gesicht wirkte ernst und nachdenklich. Aber als sie endlich etwas sagte, musste sie gleichzeitig lachen.

»Ich mache mir echt Sorgen, dass du den Verstand verloren hast. Was ist wirklich los?«

»*Das da* ist wirklich los!«, rief Bette, viel zu laut für spätabends unter der Woche. Der Kloß im Hals war zurück, und sie würde noch daran ersticken. »Was, wenn ich das da niemals haben werde?«

Bette schaute runter auf ihre Hände, die sie im Schoß verschränkt hatte, und hörte Ruth tief Luft holen.

»Hey, ich will nicht gemein sein. Aber Bette. Das da wirst du niemals haben.« Bette machte empört den Mund auf, aber Ruth legte die Hand auf Bettes. »Das ist doch keine erstrebenswerte Beziehung. Es ist eine Performance. Schauspielerei. Außerdem machen die das nonstop, seit sie klein waren. Sie haben Goldmedaillen dafür gekriegt. Und ich glaube, deine Chancen auf eine Goldmedaille sind ... hey, ich sag es jetzt einfach: äußerst gering. Du wirst das da niemals haben. *Niemand* hat das. Abgesehen von den beiden da.«

Gegen Ruths Logik kam Bette mit Argumenten nicht an, und sie wurde von Zorn überwältigt. Er schwoll immer weiter an und kochte in ihr hoch, bis er sich endlich auf die einzig mögliche Art Bahn brach – halb als Lachen, halb als Schluchzen, und kaum unter Kontrolle zu bringen. Ruth legte den Arm um Bette und zog sie an sich.

»Du bist so ein Trottel.« Ihre Stimme war so liebevoll, dass Bette schon dachte, sie würde es sich nur einbilden. Und als sie hochschaute, sah Ruth tatsächlich vor allem genervt aus. Irgendwann war »Come What May« zu Ende, und der amerikanische Kommentator sprach ganz ergriffen darüber, was für ein Glück sie doch alle hatten, dieses Paar gesehen zu haben, und Bette beugte sich vor und startete das Video von vorn.

Ruth klappte den Laptop zu und klemmte dabei fast Bettes Hand ein.

»Nein! Aber ...«

»Ich unterbinde das jetzt. Das war mehr als genug für heute. Kein trauriges Eiskunstlaufgucken mehr. Das ist deprimierend, und ich weigere mich, mit anzusehen, wie du dir das antust. Such was anderes aus. Ich hol das Eis.«

»Eistanz«, murmelte Bette.

»Egal«, rief Ruth über die Schulter, als sie in die Küche ging.

Wie lächerlich, dachte Bette, als sie Ruths vorsichtigen Schritten im Flur lauschte, so gerührt davon zu sein, dass jemand sich über ihre YouTube-Vorlieben lustig machte und dabei Eis in Schälchen füllte. Aber sie hatte ja auch echt einen emotional anstrengenden Tag hinter sich.

KAPITEL 19

Mittwoch, 5. Oktober
Wozu noch zählen?

In den nächsten Tagen blieb kaum Zeit zum Grübeln. Bei der Arbeit hatte Bette zum Glück alle Hände voll zu tun. Ash blieb an dem Abend zu Hause, den sie normalerweise mit Tim verbrachte. Tim rief sogar einmal bei ihr an, was merkwürdig und irgendwie steif war. Sie waren beide eigentlich keine Menschen, die gern telefonierten. Carmen schrieb Bette, um sich für Sonntag zu verabreden: zu zweit was trinken, »geht auf mich« (Ash hatte ihr eindeutig alles erzählt). Jedes Mal, wenn sie nachsah, hatte sie eine Nachricht von Ruth auf dem Handy – ein Hallo, eine Frage, wie es ihr ging, oder was anderes Kleines (bester Film aller Zeiten, der an einer Schule spielt, Top 3 Gebäck, das sie je gegessen hatte, am meisten unterschätzter Song der frühen Zweitausender).

Dann ging es eigentlich, solange alle anderen wach waren. Das Problem war die Zeit, nachdem sie ins Bett gegangen war.

Als sie am Mittwoch um zwei Uhr morgens immer noch nicht eingeschlafen war, nahm sie vier der schläfrig machenden Antihistaminika, die sie seit Jahren im Badschrank hatte. Eine Stunde später war sie immer noch wach, eine Hälfte ihres Bildschirms füllte *The Office,* die andere die vierte Seite Google-Ergebnisse für *Antihistaminika Überdosis Tod.*

Als Ash am Donnerstag noch früher schlappmachte, ging Bette ebenfalls ins Bett und lag im Dunkeln einfach da. Sie wollte sich zwingen, einzuschlafen und ihren Laptop nicht einzuschalten.

Lange brauchte sie nicht für die Erkenntnis, dass daraus nichts werden würde. Sie zog ihr Handy vom Ladekabel und nahm es mit ins Bett.

Bette: Ich kann nicht einschlafen

Bette: Sag mir, was ich machen soll

Ruth: Was machst du denn normalerweise, wenn du nicht einschlafen kannst?

Bette: Normalerweise?

Bette: Mich umdrehen

Bette: Und einschlafen

Bette: Ich liebe Schlafen

Ruth: Du nervst. Na gut. Hast du es schon mal mit Hörbüchern versucht? Beruhigende Stimme, entspannende Story, nichts zu Aufregendes, kein heller Bildschirm?

Bette: Hab ich noch nie wirklich probiert

Eine Minute später bekam sie einen Link für ein geschenktes Hörbuch: *Was vom Tage übrig blieb.*

Ruth: Okay, versuch es mal hiermit. Gelesen von McNulty (hot), tolle Story, selbst wenn man es schon gelesen hat, jeder einzelne Satz ist schön, aber nicht so aufregend, dass es einen wachhält.

Bette: Oh, davon hab ich schon viel gehört!

Bette: Aber noch nie gelesen

Bette: Danke

Ruth: Gerne doch! Hoffe, es hilft. Ich drücke die Daumen, dass du bald einschläfst!

Das Buch hatte es dann doch in sich.

Scheiß Stevens. Stevens, der durch das riesige alte Haus streifte, tausend Gefühle hatte und rein gar nichts deswegen unternahm. *Scheiß* Stevens. Als er ein Tablett mit Tee vorbereitete, während Miss Kenton von ihrer Verlobung erzählte, um ihn aus der Reserve zu locken, merkte Bette, wie ihr die Tränen über die Wangen und aufs Kissen liefen. Als er an der Bushaltestelle saß, schluchzte sie hemmungslos und so laut, dass Ash an ihre Tür klopfte. Sie brachte heraus: *Es liegt nicht an Mei, es ist das blöde Buch hier,* und Ash presste die Lippen zusammen, nickte mitfühlend und entnervt und ging wieder.

Dann wurde es Morgen, was nicht unbedingt ideal war. Aber Menschen mit wesentlich komplexeren Jobs kamen auch ohne Schlaf aus, sagte sie sich. Menschen in Pflegeberufen, Eltern, Fernfahrer. Und sie hatte ja die ganze Zeit im Bett gelegen.

Bette: Ich hasse dich

Ruth: Guten Morgen! Alles ... okay?

Bette: Ich konnte nicht schlafen

Bette: Aber immerhin wird Stevens alleine in dem fürchterlichen erbärmlichen Nazihaus sterben

Ruth: Oh.

Bette: OH

Ruth: Also hast du das Buch gehört. Und bist dabei nicht eingeschlafen.

Bette: Ich habe es gehört

Bette: Ich habe es mir sieben Stunden und fünf Minuten lang angehört

Bette: Vielleicht erhole ich mich nie wieder davon

Ruth: Tut ... mir leid?

Bette: Genau

Bette: Jetzt weiß ich wenigstens, dass alles noch viel schlimmer sein könnte

Bette: So eine Trennung?

Bette: Lächerlich

Bette: Nicht mal ansatzweise in der Nähe des schlimmsten menschlichen Elends

Ruth: Siehst du?! Bitte schön.

Ruth: Schlimmer geht immer.

***

Am Samstagabend nahm Ash zwei Flaschen Bier aus dem Kühlschrank, machte sie auf und ging damit zu Bette, die auf der Arbeitsfläche saß.

»Also, Ruth hat mir geschrieben. Sie und Gabe und ihre Mitbewohner*innen gehen heute Abend bowlen. Sie fragen, ob wir auch mitkommen wollen?«

»Wieso hat sie nicht einfach mich gefragt?« Bettes Brust zog sich plötzlich nervös zusammen.

»Ach, sie meinte, sie weiß nicht, ob du in der Stimmung bist, und du könntest so schlecht Nein sagen. Da hat sie recht, bevor du dich aufregst. Also, wenn du keine Lust hast, sage ich für uns beide ab. Ich kann das nämlich gut.«

»Also gehen sie bowlen? So richtig, auf der Bowlingbahn? Wir waren uns doch einig, dass meine Koordination zu mies für Sport ist.«

»Ich weiß nicht, ob ich Bowling jetzt als Sport bezeichnen würde.« Ash trank nachdenklich einen Schluck. »Aber ich glaube, es ist egal, ob du beschissen darin bist.«

»Na großartig. Dann droht mir also noch eine schmerzhafte Demütigung.«

Darum ging es doch, nicht wahr? Ihr war das Herz gebrochen worden. Sie musste die ganze Zeit an ihre verlorene Zukunft mit Mei denken, daran, dass sie sie nie wieder küssen würde, nie wieder neben ihr auf dem Sofa sitzen und von den Plänen für ihre nächste Skulptur erfahren würde. Nie wieder würde sie ein Restaurant betreten und stolz darauf sein, dass Mei sich von allen Menschen auf der Welt, mit denen sie essen gehen könnte, ausgerechnet Bette ausgesucht hatte. Aber das alles wurde noch verstärkt von der Scham, der Demütigung. Die Schande, ihre Liebe so lauthals verkündet zu haben und eines Besseren belehrt worden zu sein. Als nicht gut genug bewertet worden zu sein. Als viel zu leicht abzusägen und zu vergessen. Belanglos.

»Das heißt also Ja?« Ashs Stimme schien weit weg. »Wir können uns ein Uber bestellen, uns mit billigem Bier besaufen und beide beschissen spielen?«

Innerlich sträubte Bette sich vehement, wollte den Abend lieber im Bett verbringen und Schlaf nachholen. Aber Ash schien so begeistert von der Idee, als könnte es wirklich Spaß machen. Außerdem hatte Ruth recht. Sie konnte schlecht Nein sagen.

»Richtig beschissen, Ash. Versprochen?«

***

Zwei Stunden später stand zweifelsfrei fest, dass Ash entweder eine außergewöhnlich gute Lügnerin war oder als Bowling-Amateurin unfassbares Glück hatte. Die Bowlingbahn versprühte einen leicht albernen Saturday-Night-Fever-Charme: Remixes von 70er-Klassikern unter Discobeleuchtung – aber auch viele Teenager, die ihre Colabecher in Kinogröße augenscheinlich mit Wodkaflaschen auffüllten.

»Das ist wie Fahrradfahren, oder?« Ashs Grinsen ging nach ihrem dritten Strike in Folge langsam ins Selbstgefällige. »Ich hab das als Kind zuletzt gemacht, aber anscheinend verlernt man es nicht!«

»Meisterin.« Jody verbeugte sich gespielt. Die Tolle, die Bette an deren Geburtstag aufgefallen war, war heute etwas dezenter und schräger, und dey trug Jeans und ein weißes Tanktop, was in Kombination mit den Bowlingschuhen unverschämt gut aussah. »Du machst uns ja voll fertig.«

Echt nett, dachte Bette, ganz allgemein von »uns« zu sprechen. An der Anzeige stand eine Reihe ganz ordentlicher Punktzahlen, die alle nicht ihr gehörten. Sie nahm eine orange Kugel mit einer 10 darauf, richtete sie mittig aus und rollte sie schnurstracks und erschreckend geradlinig in die Rinne. Und weil das noch nicht genug der Schmach war, musste sie das Ganze noch einmal wiederholen, damit Ruth weitermachen konnte. Beim zweiten Versuch warf sie einen einzelnen Pin um, was irgendwie noch schlimmer war als gar keinen. Als bekäme sie es nicht mal hin, komplett zu versagen.

»Ich dachte, das wäre vielleicht eine lustige Ablenkung«, sagte Ruth, als Bette ihr gegenüber Platz nahm. »Ich wusste ja nicht, dass du so eine Katastrophe bist.« In Ruths Tonfall versteckte sich ein bisschen Aufmunterung, aber in erster Linie lachte sie sie aus. Gabe saß neben ihr, hatte den Arm locker über die Plastiklehne gelegt und machte ein warmes, mitfühlendes Gesicht. Bette kämpfte gegen den Drang an, ihm zu sagen, er könne sich das sonst wohin stecken.

Er gab sich so offensichtlich Mühe, und Bette hatte ein schlechtes Gewissen. Sie war müde und in komischer Stimmung. Sich wegen Gabe verstellen zu müssen, jemandem, den sie kaum kannte, und der ihr so viel Beachtung schenkte, überforderte sie.

»Wenigstens bist du nicht wie der da«, meinte Gabe, als Ruth aufstand und weiterspielen wollte. Er deutete über ihre Schulter auf einen großen, breiten Kerl, der die Kugel so kraftvoll losgeschleudert hatte, dass sie zwei Bahnen weiter gesprungen war und einen ganzen Haufen Pins umgehauen hatte, die eindeutig nicht seine waren.

»Der hat wenigstens was getroffen.« Bette zuckte die Schultern und drehte sich wieder zu ihm um.

»Ach, komm schon. Du machst das doch ganz gut.«

Sie sah ihn stirnrunzelnd an und versuchte, aus ihm schlau zu werden.

»Na gut, machst du nicht. So grauenhaft habe ich noch nie jemanden bowlen sehen. Weißt du, wenn du es schaffst, deine Gesamtpunktzahl unter zwanzig zu halten, ist das wahrscheinlich Bahnrekord. Dann hängen sie ein Bild von dir auf.«

Bette konnte nicht anders. Sie musste lachen.

»Also, bist du ein Naturtalent oder heimlicher Profi?«, fragte sie.

Gabe zuckte die Achseln, schürzte die vollen Lippen und verkniff sich ein Lächeln. »Heimlicher Profi, fürchte ich. Ich war als Kind oft bowlen. Ich konnte mein Glück kaum fassen, als Ruth mir von dem Plan erzählt hat. Auf Ashs Fähigkeiten war ich allerdings nicht gefasst.« Er salutierte in Ashs Richtung, sie grinste über ihrem Bierbecher zurück. »Aber passt schon. Ich wollte ein bisschen angeben.«

Sein Blick wanderte zu Ruth, die zu ihrem zweiten Wurf ansetzte. Sie bückte sich, und Bette wandte sich ab.

»Ja, verstehe«, meinte Bette. »Sie ist ganz schön beeindruckend.«

»Beängstigend.« Er beklatschte Ruths vollkommen respektable sieben Pins und verpasste ihr einen High five, als sie zurückkam.

»Redet ihr über mich?«

»Nein, Heather«, log Bette. »Wie kommst du denn darauf, wir könnten über dich reden?«

Ruth verdrehte die Augen, und Heather lachte grunzend. Dann verteilte sie den schon ziemlich warmen Rest Bier aus dem Krug auf ihre Plastikbecher. Während alle anderen Jeans, Latzhosen und T-Shirts trugen, hatte Heather die Bowlingbahn offensichtlich zum Anlass genommen, sich schick zu machen. Ihr Faltenrock war immer beinahe zu kurz, wenn sie sich vorbeugte, um die Kugel auf die Bahn zu rollen. Ihre Strümpfe reichten bis über die Knie. Auf das Outfit wäre Bette mit sieben total neidisch gewesen. Auf das Outfit war sie auch jetzt ziemlich neidisch. Heather sah langbeinig, sexy und frech aus, als sie die Kugel grob nach vorn wuchtete und sich zu den anderen umdrehte, bevor sie hinten ankam, sodass sie gar nicht sah, wie acht Pins umfielen. Darin lag eine coole Unbekümmertheit, die Bette sprachlos machte.

Aber als Heathers zweite Kugel danebenging, sah sie auch nicht hin. Bette konnte sich nicht vorstellen, jemals so cool zu sein. Egal, in welcher Situation.

Wenn sie in Sachen Mei ein bisschen cooler gewesen wäre, hätte sie sie vielleicht nicht verloren. Vielleicht hätte sie die ganze Sache von Anfang an verweigern sollen, hätte Mei an jenem Morgen im Bett einfach auslachen und küssen und Nein sagen sollen. Vielleicht wäre sie dann jetzt nicht wieder solo und müsste sich keinen mitleidigen Blicken aussetzen, während sie beim Bowling versagte. Vielleicht hätte sie Mei dann keine Gelegenheit gegeben, sie für eine andere zu verlassen. Festzustellen, dass sie Bette gar nicht brauchte.

»Bette«, hörte sie von irgendwoher. Sie blinzelte ein paarmal, ihr Sichtfeld war verschwommen, und dann erblickte sie Ashs besorgtes Gesicht direkt vor sich. Sie hockte vor Bette, und das garantiert schon eine ganze Weile. So wie Ruth sie über Ashs Schulter ansah und alle anderen betont woandershin, hatte Ash wahrscheinlich schon länger versucht, zu ihr durchzudringen. Bette berührte ihre Wangen. Sie waren nass. Na großartig. Genau das, was dem Abend noch gefehlt hatte.

»Tut mir leid … ich …«

»Macht doch nichts«, sagte Ash. »Ist nicht leicht zu ertragen, dass ich so gut bin, ich weiß.«

Das lockerte die Situation auf, und alle lachten. Bette atmete durch.

»Soll ich … dir helfen?« Ruth schien ihr Angebot direkt wieder zu bereuen. »Also beim Bowlen? Wenn du dann nicht mehr weinst.«

»Klar.« Bette stand auf und nahm die orange Kugel. »Schlimmer kann es ja wohl nicht werden.«

Ruth folgte ihr und zog ihre Jeans hoch in die Taille. Darüber trug sie ein fließendes smaragdgrünes Oberteil, und immer, wenn es ihr von der Schulter rutschte, kam darunter ein

BH in der gleichen Farbe zum Vorschein. Bette konnte kaum wegsehen.

»Ich bin ganz ehrlich«, sagte Ruth, als sie sich der Bahn näherten. »Einen richtigen Rat kann ich dir gar nicht geben. Ich meine, außer: Wirf sie ganz gerade, oder einigermaßen gerade, damit sie nicht in die Rinne rollt. Wenn sie in der Mitte bleibt, fallen vielleicht ein paar Pins um.«

»Toll.« Bettes Antwort triefte vor Sarkasmus. Sie ging auf die Markierung zu und hob die Kugel an die Brust. »Wie habe ich das bis jetzt nur ohne dich geschafft.«

Kurz vorm Loslassen der Kugel merkte sie, dass etwas grauenvoll schiefgegangen war. Statt aus ihrer Hand direkt in die Rinne zu trudeln, zog die Kugel ihr mit ihrem Gewicht den Arm nach vorn, und ihre Knie prallten auf den Boden, während ihre Finger noch in den winzigen, albernen Löchern feststeckten. Sie kniete auf der Bahn. Einen Augenblick herrschte schockierte Stille, dann spürte Bette, wie ihre Schultern bebten.

»Lachst du oder weinst du?«, fragte Ruth hinter ihr und konnte anscheinend kaum an sich halten. »Lachen oder weinen wir jetzt?«

»Weiß ich doch auch nicht.« Bette liefen vor lauter ... irgendwas die Tränen übers Gesicht.

»Ja, okay, das verstehe ich.« Ruth hockte sich neben sie und umarmte sie. Ash, Heather, Jody und Gabe kamen dazu, ließen sich zu einem Haufen auf sie fallen, als hätte Bette etwas Großartiges geleistet und sich nicht ultimativ blamiert.

»Mein Gott, das ist eine Vier«, sagte Jody und lachte so heftig, dass dey einen Schluckauf bekam. »Die ist für Kinder, Bette.« Dey nahm Bette die Kugel aus der Hand, und nun sah Bette auch, dass sie viel kleiner war als die, die sie den restlichen Abend über benutzt hatte. Jetzt war es unmöglich zu übersehen, wie klein sie neben den anderen wirkte.

»Bahn neun. Bitte nicht auf der Bahn sitzen, Bahn neun«, ertönte es genervt über Lautsprecher.

»Ja, ich glaube, das reicht jetzt.« Ruth stand auf und hielt Bette die Hände hin. »Döner?«

***

Sie verabschiedeten sich vor der Bowlingbahn von Gabe, und Jody stieß einen Pfiff aus, als er Ruth beiseitezog und sie küsste. Dann umarmte er sie alle einzeln, und Bette wollte ihn wirklich mögen. Es sprach auch absolut nichts dagegen.

Auf dem Weg zum Dönerladen betrachtete Bette die anderen: Heather und Jody gingen Arm in Arm voraus, Ash hatte die Finger mit ihren verschränkt, und Ruth (der sie ständig in die Hacken trat) ging einen halben Schritt vor ihnen. Es war schön, unter sich zu sein. Sie zog Ash vorwärts, und sie schlossen sich Ruth an.

»Ist er meinetwegen gegangen?«, fragte Bette. »Ich meine Gabe. Tut mir echt leid mit dem Heulen. Und besonders gesprächig bin ich heute auch nicht. Ich hätte mir mehr Mühe geben sollen.«

»Ach Quatsch, nein! Er hat eine Deadline, das hat nichts mit dir zu tun. Er wollte einfach ein bisschen Zeit mit uns allen verbringen, wenn auch nur ein paar Stunden. Und ich versuche, ihn besser in verschiedene Facetten meines Lebens einzubeziehen.«

»Ooh ja, wichtiger Schritt.« Ash nickte weise.

»Irgendwie wollte ich das eine Weile getrennt halten. Bei Jodys Geburtstag ging es ja, da waren so viele Leute. Aber ihn in einer kleinen Gruppe dabeizuhaben, ist schon was anderes. Also, ich hatte natürlich keinen Zweifel, dass alle ihn toll finden würden. Und dass es ... wisst ihr ... dass es alles irgendwie, ich weiß auch nicht ... ernster macht.«

»Ja, das verstehe ich«, meinte Ash.

»Aber er ist auch ein echt guter Kerl«, sagte Ruth. »Wirklich. Ich mag ihn. Und er passt gut rein.«

»Er scheint toll zu sein.« Bette wollte großherzig klingen. »Echt toll. Ich kann verstehen, dass du ihn magst.«

»Ja, er ... er ist genau die richtige Sorte Mensch für mich.« Bette konnte Ruths seltsamen Ton nicht zuordnen.

Die Beleuchtung im Dönerladen ließ sich nur als grell beschreiben. Nach dem Discolicht auf der Bowlingbahn geradezu unbarmherzig. Alle hatten so verschwitzte, fleckige Gesichter, dass Bette sich nervös fragte, wie sie selbst wohl aussah. Bowling war vielleicht kein Sport, aber unter Discoscheinwerfern rumzutanzen und schwere Kugeln zu werfen, war auf jeden Fall eine Art körperliche Ertüchtigung. Aber das Make-up zum Ende der Nacht – abgeblättert, verschmiert, mit feuchtem Schweiß – stand den anderen. Sie sahen einfach aus, als hätten sie Spaß gehabt. Also war das bei ihr vielleicht auch so. Vielleicht sah sie genauso hübsch aus wie der Rest.

Sie sicherten sich den mittleren Tisch, zogen einen Extrastuhl heran und bestellten Falafel im Fladenbrot mit in Essig eingelegtem Krautsalat und geriebenen Karotten mit extra Chili und Knoblauchsoße. Und während Bette sich am Tisch umsah und die Schönheit aller mit ihrem verwischten Make-up bewunderte, kehrte Ruth mit zwei Körben Brot und zwei Schalen Pommes zurück. Bette stöhnte entzückt auf und stellte dabei fest, wie beschwipst sie war.

»Geil!« Jody riss ein Stück Brot auf und füllte es mit Pommes, bekam ganz salzige Finger. »Ein Traum. Kann ich ...« Dey schaute hoch zu Ruth und griff nach der Knoblauchsoße.

»Okay, was sagen wir?«, fragte Heather, nachdem alle Jodys Beispiel gefolgt waren und Ruth noch eine zweite Packung Knoblauchsoße aus der Tasche gezogen hatte.

»Ihr wisst ja, dass ich gern hierherkomme. Das Brot ist weich, schön viel Essig, die Chilisoße ist scharf und die Falafel sind knusprig«, sagte Ruth.

Heather schüttelte den Kopf. »Nein, nein, nein. Ich meinte zu deinem Freund.«

Bette fragte sich, wann sie Gabes Hochstufung von »Typ, mit dem ich es langsam angehen lasse« zu »Freund« verpasst hatte, aber Ruth legte keinen Einspruch gegen die Bezeichnung ein.

»Hey! Das muss doch jetzt echt ...«, setzte Ruth an.

»Oh doch, unbedingt!«, stimmte Jody zu. »Ich hab ihn bei meiner Party verpasst, und den ganzen letzten Monat war er ein richtiges Phantom.«

»Er ist kein Phantom! Nur weil er nicht ständig da ist, ist er noch lange kein Phantom. Wir lassen es langsam angehen. Außerdem sind seine Mitbewohner im Gegensatz zu euch auch nicht so verdammt neugierig. Also ...«

»Übernachtest du lieber bei ihm.« Heather zuckte die Schultern. »Schön, kannst ihn ruhig vor uns verstecken, aber jetzt haben wir ihn ja offiziell kennengelernt und konnten uns eine Meinung bilden.«

»Boah, wenn's sein muss«, antwortete Ruth.

Heather und Jody sahen sich an. Bette beobachtete Ruth, die angespannt und mit hochgezogenen Augenbrauen wartete. Ash schaute auf ihren Döner.

»Wir liiiieben ihn«, sagten Heather und Jody im Chor und grinsten Ruth an.

»Oh Gott«, sagte Ruth, und Ash lachte.

»Wir *liiiieben* ihn«, betonte Heather. »Er ist toll. Hat Humor, ist kein Spielverderber, selbstbewusst, aber auch was dahinter, und er betet dich an. Volle Punktzahl.«

Bette dachte zurück, wie er Ruth hatte beeindrucken wollen und immer auf sie geachtet hatte, selbst wenn er gerade mit jemand anderem sprach. Dachte an seine Hand auf Ruths Bein.

»Stimmt«, sagte Bette, und Ruth sah sie mit weit aufgerissenen Augen an. Überrascht. Und hoffnungsvoll.

»Wirklich?«, fragte sie, als bekäme es aus Bettes Mund erst richtig Gewicht.

»Und wie«, stimmte Ash zu. »Er hat dich keine Sekunde aus den Augen gelassen.«

»Und dieser Mund«, sagte Jody. »Mit so einem Mund könnte man echt ...«

»Okay, okay, jetzt reicht es aber.« Ruth schloss die Augen und schüttelte den Kopf, als könnte sie so die letzten zehn Sekunden aus ihrem Gedächtnis löschen.

»Na gut. Für heute. Aber wir sind noch nicht fertig mit dem Thema«, erwiderte Jody, und alle aßen schweigend weiter, Ruths Wangen und Brust waren rot angelaufen.

»Also, Bette, das wollte ich schon die ganze Zeit fragen. Wie geht es dir?« Heather hatte ihre Aufmerksamkeit Bette zugewandt, und sie sah Ruth aufatmen.

Sie hatte damit gerechnet, war auf Mitleid und Güte gefasst, die sie vielleicht wieder in Tränen ausbrechen lassen würden. Aber Heather wollte einfach noch mehr Drama und ihren Senf zu allem dazugeben. Bette wollte ehrlich sein, auch wenn sie manche hier erst einmal getroffen hatte. Für sie musste sie weder eine Tragödie aufführen noch die Starke spielen, wenn sie sich nicht so fühlte. Also:

»Ehrlich gesagt, und das hat jetzt nichts mit heute Abend zu tun, das war nämlich großartig, aber ja, ziemlich beschissen.«

Niemand nahm ihre Hand oder klopfte ihr auf die Schulter, sie nickten nur, weil sie die Wahrheit sagte. Bette liebte sie dafür.

»Ich muss einfach manchmal in den seltsamsten Momenten daran denken«, sagte sie.

»Ruth hat uns nichts erzählt, nur dass du vielleicht ein bisschen Aufmunterung gebrauchen kannst.« Jody biss in deren

Döner und schmierte sich Soße ans Kinn. »Womit ich jetzt keine Details aus dir rausquetschen will. Du sollst bloß nicht denken, dass wir zu Hause über dich tratschen.«

»Oh.« Das überraschte Bette. »Ich bin einfach davon ausgegangen. Aber ich bin ja auch eine totale Tratschtante. Im umgekehrten Fall hätte ich euch alles erzählt.«

»Stimmt«, warf Ash mit vollem Mund ein.

»Ach, das sind wir doch eigentlich alle«, meinte Ruth. »Aber ich ... das stand mir einfach nicht zu.«

»Meine Freundin«, begann Bette und korrigierte sich sofort, »meine Ex-Freundin hat eine neue Freundin.« Sie sah Jody an, die einzige Person, der gegenüber sie die Situation noch nicht klargestellt hatte. »Wir hatten eine Beziehungspause, aber ...«

»Ach so, tut mir leid. Den Teil kannten wir natürlich schon, das mit dem Rumvögeln und so«, unterbrach sie Jody. »Also, Ruth ist zwar kein Klatschmaul, aber über die Odyssee haben wir auf jeden Fall geredet. Deine Odyssee. Ein bisschen ... na ja, ziemlich ausführlich.«

Ruth ließ theatralisch den Kopf in die Hände sinken, und Heather und Ash lachten.

»Okay, na gut, schon klar. Dann ist das Update eben, dass sie jetzt eine Neue hat. Und es mir nicht erzählt hat. Und in drei Wochen muss ich zur Hochzeit unserer Freundinnen, und da werden die zwei auch sein. Klar, ich könnte auch einfach nicht hingehen. Aber ich habe gegenüber einer der Bräute ganz locker getan, als würde es mir nichts ausmachen. Außerdem soll sie nicht gewinnen.«

»Dann brauchst du auch eine Freundin für die Hochzeit.« Heather hatte den Kopf schief gelegt und klang nachdenklich.

»Oder sie geht alleine hin und ist charmant und clever und alles ist gut«, widersprach Ruth entschieden.

»Nein, ich sehe das wie Heather«, meinte Ash. »Scheiße, Bette, du musst einfach gewinnen. Und wenn du mit einer wunderschönen Frau am Arm auftauchst, dann wirst du das auch. Das ist zwar beschissen und privilegiert Paare, und du solltest nie von jemandem abhängig sein. Aber in dem Fall … ist es vielleicht so.«

»Na klar, kein Ding. Dann vergesse ich mal eben Mei und verliebe mich neu. Wisst ihr, gibt ja einen Haufen Lesben in Bristol, die es gar nicht abwarten können, eine emotional komplett abgefuckte Katastrophenfrau an Land zu ziehen.«

»Genau«, sagte Jody. »Spitzenplan.«

KAPITEL 20

Sonntag, 9. Oktober
In der Schwebe

Bette dachte darüber nach. Wie viel einfacher Hochzeiten waren, wenn man sich die Kosten für das Hotel teilen konnte. Wenn man gemeinsam mit jemandem anreisen, Häppchen hamstern und sich über die Beat-Poet-Rede des Trauzeugen lustig machen konnte. Ganz abgesehen von den emotionalen Aspekten, dem gebrochenen Herzen, der Verzweiflung und der Unfähigkeit, irgendwas anderes zu machen, hatte Meis neue Liaison ordentlich Sand ins logistische Getriebe gestreut. Sie würden sich unter Garantie im Zug in die Arme laufen, und Bettes Last-minute-Hotelzimmer war nun auch um einiges schäbiger als das ursprünglich mit Mei gebuchte.

Und sie konnte einfach nicht fassen, dass Mei sich nicht gemeldet hatte. Keine Nachrichten, keine Anrufe. Seit der Nacht im Krankenhaus hatten sie keinerlei Kontakt gehabt. Erin musste Mei gebeichtet haben, dass sie es Bette verraten hatte, denn das letzte Mal, als Bette und Mei sich über die Hochzeit ausgetauscht hatten, wollten sie noch gemeinsam hinfahren, gemeinsam übernachten und gemeinsam auf die Feier gehen. Mei hatte nie wie ein Mensch gewirkt, der sich einfach aus dem Staub machte. Aber jetzt war alles anders, ohne dass auch nur ein Wort gewechselt worden war. Das half wenigstens, Bette wütend zu machen. So leicht konnte sie nicht mehr bis über beide Ohren verliebt sein, wenn Meis Verhalten sie derart anwiderte. Nach jemandem, der zu so was in der Lage war, konnte sie keine Sehnsucht empfinden, konnte sich nicht vorstellen, je wieder Zeit mit ihr verbringen zu wollen.

Mei hätte sich dem unangenehmen Gespräch stellen und sich wirklich trennen sollen. Stattdessen hatte sie aus der vorübergehenden Trennung einfach eine endgültige gemacht, ohne irgendeinen Versuch der Kommunikation zu unternehmen.

Eines Abends, während *Good Wife* lief, als Bette vor Zorn die Hände zitterten, reichte sie Ash ihr Handy. Zuvor hatte sie tagelang immer wieder ihren Chat auf WhatsApp geöffnet, beinahe den Anruf-Button gedrückt und im Kopf Nachrichten und Gesprächseinstiege formuliert. Ash zögerte keinen Moment, löschte Meis Nummer, verschob den Chat ins Archiv und blockierte sie bei Instagram.

***

Bette hatte ein paar gute Tage in Folge. Tage, an denen sie sieben Stunden Schlaf bekam und am nächsten Morgen mit akzeptabler Laune aufwachte. Bei der Arbeit hatte sie Meis Namen im Kalender gelesen, ohne danach erst mal einen Spaziergang machen zu müssen. An manchen Tagen dachte sie darüber nach, aber es nahm sie nicht mehr so mit. Jetzt war es allerdings spät, Ash schon im Bett, und für Bette lag Schlaf in hoffnungsloser Ferne. Ihr stummgeschaltetes Handy befand sich am anderen Ende des Raumes, weil ihr die Website über Schlafgesundheit dazu geraten hatte. Sie war versessen auf irgendeine Ablenkung, also kapitulierte sie, stand auf und wischte übers Display.

Ruth: Ich schreibe nur, falls du noch wach bist.

Ruth: Hat keinen besonderen Grund, du hattest bloß gesagt, dass du immer noch nicht so gut schlafen kannst.

Ruth: Ich bin wach und langweile mich, da dachte ich, ich schreib dir einfach mal.

Ruth: Aber du schläfst wahrscheinlich schon! Also vergiss es!

Ruth: Brauchst nicht mehr antworten morgen früh.

Aus Ruths Nachrichten sprach eine ungewohnte Nervosität. Offensichtlich ging es nicht nur darum, sich einfach mal zu melden. Sie hatte was auf dem Herzen.

Bette: Bin wach

Bette: Total wach

Bette: Ich könnte bis nach Schottland fahren

Bette: So wach bin ich

Ruth: Ich bin so wach, dass ich gar nicht mehr versuche, zu schlafen. Bin im Wohnzimmer. Mit einem Buch. Ein langweiliges, und nicht mal das schläfert mich ein.

Bette: Willst du reden?

Bette: Ich hasse Telefonieren zwar irgendwie

Bette: Aber wär wahrscheinlich besser als auf das grelle Display zu starren

Das Handy klingelte in ihrer Hand.

»Ich fühle mich geehrt, dass du dich herablässt, mit mir zu sprechen. Dass meine Stimme das kleinere von zwei Telekommunikationsübeln ist.«

»Ganz knapp, aber gern geschehen.« Bette stellte auf laut und legte das Handy neben sich aufs Kopfkissen. »Also, was bereitet dir schlaflose Nächte?«

»Ach, nichts Besonderes. Wie geht es dir?«

»Oh nein, heute reden wir mal nicht über mich. Mir geht's gut. Reden wir über dich. Was raubt dir den Schlaf?«, fragte Bette etwas forscher nach.

Am anderen Ende herrschte Schweigen, und Bette fürchtete kurz, Ruth würde wieder ablenken wollen und dem Gespräch aus dem Weg gehen.

»Es ist meine Dissertation.« Ihr Tonfall klang entschuldigend. »Das ist so langweilig.«

»Ach ja?« Bette bekam ein angenehmes Gefühl, nützlich zu sein, weil sie Ruth zuhörte. Seit ihrem Kennenlernen war sie es gewesen, die permanent in der Krise gesteckt hatte. Aber nun hatte Ruth sich bei *ihr* gemeldet. Nicht bei Heather. Oder Jody. Oder Gabe. Ruth bat sie um Hilfe. Sie versuchte, sich nicht zu sehr in der Ehre zu sonnen, dass Ruth sie anscheinend nicht nur für chaotisch, sondern auch für hilfreich hielt.

»Ja.« Sie seufzte hörbar. »Ich habe einfach nicht genug Zeit für alles, was ich machen muss. Die Förderung ist so läppisch, dass ich mich mit tausend Tutorien über Wasser halten muss, da kommt die Forschung immer erst an letzter Stelle.«

»Gott, das ist anstrengend.«

»Ja. Ich hatte heute einen Termin mit meiner Betreuerin. Sie hat im Grunde gesagt, eigentlich müsste ich schon viel weiter sein. Aber ich weiß nicht, wie das gehen sollte. Jetzt, wo das Semester wieder angefangen hat, habe ich ständig Kurse. Aber sie hat recht.« Ruth sprach immer schneller, ihre Panik wurde hörbar. »Ich hätte den Sommer besser nutzen sollen. Ich muss alles in einem halben Jahr fertig haben. Ich sollte langsam zum Ende kommen. Das scheint mir einfach unmöglich. Ich … ich schaffe das nicht …«

»Hey, schon gut«, unterbrach Bette sie und gab sich Mühe, einen beruhigenden Ton anzuschlagen. »Ich meine, ich habe natürlich keine Ahnung, was du gerade durchmachst, aber ich weiß, dass du das nicht ausgerechnet jetzt lösen musst. Du kannst das nicht alles an einem Montag um halb zwölf in Ordnung bringen.«

»Nein, aber wenn ich noch ein bisschen durchdrehe, breche ich vielleicht ab, und dann muss ich mir gar keine Gedanken mehr machen.« Ruths Stimme klang immer noch schrill und atemlos. »Ich kann doch auch was anderes machen, irgendwas, was mich nicht nachts wachhält und krank macht. Ich …«

»Atmen, Ruth.« Bette zuckte innerlich zusammen, so anmaßend hörte sich das an. Sie überlegte, was ihr half, wenn sie sich aufregte: Adriene, die Yogafrau von YouTube und ihre Atemtechnik. »Atme ganz, ganz langsam. Ein für vier, aus für fünf. So tief du kannst.«

Ruth gehorchte. Ihre Atemzüge waren erst zittrig, wurden aber immer gleichmäßiger, während Bette mitamtete. Bette konnte die Erleichterung spüren.

»Danke«, sagte Ruth schließlich. »Tut mir leid.«

»Hör auf. Alles ist gut, wirklich. Du packst das.«

»Ja. Ja, das werde ich.«

»Würde es dir helfen, es durchzugehen? Willst du mir von deiner Forschung erzählen? Nenn mir doch alle übersetzten Romane aus dem zwanzigsten Jahrhundert, die mein lesbisches Leben verändern werden.«

»Ich fasse es nicht, dass du noch weißt, woran ich forsche. Darüber haben wir nicht mehr geredet seit …«

»Unserem ersten Date. Dem einzigen«, korrigierte sich Bette.

»Ja.« Ruths Stimme klang weich und intim. »Danke, dass du das noch weißt. Aber vielleicht … ich weiß nicht … können wir auch über was anderes reden? Ich will nicht ablenken, ich glaube einfach, es könnte helfen, mal eine Weile über was anderes zu reden.«

»Na gut, soll ich dir meine Dissertation mal umreißen? Ist echt schlau, daran arbeite ich schon seit Ewigkeiten.«

»Unbedingt, ich kann mir nichts Besseres vorstellen.«

»Gut.« Bette drehte sich auf die Seite und sah das Handy auf ihrem Kissen an. Sie stellte sich Ruth an seiner Stelle vor und spürte, wie ihr Magen sich zusammenzog. »In meiner Doktorarbeit geht es um Eifersucht, weibliche Beziehungen und den Umgang mit diesem Spannungsfeld im professionellen Kontext. Im Besonderen will ich dabei auf mein tiefgreifendes, fundiertes, auf Reddit beruhendes Wissen über den Zerfall der Beziehung zwischen Julianna Margulies und Archie Panjabi während der Dreharbeiten zu *Good Wife* eingehen. Dabei lege ich spezielles Augenmerk auf die Tatsache, dass sie ihre letzte gemeinsame Szene getrennt gedreht und nur so getan haben, als würden sie nebeneinander an der Bar sitzen, weil sie es nicht mehr im selben Raum ausgehalten haben. Fallbeispiel B wären Kim Catrall und die restlichen Girls von *Sex and the City*, als sie sich weigerte, in einem dritten Kinofilm mitzuspielen.«

Nach längerem Schweigen sagte Ruth: »Die Abhandlung würde ich wirklich gern lesen.«

»Tja, dann schnall dich an. Du sprichst hier mit der führenden Expertin zum Thema verfeindete Co-Stars im ganzen Königreich. Ich habe eine ganze Menge dazu zu sagen.«

Sie streckte die Füße auf der Suche nach einer kühlen Stelle ans Bettende und legte los.

KAPITEL 21

Mittwoch, 19. Oktober
15 Tage seit der plötzlichen Wendung

Wenn man sich mit einer schmerzhaften Trennung auseinandersetzen muss, bleibt alles andere zwangsläufig auf der Strecke. Zum Beispiel sich darum zu kümmern, dass Essen im Haus ist.

Also war Bette sofort mit Ashs Vorschlag einverstanden, sich nach Feierabend beim großen Sainsbury's zu treffen. Sie hatten drei Tage hintereinander gebratenen Reis mit Ei gegessen. Es wurde Zeit.

Es ergab absolut Sinn, Ash beim Einkaufen die Führung zu überlassen. Bette nahm sich sonst einen Korb und bereute es später, wenn sie ihn planlos durch den Laden schleppte. Sie waren gerade bei den Milchprodukten, als Bette schwante, dass Ash sie nicht nur als Tragehilfe dabeihaben wollte.

»Heute scheint es dir ja gut zu gehen«, stellte sie fest.

Bette schnaubte. »Im Gegensatz zu sonst?«

»Im Gegensatz zu dem totalen Häufchen Elend, das du die letzten Wochen warst.«

»Na ja, kann sein«, räumte Bette ein. »Mir geht es wirklich besser.«

»Hat sich irgendwas geändert? Oder erholst du dich einfach langsam wieder?«

»Weiß ich nicht. Ich meine, darüber denke ich auch die ganze Zeit nach. So richtig konnte ich noch nicht festmachen, an welcher Stelle es schiefgelaufen ist. Natürlich weiß ich, dass sie Mist gebaut hat, keine Frage. Aber am Anfang wollte Mei mir ja nur die Möglichkeit geben, verlorene Zeit nachzuholen. Die wilde queere Jugend zu haben, die ich verpasst habe.«

»Damit du die Heterojahre wettmachen kannst?« Ash ließ den Einkaufswagen zwar nicht los, aber Bette kam es trotzdem so vor, als würde sie Anführungszeichen in der Luft machen.

»Ja. Also, das war ja erst mal nichts Schlechtes. Ich verstehe es wirklich. Aber damals wusste ich einfach nicht, wie ich ihr begreiflich machen soll, dass sich das für mich nicht richtig anfühlt. Moment ...« Bette huschte in einen Gang, kehrte mit dem Arm voller Ramen-Packungen zurück und forderte Ash mit Blicken heraus, sie aufzuhalten. »Ich weiß nicht, ob das jetzt irgendwie verständlich wird. So richtig kann ich es selbst noch nicht in Worte fassen. Okay. Also, was die queere Jugend angeht, ich bin keine Teenagerin mehr, oder?«

»Klar.« Ash klang noch nicht überzeugt.

»Ich fühle mich überhaupt nicht so. Ich bin immer noch derselbe Mensch wie vor meinem Coming-out. Ich will immer noch Kinder und ein richtig häusliches Leben. Ich will jemanden, der in jeder Lebenslage für mich da ist, den ich anrufen kann, wenn um zwei Uhr morgens was total Grauenvolles passiert.« Bette fürchtete, das könne missverständlich geklungen haben. Ihr jahrelanger »Notfallkontakt« stand direkt neben ihr. Aber es war kompliziert. Ash hatte Tim. »Ich weiß, ich habe dich, und ich weiß auch, dass eine Paarbeziehung nicht das Maß aller Dinge ist. Ich weiß, dass zwanghafte

Heteronormativität uns allen das Leben schwer macht. Aber ich *will* es so. Das hat sich nicht geändert, als ich herausgefunden habe, zu wem ich mich hingezogen fühle.«

»Das leuchtet ein«, sagte Ash ein wenig zögerlich.

»Ja? Ich glaube, ich kann vielleicht um die verlorene Zeit trauern, die ganzen Jahre, die ich hätte Spaß haben und rausfinden können, was ich will, ohne sie nachholen zu wollen.« Bette wartete darauf, dass Ash reagierte, ihr zustimmte und diese doch wohl geniale Erkenntnis bestaunte, aber sie wich ihrem Blick aus. Bette fuhr fort: »Jedenfalls, dafür, dass ich kurz diese Freiheit hatte, mit jeder zu schlafen, habe ich Mei verloren. Ich habe mir von ihr vorschreiben lassen, was ich brauche, habe mir die Entscheidung abnehmen lassen. Und ich habe das Leben, das ich wollte, für eins geopfert, das ich vielleicht vor zehn Jahren gewollt hätte, oder von dem sie dachte, ich hätte es wollen sollen. Es regt mich auf, dass ich nicht beides haben kann. Oder konnte. Aber hätte ich gewusst, dass ich mich entscheiden muss, wäre mir die Entscheidung leichtgefallen. Ich wollte immer nur Mei. Ich wollte sie bloß nicht enttäuschen.«

In der Tiefkühlabteilung deckten sie sich mit Dumplings, Parathas, Eiscreme zum Sonderpreis und tütenweise Gemüse ein, das entweder mit Nudeln gegessen oder auf Ashs regelmäßig knirschendes Fußballknie gepackt werden würde.

»Meinst du nicht, du machst dir da zu viele Gedanken?« Ash warf eine zweite Packung Erbsen in den Wagen.

»Klar. Darüber denke ich die ganze Zeit nach. Was sonst.«

»Ich will gar nicht behaupten, dass das alles einfach ist, oder dass ich es bis in alle Einzelheiten verstehe. Das werde ich natürlich nie. Heteroprivileg, nehme ich mal an. Aber ich glaube, wirklich passiert ist, dass deine Freundin dich für eine andere verlassen hat. Du hast Mei nicht aufgegeben. Du wurdest sitzen gelassen. Auf echt beschissene Art. Deswegen darfst du ruhig traurig sein. Da braucht es keine große Erleuchtung über deine verlorene queere Jugend.«

Es war schwer, sich so viel Klartext anzuhören, und noch schwerer, Argumente dagegen zu finden.

»Ich vermisse sie so. Ich meine, ich vermisse uns.« Bette unterbrach sich und überlegte, ob das immer noch zutraf. Tat es, zumindest mit der Einschränkung: »Die guten Zeiten.«

»Ja. Deswegen kannst du auch traurig sein. Das ist nicht verboten. Aber versuchen wir doch, immer nur aus einem Grund traurig zu sein. Nächsten Monat ist dann deine verlorene experimentierfreudige Jugend dran.«

»Na ja, streng genommen hab ich das ja jetzt nachgeholt. Vielleicht muss ich darum gar nicht mehr trauern.«

»Dann betrauern wir eben, dass es vorbei ist. Oder wir betrauern die Version von dir, die vielleicht gut darin gewesen wäre. Wobei, das ist doch eher unwahrscheinlich.«

»Hey!«

»Also bitte. Casual kannst du einfach nicht. Du verliebst dich immer sofort. Guck doch uns an. Das war vom ersten Tag an was Ernstes.«

Bette lehnte sich schweigend an den Einkaufswagen und ließ sich das durch den Kopf gehen.

»Na ja, du … hast schon irgendwo recht.«

»Natürlich hab ich das. Apropos – na ja, das alles –, hast du dir jetzt überlegt, was du wegen Erin machst? Bringst du jemanden mit zur Hochzeit?«

Das Bowling war zehn Tage her. Zehn Tage lang hatte Bette das Thema tunlichst vermieden.

»Bietest du dich an?«

»Na klar. Ich komme mit, wenn du willst. Dann melde ich mich bei der Schule krank, weiche dir nicht von der Seite und erzähle Mei, dass ich Tim deinetwegen verlassen habe.« Sie klang so ernst, dass Bette nicht mal lachen konnte. »Aber überleg dir doch mal, mit wem du wirklich hinwillst. Also unter perfekten Umständen. Mit wem du am meisten Spaß hättest.«

Und da fiel es ihr wie Schuppen von den Augen, wer sie begleiten sollte, als hätte sie es die ganze Zeit gewusst. Wer sie zum Lachen bringen würde, wer ihr keine Grübeleien und kein Trübsal durchgehen lassen würde. Sie dachte an das Telefonat mit Ruth Anfang der Woche, wie ehrlich und verletzlich sie sich während ihrer Panikattacke gezeigt hatte. Sie dachte an Ruth auf der Bowlingbahn, wie sie sich vergewissert hatte, dass Bette lachte, bevor sie selbst anfing. Sie dachte an Ruth mit den Muscheln und auf dem Sofa beim Eistanz-Gucken, beim Spaziergang über den Friedhof, wie sie an der Bar einen Martini trank und sich mit dem Barkeeper anfreundete, und an den Playsuit, den sie bei ihrem Date getragen hatte. Ihrem einzigen Date.

Die richtige Antwort, die einzige Antwort, lautete Ruth. Die wunderhübsche, lebhafte, witzige Ruth. Ash würde nicht den gleichen Effekt erzielen. Mei wäre nicht eifersüchtig auf Ash. Mit Ruth dort aufzutauchen hieß: *Ich habe jemanden kennengelernt, und sie ist was ganz Besonderes.*

Es musste einfach Ruth sein.

***

»Also. Ich hab beschlossen, das mit dem Casual Dating ist nichts für mich«, sagte Bette aus heiterem Himmel und verteilte das austretende Eigelb über den zermatschten Erbsen auf ihrem Toast. Sie dachte wehmütig an die Zeit, als alle Cafés Avocado mit scharfer Soße auf der Karte gehabt hatten. Erbsenpüree war ein erbärmlicher Ersatz. »Ich bin einfach … nicht gut darin. Ich habe sehr viel darüber nachgedacht, und das passt einfach nicht zu mir. Ich meine, klar hat es Spaß gemacht. Zum Teil. Mit Charlie. Und Netta. Hab ich dir von Netta erzählt?«

Ruth schüttelte den Kopf, suchte den Blick eines Kellners und gab sich viel zu viel Mühe mit ihrer pantomimischen Darstellung von Wasserkaraffe und Glas. Der Kellner kam verwirrt zum Tisch, und Ruth sah ihn entschuldigend an.

»'tschuldigung. Können wir bitte Wasser haben? Vielen Dank.«

Er lächelte wie jemand, der schon eine halbe Brunch-Schicht hinter sich hatte und gelangweilt von verkaterten Gästen war, die die Rechnung bis ins Kleinste aufteilen wollten oder sich in merkwürdiger Pantomime versuchten. Nachdem der Kellner gegangen war, herrschte eine Weile Schweigen, so lange, dass Bette sich fragte, ob Ruth rein zufällig gerade jetzt Wasser bestellt hatte. Ob sie vielleicht gar nichts von Netta hören wollte. Aber es wäre noch seltsamer, sie darauf anzusprechen, als einfach das Gespräch weiterzuführen.

»Jedenfalls, sie war echt hot. Und der Sex war toll. Wirklich … Ich weiß auch nicht. Ich hatte Spaß mit ihr. Aber ich habe mir die ganze Zeit gesagt, das ist nur eine einmalige Sache, ich muss cool bleiben. Hat sich komisch angefühlt, zu wissen, dass ich sie nie wiedersehe. Zu wissen, dass das Teil der Vereinbarung war. Die Art Dating bin ich nicht gewohnt.«

»Kam es dir vor, als würdest du versuchen, jemand anderes zu sein?«

»Genau. Sex ist schon … na ja, ist mir schon sehr wichtig. Ich hatte ja so lange keinen richtigen Spaß dabei und habe mich immer gefragt, was daran so toll sein soll. Für mich war es immer eine Performance. Ich konnte mich dabei nie fallen lassen, weißt du?«

»Klar.«

»Na ja, bei den Dates habe ich mir alle Mühe gegeben, nichts an mich ranzulassen und so ein Mensch zu sein, für den das keine Bedeutung hat. Wie Charlie, oder Heather vielleicht. Aber für mich ist es nicht ohne Bedeutung. Jetzt nicht mehr, wo ich meine Orientierung raushab.«

Bette wartete, rechnete damit, dass Ruth ihr wieder zustimmte, nickte, ihr irgendwie zu verstehen gab, sie solle fortfahren. Aber das tat sie nicht.

»Ich weiß nicht, ob *ohne Bedeutung* fair ist«, sagte sie stattdessen. »Du hattest ja einen ganz konkreten Plan, wo aus locker gar nichts anderes werden *durfte*. Aber Sex muss nicht immer entweder lebensverändernd oder bedeutungslos sein. So schwarz-weiß ist das nicht. Es kann auch einfach Spaß mit jemandem sein, zu dem du dich hingezogen fühlst. Und ich weiß auch nicht, aber Heather würde wahrscheinlich nicht sagen, dass der Sex, den sie hat, nichts bedeutet.«

Bette wurde rot. »Das war nicht richtig ausgedrückt. Tut mir leid.«

»Ich meine, kann schon sein, dass das einfach nicht dein Ding ist. Aber vielleicht liegt das auch an den besonderen …«

»An der Sache mit der Odyssee?«, unterbrach sie Bette.

»Ähm, ja. Ehrlich gesagt kann ich mir nicht vorstellen, dass du wieder mit etwas anfängst, was dir ziemlich gegen den Strich ging, ohne dass am Ende jemand auf dich wartet.«

Ruth hatte recht. Zwanglos oder nicht, die nächste Person, mit der sie sich traf, hätte nichts mehr mit ihrem Plan mit Mei zu tun, sondern wäre jemand, der zu ihr passte. Bette nickte, und Ruth sprach weiter.

»Ich hatte auch schon zwanglosen Sex, hauptsächlich nach der Trennung von meinem ersten Freund. Und ich hatte viel Spaß.« Bette zog die Augenbrauen hoch und spürte, wie ihre Mundwinkel nach oben zuckten. Ruth lächelte ebenfalls und bekam rosige Wangen. »Er war der erste Mensch, in den ich mich je verliebt habe, und ich war verrückt nach ihm. Nach dem Gefühl. Er bekam nach der Uni eine Stelle in Singapur angeboten, und natürlich musste er sie annehmen. Wir haben es ein Jahr mit einer Fernbeziehung versucht. Und dann, keine Angst, ich weiß genau, wie langweilig sich das anhört, haben wir uns auseinandergelebt. Es ist mir einfach durch die Finger geronnen, dabei wollte ich es unbedingt verhindern. Aber eines Tages ist er bei Skype eingefroren, und als das Video wieder lief, war er gerade dabei, Schluss zu machen. Danach wollte ich eine Weile keine Zukunft mit jemand anderem. Konnte es mir einfach nicht vorstellen. Ich wollte mir in der Hinsicht erst mal keinen Druck machen.«

Bette dachte an die Zukunft, die sie sich mit Mei ausgemalt hatte, an die Familie, die sie schon vor ihrem inneren Auge gesehen hatte, und daran, wie furchtbar und anstrengend es wäre, damit immer wieder von vorn anzufangen. So viele Erwartungen an jede Person zu haben, mit der sie schlief.

»Ja, das verstehe ich.«

»Aber es hat wirklich Spaß gemacht. Ich habe tolle Leute kennengelernt. Aber verliebt habe ich mich nicht.« Ruth klang wehmütig und spielte abwesend mit den Händen, während sie sprach. Bette wurde bewusst, dass sie noch nie so ausführlich über ihr Liebesleben gesprochen hatte. Außer, dass sie auf der Suche nach einer ernsthaften Beziehung war und es mit Gabe langsam angehen ließ, wusste Bette eigentlich gar nichts darüber. Über das Thema schien Ruth nicht so gern reden zu wollen. Aber jetzt schien sie offener, und Bette ergriff ihre Chance.

»Hast du dich seitdem wieder verliebt?«

»Uff. Okay. Ich … ja … Ach, weißt du was? Das ist keine Frage für hier.« Bette wollte sich schon entschuldigen und alles zurücknehmen, aber Ruth winkte wieder den Kellner heran. »Setzen wir uns lieber an den Kai.«

Bette nickte. Keine Abfuhr, bloß ein Ortswechsel.

Und was für einer, dachte Bette. Die Mittagssonne war immer noch stark genug, um die kühle Oktoberluft zu wärmen. Am Kai angekommen, zog Bette ihre Jacke aus und setzte sich im Schneidersitz darauf. Ruth nahm ebenfalls Platz, ließ die Beine über die Mauer baumeln und machte die Dosen Whisky mit Ginger Ale auf, die sie unterwegs gekauft hatten. Für Bette hörte es sich so an, als würde sie tief Luft holen.

»Also. Verliebt. Das war ich. Ist auch ... nicht lange her. Es ist Anfang des Jahres auseinandergegangen.«

»Echt?«

»Ja.« Ruths Stimme klang gepresst. »Sie war eine Kollegin. Wir waren drei Jahre zusammen. Fast vier. Wir haben uns im Masterstudium kennengelernt. Aber sie hatte noch jemand anderen. Ziemlich lange.« Sie zögerte, und Bette biss sich auf die Zunge, damit sie nicht dazwischensprach. »Die ganze Zeit.«

Das klang gar nicht nach Ruth, weder die Geschichte noch die Art, wie sie sie erzählte. Ihre Wärme, ihre kleinen Einschübe und ihre Selbstironie fehlten völlig. Sie klang wie die Rechtsmedizinerin in einem Fernsehdrama, die den Ermittler*innen die Fakten darlegt, kalt und steril wie der Seziertisch.

»Ruth, das tut mir so leid.« Bettes Worte waren so unzureichend. Sie trank einen Schluck, damit ihr Mund was zu tun hatte, und hustete, als sie einen Schwall Kohlensäure in den Hals bekam. »Das ... Keine Ahnung ... Ich meine ... Fuck ...«

»Es war ihre Ex. Also die andere Person. Ich weiß immer noch nicht, ob sie je wirklich getrennt waren. Sie hat in den Staaten gearbeitet. Die Ex. Ich war bloß Lückenbüßerin oder so. Bis sie zurückkommt. Sie sind heute noch zusammen, glaube ich.« Ruth fummelte immer noch mit ihren Händen herum, kniff sich so fest in die Haut zwischen Daumen und Zeigefinger, dass sie weiß wurde. Bette wollte die Hand ausstrecken, kämpfte aber gegen den Impuls an. Sie wollte nicht, dass es Ruth peinlich war, dass sie es bemerkt hatte.

»Ich meine, ihr ist offensichtlich nicht mehr zu helfen.«

Ruth lachte kurz überrascht auf. »Stimmt. Aber so ging es mir in Bezug auf sie auch eine ganze Weile. Ich hätte auf mein Bauchgefühl hören sollen. Ich habe geahnt, dass was nicht stimmt, vor allem im letzten Jahr. Aber ich habe es ausgeblendet.«

»Also versunkene Kosten?« Bette erinnerte sich dunkel an eine Vorlesung dazu. »Du hattest schon zu viel investiert, um auszusteigen?«

»So bewusst lief das gar nicht ab. Ich hab es einfach ... nicht wahrhaben wollen. Hab ihr das nicht zugetraut. Als ich sie kennengelernt habe, konnte ich mein Glück kaum fassen. Hätte ich eine Liste mit allen Punkten gemacht, die ich für wichtig hielt, hätte sie alles erfüllt. Clever. Empathisch. Hat sich für die gleichen Sachen interessiert wie ich. Mich zum Lachen gebracht, selbst wenn ich mies drauf war. Sie ist an Rosch ha-Schana mit in die Synagoge gekommen, mit meinen Eltern. Sie kam super mit den Kindern meiner Cousine zurecht. Alle waren begeistert von ihr. Ich war begeistert von ihr.«

»Aber sie hat mit ihrer Ex geschlafen«, ergänzte Bette unnötigerweise, bevor sie den Reflex hinterfragen konnte. In ihr tobte etwas Heißes, und sie wollte nur noch, dass Ruth stattdessen sie ansah und *ihre* guten Eigenschaften aufzählte. Sie wollte Ruths Familie kennenlernen, wollte sie begeistern. Sie wollte Rosch ha-Schana nicht googeln müssen, sondern längst wissen, welche Rituale dazugehörten und was es bedeutete. Sie war seit der Hochzeit ihres Bruders nicht mehr in der Kirche gewesen, seit sie während der Trauung für Bette gebetet hatten. Extra für sie. Aber in die Synagoge konnte sie gehen, wenn Ruth das wollte. Es gefiel ihr, dass Ruth das wichtig war.

»Sie hat mit ihrer Ex geschlafen«, wiederholte Ruth leise und sah Bette eigentümlich in die Augen. Als könnte sie direkt in sie hineinschauen. Bis in ihr Herz.

Verdammt.

Verdammt.

Sie war in Ruth verknallt. Der Gedanke traf sie nicht wie ein Schlag oder ein Blitz. Sie verstand es einfach. Wusste es. Erfasste mit dem Verstand, was der Rest von ihr von Anfang an gewusst hatte. Eigentlich war es nichts Neues. Sie hatte Ruth schon in der App umwerfend gefunden. Ganz sicher bei ihrem Date. Sie hatte die ganze Zeit den Ausschnitt ihres Playsuits bewundert, und wie der Stoff an ihren Oberschenkeln saß. Sie war ihr aufgefallen. Sie hatte darüber nachgedacht, sie zu küssen. Sie hatte Ruth von dem Augenblick an gewollt, als sie beim Brunch erschienen war.

Dann waren sie Freundinnen geworden. Selbstverständlich konnte sie mit jemandem befreundet sein, den sie attraktiv fand. Bette fand eine Menge Menschen attraktiv. Das war nicht sonderlich kompliziert. Ash sah gut aus. Carmen auch. Erin war auf ziemlich einschüchternde Art schön, und das war bei der Arbeit nie ein Thema.

Aber es gab einen Unterschied, dachte sie, ob man jemanden nur attraktiv fand oder ob man sich tatsächlich zu der Person hingezogen fühlte. Ob man jemandes Outfit schön fand oder es ihr vom Leib reißen wollte.

Sie mochte Ruth nicht nur. Sie fand sie nicht nur klug und lebhaft und witzig und wunderschön und genial. Sie verbrachte nicht bloß gern Zeit mit ihr. Sie *mochte* Ruth. Ruth war hinreißend, und wenn Bette jetzt so darüber nachdachte, kam es ihr tatsächlich hin und wieder in den Sinn, ihr durchs Haar zu streichen, oder wie warm und weich sich ihr Körper gegen ihren gedrückt anfühlen würde. Sie wollte sie küssen, an ihrem Schlüsselbein knabbern und an der zarten Haut hinter ihrem Ohr saugen. Sie wollte sie morgens Tee kochen sehen, sie mit zu ihrer Nonna nehmen und darüber streiten, auf welche Schule ihre Kinder gehen sollten. Alles in allem keine besonders platonischen Gefühle für eine Freundin.

Und jetzt hatte sie auf seltsam eifersüchtige Art reagiert, und Ruth wusste es. Wusste es Ruth? Sie sah sie so an, als könnte sie es wissen. Aber vielleicht sah sie sie auch so komisch an, weil sie eine Ewigkeit nichts gesagt hatte, bis auf das mit der immer noch namenlosen Ex-Freundin. Weil Bette sie immer noch anstarrte. Ohne ein Wort zu sagen.

»Äh … tut mir leid.« Bette wusste nicht recht, was sie dazu sagen sollte. »Das war jetzt voll komisch von mir. Aber ich … ich finde es furchtbar, dass sie dir wehgetan hat. Tut mir wirklich leid.«

»Schon gut.« Ruths Stimme war weich und vorsichtig. »Ich bin drüber weg. So ziemlich. Aber deshalb muss ich auf mich achten. Es langsam angehen lassen und diesmal den richtigen Menschen finden. Mit ihr bin ich von der Klippe gesprungen, weißt du? Hab mich drauf verlassen, weich zu landen. Es hat sich angefühlt, als wäre ich so tief eingetaucht, dass ich kaum noch Luft bekam, aber ich dachte, wenigstens ist sie an meiner Seite. Dass wir beide gesprungen wären. Aber das ist sie nicht. Ich trieb allein unten im Meer und bin ertrunken. So kann ich das nicht noch mal machen. Deshalb gehe ich das mit Gabe im Moment auch so anders an, Schritt für Schritt. Ganz vorsichtig. Er ist nett. Ich mag ihn. Aber ich verliere deswegen nicht den Kopf. Keine Klippe in Sicht.«

Der Knoten in der Magengrube bei der Erwähnung von Gabes Namen kam ihr bekannt vor. Jetzt war es glasklar, was hier los war, was sie schon bei der Party empfunden hatte, als sie ihn mit Ruth auf der Treppe gesehen hatte. Sie kam sich so blöd vor. Aber sie freute sich auch so unbändig über das banale Nichts von einem Wort – »nett« –, dass sie am liebsten aufgesprungen wäre und geschrien hätte. »Wow. Das war … plastisch. Du hast dir anscheinend echt Gedanken darüber gemacht.«

»Ja klar, als hättest du dir nie einen Nachmittag lang die perfekte Metapher für ein Gefühl ausgedacht.«

»Ja. Das hab ich. Das hab ich wirklich.«

Die folgende Stille fühlte sich schwer und bedeutungsschwanger an. Bettes Erkenntnis hatte alles verändert. Und nichts. Ruth war ohnehin vergeben. Sie wollte etwas Langsames, Vernünftiges. Nicht jemanden, der so frisch getrennt, längst in sie verliebt und in den vergangenen Monaten alles andere als vernünftig gewesen war.

Ursprünglich hatte Bette sich beim Brunch langsam an die Frage nach der Hochzeit rantasten wollen. Konnte sie Ruth trotzdem bitten, mit ihr zu kommen? Jetzt, da sie sich über ihre Gefühle klar geworden war? Nachdem sie riskiert hatte, dass Ruth es auch mitbekam? Vielleicht war das ihre Chance, sie zu beruhigen und ihr klarzumachen, dass sie etwas rein Platonisches von ihr wollte. Dass sie als Freundinnen so etwas Albernes tun konnten, ohne das Risiko, dass es irgendetwas veränderte.

Sie mochte Ruth. Aber das war nebensächlich. Selbst wenn sie keine Freundschaft aufgebaut hätten, die sie unbedingt bewahren wollte, selbst wenn Ruth es auch gewollt hätte, es war viel zu früh. Bette litt immer noch unter der Geschichte mit Mei. Sie war nicht bereit. Ruth verdiente etwas Besseres als diese Version von ihr, die immer noch auf der Suche war. Die anderen Gefühle bekam sie schon in den Griff.

»Ich wollte dich um einen Gefallen bitten.« Bette grub die Nägel in ihre Handflächen. »Ist ein ziemlich großer, und du kannst natürlich auch Nein sagen. Ehrlich gesagt rechne ich schon damit, ist also echt kein Problem.«

»Bette, lass mich das doch selbst entscheiden und frag einfach.«

Bette rang sich ein Lachen ab und blickte über die Kante. Ob es wohl weniger peinlich war, einen Sturz ins Wasser zu inszenieren, als ihren Plan durchzuziehen? In etwa gleichwertig, befand sie.

»Jody hatte recht, glaube ich. Ich brauche eine Begleitung für die Hochzeit. Es ... Ich komme schon klar, wirklich. Ich will sie nicht wieder zurück. Aber ich kann nicht alleine zu der Hochzeit. Ich würde es einfach nicht überleben, Mei zu sehen, wie sie mit dieser Neuen tanzt, während ich alleine am Rand stehe. Total Robyn, aber nicht auf die gute Art. Also ...«

»Bette, soll ich mit dir zu der Hochzeit gehen?«, fiel Ruth ihr ins Wort.

»Ja.«

»Okay.« Ruth nickte.

»Okay?« Sie hätte auch einfach lächeln können. Danke sagen. Aber sie brauchten Klarheit. Ruth verdiente Klarheit. Oder zumindest ... ein bisschen Klarheit. »Ich meine, das ist großartig. Aber ich muss sichergehen, dass wir uns richtig verstehen. Ich möchte, dass du mit mir zu der Hochzeit kommst. Also wirklich *mit mir.* Es soll so aussehen, als hätte ich meine heiße neue Freundin mitgebracht. Ich will, dass Mei uns zusammen sieht und denkt: *Fuck.*«

Ruth schaute eine Weile schweigend rüber zu den Gebäuden auf der anderen Seite und blinzelte in die Sonne. Bette gab ihr Zeit, das Ganze sacken zu lassen. Ruth sah ihr nicht in die Augen, drehte sich nicht wieder zu ihr um, und Bette betrachtete ihre ausgeprägte Kieferpartie, ihren geschwungenen Hals und den breiten Ausschnitt ihres Breton-Oberteils. Unvorstellbar, dass sie sich vor gerade einmal einer halben Stunde noch nicht völlig bewusst gewesen war, wie sehr sie auf Ruth stand.

»Ich soll deine Freundin spielen? Und allen erzählen, dass wir zusammen sind? Einen auf Pärchen machen? Das volle Programm?«

Plötzlich war Bette überzeugt, dass Ruth ihre Meinung ändern würde. Dass sie gehört hatte, wie lächerlich das Ganze war. Dass sie zu viel verlangt hatte. Sie wünschte, Ruth hätte keine Sonnenbrille auf und würde nicht raus aufs Wasser gucken, dass sie nicht so undurchschaubar wäre.

»Ja.« Die Hoffnung schnürte Bette die Kehle zu.

»Okay.«

»Okay?«

»Ja. Ich meine, das war doch in Edinburgh, oder? Ich liebe Edinburgh.« Ruth drehte sich endlich wieder zu Bette um und zuckte knapp die Schultern. »Und Zugfahren. Und ... Ich weiß auch nicht. Ich glaube, wir kriegen das schon hin. Ich meine, überzeugend zu sein. Bei der ganzen ... Sache. Wir mögen uns doch, oder? Darauf kann man gut aufbauen. Ich meine, es übertreiben.«

Bettes Herz raste, ihr Verstand kam kaum hinterher.

»Meinst du, Gabe hätte was dagegen?«

Ruth überlegte, und Bette ließ den Gedanken zu, dass ihr gerade erst eingefallen war, dass sie ja einen Freund hatte. Ließ den Gedanken zu, dass Ruth sagte: *Mir doch egal*, oder: *Das hier ist wichtiger. Du bist wichtiger.*

»Ich meine, unsere Beziehung ist nicht exklusiv. Außerdem ist das ja nicht echt, was wir in Edinburgh machen. Er wird sich kaputtlachen.«

Es war nicht echt. Bettes Herz zog sich zusammen. Sie war sich plötzlich ihres ganzen Körpers bewusst, wie zusammengesunken sie im Schneidersitz dasaß, wie ihr Bauch in Falten lag. Sie wollte sich strecken, unbekümmert und entspannt aussehen, so wie Ruth, die sich nach hinten auf die Hände stützte und die Beine baumeln ließ. Zum ersten Mal seit ihrem einzigen, abgebrochenen Date dachte sie darüber nach, wie ihr Körper auf Ruth wirken mochte, wollte, dass Ruth sie heiß fand. Sie war dermaßen am Arsch. Bette sah Ruth an, war so überwältigt und so angetan von ihr, dass sie gar nicht wusste, was sie tun sollte.

Es war nicht echt, erinnerte sie sich. Es war nicht echt.

»Na gut«, erwiderte sie. »Okay.«

KAPITEL 22

Freitag, 28. Oktober
24 Tage seit der plötzlichen Wendung

In knapp fünf Minuten sollte der Zug abfahren, und ihr Handy vibrierte immer wieder in ihrer Tasche, wahrscheinlich Nachrichten von Ruth, aber sie konnte unmöglich anhalten und nachsehen. Die Straße zum Bahnhof Temple Meads kam ihr endlos vor und war voller langsamer Touristen und unsicherer Fahrgäste, das Herz schlug ihr bis zum Hals. Sie würde es schaffen. Bestimmt. Wahrscheinlich. Solange es keine Schlange am Ticketscanner gab, ihr im Tunnel unter den Gleisen niemand den Weg versperrte oder ihr kleiner Koffer kein Rad verlor, nicht aufplatzte oder die Metalldinger abrissen, an denen sie ihn zog. Oh Gott, was, wenn die Metalldinger einfach abgingen?

Sie rannte durch den Tunnel, hatte das Gefühl, sich gleich übergeben zu müssen, und fragte sich, ob sie trotzdem weiterrennen könnte, wenn es ihr plötzlich hochkam. Sie hatte sich noch nie beim Rennen übergeben. Könnte interessant werden.

Dann war sie am Gleis, die Stufe hoch, durch die Tür und im Zug, und der Zug fuhr mit ihr darin los. Sie setzte sich in den Bereich zwischen den Waggons, mitten im Weg, und atmete in der stickigen Klimaanlagenluft angestrengt durch. Ruths sanfte, höflich nachfragende Nachrichten auf ihrem Handy näherten sich immer mehr der Grenze zur Panik, ohne sie jedoch ganz zu überschreiten. Glücklicherweise enthielten sie auch eine Wagennummer und die Sitzplätze, die Ruth für den ersten Abschnitt der Fahrt gefunden hatte. Bette holte noch mal tief Luft, schrieb kurz zurück, dass sie zumindest im Zug war, und machte sich auf den Weg durch den schmalen Gang, wobei sie sich Mühe gab, niemandem ihren Koffer gegen die Knöchel zu rammen.

Dann fand sie endlich Ruth, die ihre Tasche auf dem Platz neben sich liegen hatte, der offensichtlich für Bette gedacht war. Vor ihr auf dem Klapptisch stand eine Plastiktüte von Marks & Spencer, und sie schaute geradeaus, hatte weiße Kopfhörer auf und bewegte den Kopf leicht mit dem Zugruckeln. Sie sahen sich zum ersten Mal, seit sie sich am Kai zum Abschied umarmt hatten, und Bette war sich überdeutlich bewusst, dass sie die ganze Woche an Ruth gedacht hatte, an ihren Kiefer und ihr Schlüsselbein, an ihre Fähigkeit, über Bette und sich selbst zu lachen, an ihre hellen Augen und ihr seidig dickes Haar, daran, wie sie Carmen und Anton in Bettes Küche Fragen gestellt hatte und wie ihre Wirbelsäule sich unter dem Kleid abzeichnete, das sie zum Abendessen getragen hatte. Und hier war sie.

Natürlich hatte Ruth keine Ahnung von alldem. Sie zuckte zusammen, als Bette ihren Koffer hochhob und sich neben sie fallen ließ, dann atmete sie erleichtert auf. Sie nahm die Kopfhörer ab und ließ sie um den Hals hängen, aus ihnen drang leise eine blecherne Stimme.

»Na Gott sei Dank. Hab echt gedacht, du hast ihn vielleicht verpasst.«

»Ich bin echt furchtbar. Dabei bin ich sonst immer pünktlich, ich hab schon Wochen meiner Lebenszeit durch mein Handy gescrollt, weil ich auf irgendwen gewartet habe. Aber wenn es wirklich drauf ankommt, verschlafe ich den Wecker, stecke im Stau oder vergesse meine Sachen im Bus.«

»Ich wurde mal von meinem Handy geweckt und dachte, es ist der Wecker. Aber es war die Erinnerung für einen Flug nach Budapest, das Boarding würde jetzt losgehen.«

»Autsch.«

»Ja. Aus dem billigen, entspannten Urlaub wurde ein richtig stressiger, teurer Albtraum. Aber die Thermalbäder waren super.«

Sie machten es sich auf ihren Plätzen bequem, und Bette erspähte das kontrollbereite Ticket auf Ruths Display. Bette hatte es mit ihrer Notfallkreditkarte bezahlt, es ihr geschickt und die ganze Woche Bauchschmerzen deswegen gehabt. So kurz vorher war es unglaublich teuer gewesen, Ruth mitzunehmen. Da wäre Fliegen deutlich günstiger gewesen. Aber das gehörte eben dazu, so unrealistisch war es nicht, dass Mei auch im Zug saß, wahrscheinlich mit ihrer neuen Freundin. Also konnte Bette nicht allein fahren. Und sie würde Ruth sicher nicht selbst für das Ticket bezahlen lassen.

Sie wollte die M-&-S-Tüte so lange wie möglich ignorieren, zumindest, bis sie aus Bristol raus waren. Aber als ihr Puls sich wieder normalisiert hatte, musste sie einfach fragen: »Okay, ich habe nichts zu essen dabei, du anscheinend schon?«

»Ich dachte, damit kommen wir wenigstens bis Birmingham. Dann können wir ja Nachschub besorgen.« Ruth sah kurz verlegen aus. Ein intimer Ausdruck, den Bette noch nicht an ihr gesehen hatte. Darin lag ein Geständnis. »Wenn ich irgendwohin fahre, soll es sich direkt nach Urlaub anfühlen. Dabei ist es erst acht Uhr morgens, also hätte ich Gebäck und Kaffee oder so was kaufen sollen. Aber Gebäck im Zug bedeutet für mich Geschäftsreise. Chips und Gin Tonic um acht bedeutet Urlaub.«

Eigentlich schade, dass sie schon wusste, was sie für Ruth empfand. Die viel bessere Geschichte wäre doch: … *dann hat sie in aller Früh eine Tüte Salt-and-Vinegar-Chips, gefüllte Paprika mit Ricotta und eine Dose Gin Tonic ausgepackt, und da wusste ich es.* Aber diese Geschichte würden sie natürlich nie irgendjemandem erzählen. Weil sie es Ruth niemals sagen würde. Sie musste damit leben, dass sie Gefühle für sie hatte, und darüber hinwegkommen. Es half nicht, dabei zuzusehen, wie Ruth die Chipstüte aufriss und ihr anbot. Und es half auch nicht, darüber nachzudenken, ob Ruth wusste, dass das ihre Lieblingssorte war, oder ob es einfach Zufall war, und was das über sie aussagte oder über Ruths Gefühle, aber das war ohnehin egal, weil Ruth jemand viel Besseren verdiente. Hatte sie ja auch schon. Es machte die Sache nur eben nicht einfacher, weil es nicht einfach war, in eine Freundin verliebt zu sein, die sich gerade Salz von den Fingern leckte und deren Ellbogen Bettes auf der Great-Western-Railway-Armlehne berührte.

»Salt and Vinegar.« Bette konnte nicht anders und musste sich unbedingt selbst das Leben schwerer machen. »Die liebe ich. Beste Chipssorte.«

»Das dachte ich mir!« In Ruths Augenwinkeln bildeten sich Fältchen, als sie lächelte. »Die hast du auch zur Party mitgebracht. Jedenfalls, so was sollte deine Freundin auch hinbekommen, oder? Also, hab ich gut gemacht.«

Na toll. Sie war perfekt.

»Jap. Ja. Hast du gut gemacht.« Bettes Stimme klang seltsam, das merkte sie selber, zu hoch und aufgekratzt.

»Apropos.« Ruth riss eine Tüte Krabbencocktail-Chips auf und dippte einen in die Käsefüllung einer Paprika. »Erin und Niamh, richtig? Erzähl mir, was ich wissen muss. Erzähl mir, was deine Freundin wüsste.«

Bette zog den Ellbogen ein Stück fort, war sich der Nähe zwischen ihnen bewusst und wie ihr Herz jedes Mal einen Satz machte, wenn Ruths Haut ihre berührte. Das hielt sie nicht aus. Sie nickte und lieferte Ruth die Kurzfassung von Erin und Niamh, währenddessen fand sie sich damit ab, wie vollumfänglich am Arsch sie war.

***

Sieben Stunden war eine lange Zeit, um nebeneinanderzusitzen. Der Zug bummelte vor sich hin, und sie plauderten über dies und jenes. Irgendwann merkte Ruth an, es wäre nicht unhöflich, ein Buch rauszuholen. Bette dachte, dass sie sich bei jemand anderem Gedanken gemacht hätte, aber es war tatsächlich das, was sie wollte.

Ruth hatte ein Buch namens *Beef* von einer anderen Ruth dabei. Bette machte einen Witz darüber, den sie in Gedanken noch clever fand, beim Aussprechen allerdings total bescheuert. Sie selbst hatte zwei Romane von Jilly Cooper in der Tasche, die sie beim Gehen aus dem Regal gezogen hatte. Zu Hause waren sie ihr noch wie eine gute Wahl vorgekommen, genau die Art Vertrautheit und Wohlfühlen, die sie in den nervösen Stunden vor dem Wiedersehen mit Mei brauchte. Dass sie peinlich sein könnten, war ihr gar nicht in den Sinn gekommen, aber als Ruth nun neben ihr saß und etwas las, wovon sie noch nie gehört hatte, womöglich irgendein herausforderndes literarisches Meisterwerk, beschlichen sie Zweifel. Aber Ruth schaute rüber, zischte begeistert *Yes!* und fügte hinzu: Harriet *ist das Beste.*

So perfekt war sie doch nicht die ganze Zeit schon gewesen, oder? Jetzt fing Bette an, in alles Mögliche Sachen reinzuinterpretieren und eine Obsession zu entwickeln. Sie verliebte sich in jemanden und schrieb in Gedanken sofort die perfekte Liebesgeschichte dazu. Aber dann fiel ihr Ash mit ihrem unaufhörlichen selbstgefälligen Grinsen ein. Ash hatte es vorhergesehen und sie in diese Qualen laufen lassen. Bette legte

Harriet auf ihren Schoß, lehnte die Stirn gegen das rüttelnde und rumpelnde Fenster und ließ sich von der ruckelnden Bewegung einschläfern.

Sie erwachte irgendwo vor der schottischen Grenze, und der Küstenstreifen raubte ihr den Atem. Ruth schrieb in einen großen Spiralblock, wie Bette ihn in der Schule benutzt hatte, und füllte Zeile um Zeile mit krakeliger grüner Kulischrift.

»Voll der Serienkillerstift«, murmelte Bette, deren Hirn ihrer Zunge noch ein Stück hinterherhinkte. Beim Sprechen fiel ihr auf, wie intim es war, Ruth ihre Aufwachstimme hören zu lassen. Bette schüttelte sich leicht und zwang ihren Verstand, sich komplett einzuschalten und am Gespräch teilzunehmen.

»Also, ich würde ja eher sagen: *Ich habe in meinem Leben noch keinen Tag ohne schwarzen Kuli verbracht, aber heute habe ich irgendwie nur diesen blöden Konferenzstift in der Tasche, und das macht mich die ganze Zeit schon wahnsinnig.*« Ruth schrieb immer noch weiter.

»Ja, das ist furchtbar. Ist ja nicht mal ein schönes, gut lesbares Grün. Albtraum. Was für eine widerliche Firma verteilt denn so was?«

Ruth drehte ihn um und las. »Eine Synonymwörter-App, glaube ich. So was in der Art? Keine Ahnung, aber ich hatte keine andere Wahl, und jetzt stelle ich meine ganze berufliche Laufbahn infrage.«

»So schlimm ist es auch nicht.«

»Serienkiller, Bette. Das war deine erste Assoziation. Ich muss mir das hier irgendwann noch mal durchlesen, und dann werde ich die ganze Zeit denken: Serienkiller.«

»Willst du meinen Stift?« Bette wühlte in ihrem Rucksack. »Der ist schwarz.«

Ruth drehte sich um, nicht nur den Kopf, sondern den ganzen Körper, und stieß mit dem Knie gegen Bettes. »Ich fasse es nicht, dass du mir den vorenthalten wolltest.«

»Ich hab geschlafen.«

»Du bist jetzt seit mindestens einer Minute wach. Du hast mich mehrere Sätze schreiben sehen.«

Bette gab ihr den Stift, und sie verfielen wieder in angenehmes Schweigen, während das Grün auf Ruths Blatt langsam in Schwarz überging. Die Wörter verschwammen vor Bettes Augen, also drehte sie sich wieder zum Fenster und riss die letzte Chipstüte auf.

Als der Zug die Grenze zu Schottland passierte, hatte Bette sich an Chips satt gegessen, ihr Mund war trocken und salzig, und sie wurde immer nervöser. Bei all den Gefühlen, die sie seit letzter Woche entwickelt hatte, hatte sie sich gar nicht überlegt, was sie eigentlich zu Mei sagen wollte. Bette hatte es irgendwie geschafft, ihr in allen Zügen und an allen Bahnsteigen bei denselben endlosen Umstiegen, durch die es günstiger war, nicht über den Weg zu laufen. Aber jetzt waren sie praktisch in Edinburgh. Und selbst wenn sie sich am Bahnhof aus dem Weg gehen konnten, in ein paar Stunden fand das Abendessen statt.

Sie hatte Mei nicht mehr gesehen, seit sie sie und ihr Auto um vier Uhr morgens hatte stehen lassen. Die Fahrt zurück von Cheltenham war noch stiller gewesen als die Hinfahrt. Worüber hatte Mei während dieser Stunde nachgedacht? Hatte es sie gequält, was sie alles nicht gesagt hatte? Hatte sie es sagen wollen, in jenem Moment, kurz bevor sie am Haus angekommen waren? Als Bette sie zum Schweigen gebracht hatte? Oder war sie erleichtert? Erleichtert, dass sie mit der Lüge davongekommen war, damit, Bette um einen Gefallen gebeten zu haben und zu wissen, dass sie alles bekommen würde, was sie wollte?

Sie würde bei dem Essen sein. Und Bette würde lächeln müssen und höflich sein, die Großmütigere von beiden. Weil sie Mei unter keinen Umständen gewinnen lassen würde.

Bette zuckte zusammen, als jemand sie am Arm berührte. Ruth hielt ihr eine Tüte Schokoladen-Buttons hin.

»Wir haben noch zehn Minuten, glaube ich. Letzte Chance für einen kleinen Zugsnack?«

Bette griff zu und steckte sich eine Handvoll in den Mund, genoss das vertraute Schmelzen der milden Schokolade auf der Zunge. Sie sehnte sich nach einer Tasse Tee. Einer Tasse Tee, einem Bad, sechs Folgen *Good Wife* am Stück und Lieferessen, all das mit Ruth an ihrer Seite.

Stattdessen packten sie zusammen, nahmen ihr Gepäck und sahen zu, wie die Leute sich in den Gang schoben, als wären die paar Sekunden Zeitgewinn beim Aussteigen das passiv-aggressive Gedränge wert.

Der Bahnhof Edinburgh Waverley war weitläufig und gigantisch, und Bette fühlte sich plötzlich überwältigt, als sie aus dem Zug stieg. Bei diesem Trip konnte sie sich nicht verstecken. Sie fühlte sich bloßgestellt, den Blicken ausgeliefert, als könnte jeder sofort erkennen, dass Ruth nicht tatsächlich zu ihr gehörte, dass Mei sie gebrochen und zurückgewiesen hatte, dass sie unattraktiv und ungeliebt war und …

Eine Hand schob sich sanft in ihre und fühlte sich warm, weich und sicher an. »Komm, gehen wir vor dem Essen noch einchecken, ja?«

Sie nickte, drückte Ruths Hand und ließ sie wieder los. Es war noch viel zu früh, die Gelegenheit zu nutzen. Das sollte sie sich für die Hochzeit aufsparen. Vor ihnen lagen noch genug Gelegenheiten.

***

Zu Bettes Erleichterung gab es zwei Betten. Die Frau an der Rezeption war nicht müde geworden, diesen Umstand zu betonen, und zwar so sehr, dass Bette, wären sie tatsächlich ein Paar gewesen, ein ordentliches Fass aufgemacht hätte. Die Rezeption an sich war merkwürdig niedrig, eher wie ein Schreibtisch als ein richtiger Tresen, auf den man sich abstützen und das Kinn elegant in die Hand legen konnte. Das gab dem ganzen Bereich eher das unangenehme Gefühl, man sei ins Schuldirektorat gerufen worden, was durch die steife Autorität dahinter nur verstärkt wurde.

»Sie bekommen unser Zweibettzimmer. Die *Wind-in-den-Weiden-Suite*. Sehr beliebt. Mädelstrip nach Edinburgh, was?«

»Oh ja.« Ruths Stimme klang so trocken wie eine Reiswaffel. »Wir sind zwei richtig dicke Freundinnen.«

Die Frau starrte sie an, und die Falten an ihrer Stirn vertieften sich immer weiter.

Oben im Zimmer angekommen, fühlte Bette sich wie in einem vollgestellten Oxfam-Lager. Sie war zwar noch nie in einem gewesen und war sich nicht mal sicher, ob es überhaupt welche gab. Aber wenn, dann würde es so aussehen: ein Friedhof aus staubigem, nicht zusammenpassendem Mobiliar, alles zu eng aneinandergedrängt, um richtig genutzt zu werden. Die gegenteilige Ästhetik eines Premier Inn, unbehaglich persönlich und esoterisch. An der Wand hingen außerordentlich eigenartige Gemälde und Drucke von Kröten, die sich auf grauenhafte Weise mit der Blumentapete bissen. Bette drehte sich zu Ruth, die sich vor Lachen schüttelte und ihre Tasche immer noch auf der Schulter hatte.

»Die *Wind-in-den-Weiden*-Suite?« Sie schnappte nach Luft. »Ich dachte schon, es könnte ein bisschen Tory-mäßig werden. Union Jacks und so. Aber das! Wir sind in Edinburgh. Ich hätte mit allem gerechnet, aber nicht mit ... Kröten.«

Bette ließ sich auf das Bett an der Tür fallen und überließ das bessere (besser? Die Latte hing unwahrscheinlich tief) am Fenster Ruth. »Wenigstens habe ich jetzt das hässlichste Zimmer von ganz Schottland gesehen. Wenn der Rest des

Wochenendes scheiße wird, haben wir wenigstens das hier gehabt.«

»Tja, *Uns bleiben immer noch die Krötenbilder* kann ja unser *Uns bleibt immer noch Paris* sein.« Ruth klang ganz wehmütig. Sie setzte sich auf ihr Bett und sank in der Mitte ein, beide Hälften der Matratze bildeten ein V um sie.

»Also, gehen wir vor dem Essen noch in den Pub?« Bette stützte sich auf die Ellbogen.

»Mein Gott, ja. Das stehen wir nur mit Whisky durch.«

***

Sie hatten schon zwei Runden intus, bis Bette Ruth wieder in die Augen schauen konnte. Als sie beschlossen hatten, das Krötenzimmer auf der Suche nach Wärme, Alkohol und geistiger Gesundheit zu verlassen, hatte Bette sich im Bad umgezogen und Ruth das Zimmer überlassen. Und dann war sie, bevor ihr Hirn sie bremsen konnte, ohne zu klopfen zurückgegangen und hatte Ruth im schwarzen BH und Jeans überrascht. Ruth schien es nicht zu stören, also spielte Bette entspannte Lockerheit vor – war ja nichts anderes, als jemanden in Badesachen zu sehen. Es war nur ein BH. Nicht mal ein besonders freizügiger. Aber es war ein tief ausgeschnittener Longline-BH, und Bette wollte am liebsten die Finger unter das Band schieben, das Ruth bis an die Taille reichte. Wollte ihr den Träger von der Schulter ziehen und die Haut darunter küssen. Was in keiner Weise dabei helfen würde, sich selbst davon zu überzeugen, dass Ruth und sie rein platonisch dicke Freundinnen waren. Zu wissen, dass Ruth objektiv betrachtet heiß war, war eine Sache. Aber ununterbrochen mit Beweisen dafür konfrontiert zu werden und mit der halb nackten Ruth ein Zimmer zu teilen, war eine ganz andere.

Zum Glück schien der Vorfall Ruth überhaupt nichts auszumachen. Sie saß im Pub, die Wangen rosa von der Kälte und vom Alkohol, und erzählte von der letzten Hochzeit, auf der sie gewesen war. Es war eine riesengroße gewesen, in der Nähe ihres Elternhauses in North London, und in der Geschichte kam ein lebendiges Huhn vor. Eine tolle Anekdote, witzig und unerwartet, Ruth war großartig im Geschichtenerzählen. Bette wusste, dass sie sich hinterher an kein einziges Detail würde erinnern können, dass sie keines der Puzzlestücke wieder zu einem vollständigen Bild zusammenbekäme. Dafür war ihr Kopf schon zu voll, zu sehr mit dem Ausschnitt von Ruths Oberteil beschäftigt und dem rosa Lippenstift an ihrem Whiskyglas.

»Wir sollten langsam los«, stellte Bette beim Blick auf die Uhr fest. Ihre Stimme ließ sie im Stich und zerstörte mit ihrem leichten Zittern jeden Anschein von Normalität. »Zum Essen.«

»Hey.« Ruth legte auf dem klebrigen Tisch zwischen ihnen die Hand auf Bettes. »Du siehst toll aus. Du bist charmant und clever. Du hast eine coole Freundin dabei. Du hast gewonnen. Du hast ganz eindeutig gewonnen.«

Bette seufzte. Natürlich dachte Ruth, dass es um das Essen ging. Ging es ja auch. Mehr oder weniger. Und den Rest durfte sie nicht wissen.

Zum Restaurant war es eine halbe Wanderung. Alles in Edinburgh war eine halbe Wanderung. Als sie endlich im richtigen Teil der Stadt angelangt waren, fühlte sich Bette längst nicht mehr so vorzeigbar, und Ruth war außer Atem und bis zur Brust rot angelaufen. Als sie die Treppe hinter dem Bahnhof erklommen hatten, zog Ruth ihren Mantel aus.

»Ich liebe das blöde Ding.« Sie stopfte sich das voluminöse Leoteil unter den Arm. »Aber das ist der künstlichste Fake-Fur aller Zeiten. Da drin schwitzt man total.«

»Sieht wenigstens warm aus.«

»Oh nein, überhaupt nicht. Der Wind pfeift einfach durch. Ist an manchen Stellen schon total abgewetzt. Aber ich werde ihn tragen, bis er mir direkt von den Schultern auf die Müllkippe fällt.«

Während sie stehen blieben und nach Luft schnappten, sah Bette auf ihrem Handy nach der Adresse.

»Okay, ich glaube, es ist da vorn.« Bette zeigte geradeaus und schaute weiter auf die Karte, bis sie am Restaurant ankamen. Der Abstand zwischen ihr und Mei wurde immer geringer. An der Tür atmete Bette noch einmal tief durch.

»Schon gut.« Ruth drückte ihren Ellbogen.

»Ich weiß. Ich bin fast schon erleichtert, weißt du? Ich will es nur hinter mir haben. Ich will sie gesehen und es überlebt haben und es dann vergessen. Die Angst davor war das Schlimmste.«

»Du bist großartig, du schaffst das schon. Und ich bin bei dir.«

Sonderlich spät waren sie gar nicht dran, aber die Geräuschkulisse im Restaurant ließ darauf schließen, dass die meisten anderen schon da waren.

»Bette!« Erin stürzte in einem Wirbel aus Türkis und Leder auf sie zu und umarmte sie fest. »Du bist da! Du bist da! Und du musst Ruth sein?«

»Vielen Dank, dass ich mitkommen durfte.« Ruth streckte die Hand aus.

»Ach, ist doch selbstverständlich.« Erin schob ihre Hand beiseite und umarmte sie ebenfalls. Erin hatte absolut heldenhaft reagiert, als Bette vorgeschlagen hatte, jemand anderen als Mei mitzubringen, hatte weder Fragen gestellt noch die »neue Freundin« angezweifelt, obwohl sie genau wusste, wie Bettes Monat bis dahin verlaufen war. »Wir haben schon damit gerechnet, dass manche nicht kommen, und das Essen ist ja schon für alle bezahlt gewesen. Das war kein Ding. Du tust uns sogar einen Gefallen.«

Bette hörte nur mit halbem Ohr zu und schaute wieder zu dem Tisch, an dem nur noch zwei Plätze frei waren und eindeutig keine gefürchtete Ex-Feundin saß.

»Shit, hab ich dich nicht vorgewarnt?« Erin sah Bette eifrig an. »Mei ist noch gar nicht da. Irgendwas mit der Familie. Wollte dir eigentlich ’ne Nachricht schreiben. Sorry, tut mir leid. Ging alles drunter und drüber heute.«

Bette spürte, wie Ruth ihre Hand drückte, und zwang sich zu lächeln. Auch gut. Noch ein Abend gespannter Erwartung. Und es war sowieso unmöglich, sich von der Hand in ihrer nicht ablenken zu lassen, vom Gefühl, wie Ruths Daumen ihr immer wieder über die Finger strich.

KAPITEL 23

Samstag, 29. Oktober, sehr früh
25 Tage seit der plötzlichen Wendung

Bettes Glas war den ganzen Abend nie leer gewesen, der Alkohol summte ihr durch alle Adern. Sie hatten leckere Sachen von kleinen Tellern gegessen, aber sie wusste nicht mehr genau, was. Sie hatte zwischen Niamhs Schwester Louise und einer Studienfreundin von Erin gesessen – Maggie oder Maddy oder so ähnlich. Unmöglich, ein drittes Mal nachzufragen. Alle erzählten sich Geschichten über Erin und Niamh, Bette hatte von der Weihnachtsfeier berichtet, auf der Niamh Karaoke gesungen und Erin *Ich liebe dich* aus dem Publikum gerufen hatte – wie sich herausstellte zum ersten Mal –, woraufhin Niamh Blondie mitten im Song abgebrochen und Erin abgeknutscht hatte. Beim Erzählen begegneten sich Bettes und Ruths Blicke immer wieder, und ihr zog sich der Magen zusammen.

Jetzt waren sie in einer mit Pride-Flaggen dekorierten Bar, und die Musik war viel zu laut, um sich zu unterhalten. Sie waren immer noch als lose Gruppe unterwegs, aber Bettes Aufmerksamkeit galt nur einer einzigen Person. Ruth sang mit vollem Körpereinsatz, hatte Bette festgestellt, während sie alle auf der Tanzfläche mitbrüllten. Sie gab wirklich alles, hatte die Hände in der Luft, den Kopf nach hinten geworfen, und der verschwitzte Pony klebte ihr in der Stirn. Sie war wieder rot, die Drinks hatten ihren Hals und ihr Dekolleté bis in den tiefen V-Ausschnitt rosa gefärbt. Bette wollte sie ablecken, ihr mit den Zähnen übers Schlüsselbein fahren und an ihrem Ohrläppchen knabbern. Sie wollte sie küssen und dabei an die Wand drücken.

Aber das ging auf keinen Fall. Sie war so ein Perversling. Wahrscheinlich sollte sie lieber an die Bar gehen. Ein großes Wasser bestellen. Oder nach draußen. Sie könnte rausgehen. Frische Luft tat ihr bestimmt gut.

Aber ein bekanntes Gitarrenintro aus den Lautsprechern brachte alle um sie herum zum freudigen Schreien, so laut, dass man Michelle Branchs erste Zeilen kaum hörte. Ruth quietschte vergnügt.

»Gott, ich *liebe* diesen Song«, rief sie, drückte Bettes Hände und zog sie an sich, als die Drums einsetzten und die Menge auf und ab springend mitsang und Luftgitarre spielte. Das letzte Mal hatte Bette wahrscheinlich am College zu »Everywhere« getanzt, damals noch ironisch und viel zu cool dafür, wahrscheinlich hatte sie die ganze Zeit unsicher gelacht und dabei die Augen verdreht. Aber jetzt, umgeben von einer Horde verschwitzter Queers, herrschte keine Spur von Mehrdeutigkeit, nur noch pure Freunde bei der Erkenntnis, dass sie den Text ernst meinte, den sie da brüllte. Sie verstand es. Ruth war überall. War alles. Es war so aufregend und überwältigend.

Der Song wurde plötzlich ruhiger, und Ruth zog sie noch enger an sich, legte ihr die Hand um die Taille. Sie hatte Bette so oft berührt, seit sie in der Bar waren, dass sie ganz berauscht davon war, impulsiv und schwach und fast so weit zu glauben, dass Ruth sie auch wollte. Jetzt gab es kein Entrinnen mehr, da ihr der Tequila durch den Körper rauschte, der Song so intim und leise war und Ruths Gesicht ganz nah bei ihrem war, während sie voller betrunkener Inbrunst mitsang. Ruth atmete aus, so dicht an Bettes Ohr, dass es ihr den ganzen Rücken runterlief. Eine durch und durch schreckliche Idee, dachte Bette. Davon gäbe es kein Zurück mehr. Genau das, was Ruth nicht wollte. Es sei denn, Ruth wollte es doch. Vielleicht war es gar keine so schlechte Idee, einfach ... sicherzugehen.

Außerdem waren der Alkohol, die Hitze, der Song, Ruths Atem und ihre warme Hand an Bettes Taille gemeinsam viel lauter als jeder Widerspruch ihres Verstandes. Der gab sich ohnehin schon keine richtige Mühe mehr.

Sie drehte den Kopf ein wenig und berührte mit den Lippen ganz leicht Ruths Wange. Immer noch relativ unverfänglich. Ein entschuldbares Maß an Körperkontakt. Sie spürte, wie Ruth unregelmäßig einatmete. Bette wartete, dann drehte Ruth ebenfalls den Kopf. Die anderen um sie herum tanzten und sangen immer noch wild, als Bette Ruth die Hand an die Halsbeuge legte, zusah, wie ihre Lider sich flatternd schlossen, und die Lippen auf ihre presste. Ruth schmeckte nach Tequila, Limette und Schweiß. Ihr Mund war weich und geöffnet und warm, und wahrscheinlich war es ein Riesenfehler, sie weiterzuküssen. Aber sie legte Ruth die Hand an den Kiefer, strich ihr mit den Fingern über die Ohrmuschel und schob ihren Kopf in die richtige Position.

Sie sollten sich keinesfalls auf diese Art küssen, schon gar nicht hier auf der Tanzfläche. Aber dann streichelte Ruth ihr über den Rücken zum Steiß, und es war unmöglich, an irgendwas anderes zu denken als an Ruths Hand oder Ruths Zunge, die sich über ihre Lippen bewegte, oder daran, wie Ruth sie noch fester an sich zog, oder an das Geräusch, das tief aus ihrer Kehle drang.

»Ruth. Ich will dich. So wahnsinnig.« Bette ließ alles zurück außer hoffnungsvoller Ehrlichkeit, lehnte sich zurück und sprach Ruth ins Ohr.

Sie spürte, wie Ruth einen Seufzer ausstieß, der beinahe ein Lachen war, dann nickte sie und drückte sie wieder an sich. »Ja. Okay, ja. Verschwinden wir von hier.« Sie nahm Bettes Hand, drehte sich um und zog sie durch die Menge.

Sie versuchten ein paar Minuten lang, vor dem Club ein Taxi anzuhalten, dann beschlossen sie, zu Fuß zu gehen. Es kam ihnen schneller vor, zumindest am Anfang. Aber das war es mit Sicherheit nicht. Sie kamen auch nicht besonders schnell vorwärts, weil sie immer wieder stehen blieben und sich küssten. Ruth hatte die Hände überall, an Bettes Hüfte, an ihrem Handgelenk. Aber sie bewegten sich zielstrebig weiter, um irgendein Bett zu erreichen, stolperten über die Füße der anderen, verfehlten ihre Lippen und liefen durch Straßen, die Bette noch nie gesehen hatte.

Sie wollte Ruth, wollte sie auf das schmale Bett drücken. Sie wollte sie schmecken, wollte sie erbeben spüren, ihre Finger über ihren ganzen Körper wandern lassen. Sie verstand überhaupt nicht, warum sie das noch nie gemacht hatten. So gut wie Ruths Mund hatte sich noch nie etwas angefühlt, so gut wie Ruths Atem, der sie am Ohr kitzelte, so gut wie Ruths Hand auf ihrer Haut.

Als sie am Hotel ankamen, musste Bette sich aktiv in Erinnerung rufen, dass sie sich immer noch in der Öffentlichkeit befanden. An der Rezeption saß dieselbe Frau wie vorhin und zog missbilligend die Augenbrauen zusammen. Sie taumelten die Treppe hoch, Ruth war errötet und hielt lachend Bettes Hand.

Als sie vor ihrem Zimmer standen, schmiegte Bette sich an Ruths Rücken, während sie unbeholfen versuchte, den Schlüssel ins Schloss zu bekommen. Ruths Hand zitterte, also half Bette ihr, den Schlüssel ein Stück rauszuziehen und zu bewegen, bis er sich drehen ließ. Das Schloss klickte, und Bette lächelte mit den Lippen an Ruths Nacken.

»Na dann komm.« Ruth schob die Tür auf. Bis dahin hatte keine von ihnen ein Wort gesagt, seit sie zurück im Hotel waren, und Bettes vorfreudige Anspannung steigerte sich weiter. Die Worte waren wie Ashs feiner Wochenendkaffee: klärend, erdend und absolut köstlich.

Bette schluckte und folgte Ruth nach drinnen, dankbar, sie endlich so betrachten zu können, wie sie wollte. Ihr Haar zur Seite fallen zu sehen, sodass es ihre Halswirbel entblößte, die Erinnerung an ihre Hände in Ruths Gürtelschlaufen zu spüren und immer noch ihre Lippen und ihre Zunge zu schmecken.

Ruth hatte ihren Mantel seit der Treppe hinter sich hergezogen, jetzt legte sie ihn über den Stuhl am Fenster und beugte sich vor, um ihre Schnürsenkel zu lösen. Das Momentum, das sie auf der Straße noch gehabt hatten und in der Lobby, das im Club überzukochen gedroht hatte, war nun hinter verschlossenen Türen nur noch ein leises Köcheln. Jetzt konnten sie sich Zeit lassen. Bette machte sich kurz Sorgen, das Köcheln könnte sich komplett abgekühlt haben, Ruth könnte es sich anders überlegt haben. Dass sie ihr gleich verkünden würde, sie wolle die Freundschaft nicht aufs Spiel setzen. Aber Ruth hob den Kopf und sah Bette in die Augen. In ihrem Gesicht war in tausend Sprachen das Wort Begehren zu lesen.

Plötzlich merkte Bette, dass sie sterben würde, wenn sie Ruth nicht noch einmal küsste. Und zwar jetzt gleich.

Jetzt.

Gleich.

Ruth hatte sich ebenfalls in Bewegung gesetzt, und sie trafen sich in der Mitte des Raumes mit bereits geöffneten Lippen und erhobenen Händen, die sich in Haaren vergraben, Wangen und Kiefer berühren, zupacken, ziehen und neue Haut erforschen wollten. Ihre Zähne stießen aneinander, und Bette lachte an Ruths Mund.

Etwas an der Ungeschicklichkeit und dem kurzen Schmerz, der nüchternen Realität, versetzte Bette einen Schlag.

»Fuck, Gabe«, rutschte es ihr raus.

Ruth, die die ganze Zeit schon rot war, lief noch dunkler an und schaute runter auf den fadenscheinigen Teppich.

»Das ist ... Das ist kein Problem. Hör ... Lass uns einfach... «

Sie verstummte, ohne einen ihrer Sätze zu beenden, und sah Bette mit klarem Blick an.

»Okay«, erwiderte Bette, denn Ruth wollte offensichtlich nicht weiter darüber reden. Und Bette wollte das eigentlich auch nicht.

Also küsste sie sie wieder.

Es war ganz anders als der Kuss im Club. Dort schien sie ein gewisses Anstandsgefühl davon abgehalten zu haben, vor unerwünschtem Publikum zu weit zu gehen, ohne dass es ihr bewusst gewesen war. Denn im Vergleich schienen ihre Küsse im Club zurückhaltend. Ruth küsste genauso, wie Bette es sich vorgestellt hatte, wenn sie sich solche Gedanken gestattet hatte: einladend, warm, verspielt, mit einem Lächeln auf den Lippen, obwohl sie Bettes Mund ihre ganze Aufmerksamkeit widmete. Zu spät merkte Bette, dass Ruth sie die ganze Zeit sanft in Richtung Bett dirigiert hatte, und konnte sich nur noch ziemlich unelegant darauf fallen lassen. Das schien Ruth nicht im Geringsten zu stören. Sie stellte sich zwischen Bettes Beine, war nun mindestens einen Kopf größer als sie und strich ihr mit den Fingerspitzen über den Kiefer und das Schlüsselbein.

»Bette«, sagte sie nachdenklich, beinahe zu sich selbst.

»Ja?« Bette bewegte die Hände von Ruths Taille zu ihren Hüften und nach hinten über ihre Jeanstaschen.

»Was willst du?« Ruths Finger wanderten immer weiter nach unten, vom Schlüsselbein zum Dekolleté, über die zarte Haut ihrer Brüste gefährlich nah an ihre Nippel.

Was für eine unmögliche Frage, dachte Bette. Allerdings nicht aus den gleichen Gründen wie bei Evie. Nicht wie am Anfang mit Netta. Nicht, weil sie es nicht wusste. In Wahrheit wollte sie einfach alles. Sie hatte endlose Vorstellungen im Kopf. Sie wollte dafür sorgen, dass Ruth das hier nie wieder vergaß. Ruth sollte ihr helfen, die Kontrolle zu verlieren, damit sie ihre ganzen Vorstellungen in den Wind schoss und nicht mehr so viel nachdachte. Sie hatte einen glimmenden Funken Hoffnung in sich, dass sich dann alles ändern würde. Aber sie konnte die unangenehm prickelnde Furcht nicht abschütteln, dass sie am nächsten Morgen aufwachen würden und eine von ihnen es auf den Tequila schob oder auf Edinburgh, oder auf die seltsame Hochzeitsmagie. Und wenn das am Ende dabei herauskommen sollte, dann wollte sie jetzt alles von Ruth, ungeachtet der Konsequenzen. Sie wollte leichtsinnig sein.

»Ich will dich schmecken«, sagte sie und spürte, wie Ruth erschauerte.

»Ach ja?« Ihre Stimme war erstickt, zart, kaum zu hören.

»Und wie.« Bette zog Ruth an sich und legte die Stirn an ihren Bauch unterhalb der Brust. Sie war so weich. Aber Ruth zog Bettes Kopf entschieden zurück, damit sie sie küssen konnte. Sie war stark. Und so bestimmt. Bette spannte sich pulsierend an und stöhnte erwartungsvoll an Ruths Mund.

Bette bewegte sich rückwärts und zog an Ruths Beinen, um sie auf ihren Schoß zu manövrieren. Sie küssten sich die ganze Zeit heiß und innig, Ruth knabberte an ihrer Oberlippe und saugte an der unteren. Ihre Körper schmiegten sich aneinander, Bettes Hände lagen immer noch in Ruths Kniekehlen und drückten ihre Beine fester an ihre Hüfte. Ruths Gewicht war gleichzeitig erdend und aufregend. Sie fühlte sich gefangen, von allen Seiten umringt von Ruth. Sie fühlte sich überwältigt vor Lust. Ihr Wunsch, es langsam angehen zu lassen, sich Zeit zu lassen, stand im Widerspruch zu ihrem Verlangen, sich so schnell wie möglich nackt aneinanderzupressen.

Ruth hatte die Hände überall, in Bettes Nacken, zur Faust geballt in ihrem Haar, an ihrem Rücken, am Ausschnitt ihres Oberteils, als sie Bette endlich die Fingerspitzen in den BH schob. Bette bewegte die Hände von Ruths Kniekehlen ihre Beine hinauf und dann entlang der Nähte an den Innenseiten ihrer Schenkel wieder nach unten, wobei sie die Daumen sanft in den Stoff drückte. Ruth keuchte und stöhnte, unterbrach ihren Kuss und legte Bette die Stirn an die Schulter.

»Bitte«, hauchte sie. »Bitte, bitte fick mich.«

Das konnte Bette. Sie packte Ruth mit beiden Händen, hob sie von ihrem Schoß und – bevor sie den Impuls infrage stellen oder kalte Füße bekommen konnte – warf sie auf den Rücken. Ruth fing an zu lachen, als sie auf der Matratze landete.

»Was?« Bette schnappte nach Luft und wurde rot.

»Wo kam das denn jetzt her?«

»Keine Ahnung.« Bette musste ebenfalls grinsen. »Das ... das hab ich noch nie gemacht. Ich kann gar nicht glauben, dass es funktioniert hat. Hab schon befürchtet, dass eine von uns auf dem Boden landet oder einen Ellbogen ins Gesicht kriegt.«

Sie legte sich neben Ruth und zog sie besitzergreifend an sich.

»Nun, die Nacht ist noch jung.« Ruths Stimme klang nach Leinwandgöttin, und ihr undefinierbarer Mid-Atlantic-Akzent verlieh ihren Worten einen gleichermaßen schmalzigen, albernen und doch merkwürdig tiefgründigen Ton. Die Nacht war tatsächlich noch jung, dachte Bette. Sie hatten alle Zeit der Welt.

»Den Ellbogen im Gesicht können wir später noch nachholen. Aber vorher will ich ... will ich ...« Bette fing nun selbst an zu lachen. Sie beugte sich vor, und sie lachten gemeinsam und küssten sich wieder unbeholfen mit breitem Grinsen im Gesicht. Bettes Hand an Ruths Taille bewegte sich abwärts und strich am Bund ihrer Jeans entlang. Ruth sog scharf den Atem ein, plötzlich war alles aufgeladener, zielgerichteter. Bette spürte, wie Ruth als Antwort auf die Frage nickte, die in der Geste steckte, also öffnete sie den Knopf und zog den Reißverschluss runter. Ruth machte ein zustimmendes Geräusch, und Bette saugte an ihrem Hals, während sie ihr die Hand auf der Suche nach Hitze und feuchter Weichheit in den Slip schob. Ruth hielt Bette am Oberarm fest und bohrte ihr die Finger in den Bizeps, als sie die richtige Stelle fand. Sie berührte sie minutenlang ganz still, sanft und behutsam, sodass Ruth vor Ungeduld leise an ihrer Wange stöhnte und seufzte. Mit den Hüften versuchte sie, Bette fester an sich zu pressen. Aber so ging es nicht, die Jeans war zu eng, um sie richtig anfassen zu können. Also bewegte sich Bette mit Küssen an Ruths Schulter, Nase und Mund das Bett hinab.

Ruth setzte sich auf und zog sich das schwarze Oberteil über den Kopf, wobei der BH zum Vorschein kam, den Bette vorhin schon gesehen hatte. Sie sah beklommen aus, fand Bette. Nervös. Als könnte dieser Teil, das Ausziehen, der Dealbreaker sein, der Moment, in dem Bette beschloss, dass sie doch nicht wollte. Vollkommen absurd.

»Das hier wollte ich schon die ganze Zeit.« Bette bewegte sich wieder aufwärts, um sie auf den Mund zu küssen, dann presste sie die Lippen nacheinander auf beide Brüste. »Hab den ganzen Tag an nichts anderes gedacht. Und das nicht erst seit heute.«

Sie zog Ruth die Hose und die Socken aus. Dann war ihr einen Moment seltsam bewusst, dass sie selbst noch komplett bekleidet war, während sie Ruth unter sich auszog. Aber um sie konnten sie sich später noch kümmern. Sie positionierte sich zwischen Ruths Beinen und schob sie auseinander, um mehr Platz zu haben. Ihre Schenkel waren blass, die Haut zart und weich, und sie bedeckte sie mit Küssen, immer weiter oben, während Ruths Atemzüge rauer wurden und sie Bette das Becken erwartungsvoll entgegenreckte.

Bette hob den Kopf und sah, dass Ruth sich auf die Ellbogen gestützt hatte und sie anschaute, wobei ihr das Haar in die Augen hing. Sie ließ die Fingerspitzen unter den Bund von Ruths Slip gleiten. Ruth keuchte und nickte, murmelte etwas, das sich nach *bitte, bitte, bitte, bitte* anhörte. Also ließ Bette die Finger weiter unter den Stoff wandern, und diesmal stimmte der Winkel. Ruth stöhnte auf.

»Ich will dich lecken.« Bette genoss, genau zu wissen und aussprechen zu können, was sie wollte, und drückte Ruth die Wange gegen den Oberschenkel. »Ist das in Ordnung?«

»Wie kannst du das *immer noch* fragen?«

Bette lachte, ging auf die Knie und zog Ruth den Slip über die Oberschenkel, die Waden, über ihre Füße, bevor sie sich wieder zwischen ihren Beinen niederließ. Sie strich mit dem Daumen über die geschwollene, feucht-weiche Stelle. Ruth stöhnte wieder und hielt sich den Arm vors Gesicht. Bette erhöhte den Druck, spreizte ihre Schenkel und ließ die Zunge über sie gleiten. Sie schmeckte verschwitzt und berauschend süß. Bette ließ sich Zeit, und als sie sie noch feuchter gemacht hatte, als ihre Zunge wie von selbst über die zarte Haut glitt, fing sie an zu saugen.

»Bette, *Fuck* … oh …«, hauchte Ruth und schob ihr die Hände am Hinterkopf ins Haar, als könnte sie sonst aufhören, als würde sie je woanders sein wollen.

Sie trat die Decken vom Bett, bis nur noch das Laken unter ihnen übrig war. Es war so gestärkt und steif, dass Bette es an den Unterarmen spürte. Eigentlich hätte es unbequem sein sollen. Eigentlich hätte es zu kalt sein sollen – immerhin war in ein paar Tagen November. Aber sie fühlte nichts als die Wärme, die von Ruths Körper ausging, und wie er auf sie reagierte. Sie machte langsam, küsste, leckte und saugte mit weichen Lippen an Ruth, war sich bewusst, wie sie ihr die Hüften gierig nach mehr entgegendrückte.

Ruths Hüften hatten recht – es war noch nicht genug. Bette wollte ihr noch näher sein. Sie legte sich Ruths Bein über die Schulter und ermutigte sie, sie mit dem Fuß festzuhalten. Ruth verstand den Wink und presste die Ferse gegen Bettes Wirbelsäule, während Bette die Hand unter sie schob und ihren weichen Hintern umfasste. Ihre Zunge fand die Stellen, die Ruth um den Verstand und zum Zappeln brachten, fand den Rhythmus, der ihre Stimme höher werden und sie die Kontrolle über ihr Becken und ihren Atem verlieren ließ. Ruth hatte die Hand in Bettes Haar gekrallt und drückte sie mit der Ferse noch fester nach unten. Bette bewegte sich weiter abwärts und drang mit der Zunge in sie ein. Ruths Hüfte zuckte nach oben, und sie schrie auf.

»Bette … kannst du …« Mehr kam nicht, aber Bette riet, schloss den Mund und saugte. Sie strich mit der Zunge hin und her und spürte, wie Ruth sich unter ihr verkrampfte, zitterte und schrie, während sie fest an Bettes Haaren zog. Bette machte behutsam, aber unablässig weiter mit der Zunge, bis Ruth sie an den Haaren zurückzog, keuchte und flüsterte: »Stopp, stopp, ich kann nicht … zu viel …«

Das Bein sank von ihrer Schulter aufs Bett, und Bette kniete vor Ruth und streichelte ihre Oberschenkel, versuchte ihr Zittern zu beruhigen. Sie atmete angestrengt, hatte eine Gänsehaut und drückte die Augen zu. Statt sie zu beruhigen, schienen Bettes Berührungen alles nur weiter zu intensivieren, und Ruth schüttelte unter ihrem Arm den Kopf, war bis runter zum Bauch errötet.

»Nein, Bette, ich kann nicht. Und du auch nicht.« Sie klang schwach und verzweifelt.

»Na ja, ich meine, ich könnte schon? Wenn du willst?« Bette bewegte die Hand nach oben und strich durch das Haar zwischen Ruths Schenkeln. Sie lachte, als Ruths Körper zitterte, ihre Hüften zuckten und sich Bettes Hand entgegenstreckten. »Sag mir, wenn ich aufhören soll, Ruth. Sag einfach, wenn ich aufhören soll. Das kannst du jederzeit. *Solltest* du. Wenn du das willst.«

Ein Stöhnen kam aus Ruths Brust, als Bette sie ganz sacht mit den Fingerspitzen da berührte, wo sie immer noch empfindlich und feucht war. Sie rieb sanft und kreisförmig, und Ruths Beine zitterten wieder, dann beugte sie sich vor und küsste ihren Bauch. Sie legte die Lippen über Ruths Spitzen-BH und saugte an einem Nippel, spürte, wie er sich aufrichtete und unter ihrer Zunge zusammenzog.

»Komm, komm hoch zu mir«, hörte sie Ruth sagen. Bette legte sich neben sie aufs Bett. Ruth schlang ihr den Arm um den Hals und küsste sie leidenschaftlich, berührte mit ihrer Zunge Bettes Gaumen. So küssten und küssten sie sich. Bette ließ ihre Finger weiterkreisen, bis Ruths Mund offen blieb und aus den Küssen nur noch Atmen und Keuchen wurde. Sie steckte Ruth zwei Finger in den Mund, damit sie daran saugen und reinbeißen konnte, als sie das nächste Mal kam, sie hatte immer noch die Augen zugedrückt und das Gesicht angespannt, alles an ihr war wunderschön. Hinterher rang sie mit immer noch geschlossenen Augen und offenem Mund nach Atem, drehte sich zu Bette um und vergrub das heiße, feuchte Gesicht an Bettes Hals.

»Gib mir bloß …«, setzte sie an, »und dann … Tut mir leid …« Ruth bekam immer noch kaum Luft. »Du bist dran. Oh mein Gott. Ich fasse es nicht, dass du immer noch angezogen bist.« Sie schaute nach unten. »Bette, du hast noch deine *Schuhe* an. Runter damit. Los. Alles.«

»Du brauchst nicht …« Aber Ruth unterbrach sie mit einem Kuss.

»Runter damit«, wiederholte sie.

Bette stellte sich neben das Bett, und Ruth sah mit hochgezogener Augenbraue zu, sie trug immer noch ihren BH ohne Slip. Unfassbar heiß.

»Na dann mal los.« Ruth stützte sich gespannt auf die Ellbogen, was ihr nicht leichtzufallen schien.

»Du brauchst nicht zusehen. Das ist ja kein Striptease oder … was weiß ich … Ja, du mich auch.« Ruth lachte ausgelassen. Bette streifte die Schuhe ab, ohne die Schnürsenkel aufzumachen, zog das Oberteil über den Kopf und warf es beiseite. »Ich ziehe mich aus, aber ich will nicht, dass du denkst, ich versuche irgendwie sexy zu sein. Wenn ich für dich strippen wollte, würde ich das machen, und das wäre auch echt hot, aber nicht jetzt, ich ziehe mir nur die Klamotten aus.«

»Ist aber trotzdem echt hot.« Ruths Blick folgte Bettes Händen, die ihren Rock aufknöpften und ihn über die Hüften schoben. Sie hakte ihren BH auf und stieg aus der Unterhose, dann legte sie sich wieder neben Ruth, bevor sie zu lange über ihre Nacktheit nachdenken konnte.

Ruth wusste genau, wo sie sie berühren musste, damit sie sich sexy fühlte: am Schlüsselbein, an den Brustwarzen, seitlich am Brustkorb, der Kurve ihrer Taille, der Innenseite der Oberschenkel. Bette schob das Becken gegen Ruths, und ein Bein landete zwischen ihren. Sie bewegten sich gemeinsam, Schweiß bedeckte ihre Körper, und sie suchten nach einem gemeinsamen Rhythmus, Ruths Atem ging schon wieder ganz unregelmäßig.

»Du bist so feucht«, sagte sie und biss Bette ins Ohrläppchen.

Das konnte sie unmöglich abstreiten, wo sie nun kein Höschen mehr anhatte. Sie war schon ganz empfindlich und erschauerte, als Ruth sie mit der Hand berührte.

»Sorry, ja, ich meine – stimmt. Du bist heiß. Dir zuzusehen war heiß. Hat mich total angemacht.«

»Wie kannst du dich bloß entschuldigen? Das ist so heiß, Bette.« Sie küsste sie fest und mit Zahneinsatz. Bette schmeckte Blut. »Kannst du …? Weißt du was, warte.« Sie dirigierte Bette auf die Knie und bedeutete ihr, sich auf ihre Schultern zu setzen. Bettes Hintern lag auf Ruths Brust, die Spitze und das Metall ihres BHs hinterließen Abdrücke auf ihrer Haut. »Ich weiß nicht, ob meine Gliedmaßen einsatzfähig genug sind, um dich mit der Hand zu ficken. Was übrigens deine Schuld ist. Also … ja, genau so.«

Sie strich Bette über den Rücken, packte ihren Hintern und wies sie an, sich noch weiter oben hinzuknien.

»Alles gut?«

Bette nickte, ohne daran zu denken, dass Ruth ihr Gesicht gar nicht mehr sehen konnte. Dann keuchte sie, als sie Ruths Mund spürte. Er war heiß und nass, und ihre Schenkel bebten. Es würde so schnell vorbei sein. Sie war schon viel zu erregt, und Ruths Mund war perfekt. Ruths Hände hielten sie zu fest, bestimmt bekam sie blaue Flecken, und das war auch perfekt.

Alles verschwamm unwahrscheinlich schnell, dabei wollte sie sich doch unbedingt an jeden Augenblick erinnern, aber sie war betrunken von Ruth. Später würde ihr einfallen, dass sie streng genommen auch immer noch ein bisschen betrunken vom Tequila gewesen war. Aber in diesem Augenblick schien es ihr, als wäre ihr Körper komplett mit Ruth verbunden, als hätte sie sich völlig ihrer bemächtigt. Viel früher als sie kommen wollte, ließ sie sich nach vorn gegen das Kopfteil fallen, ihr ganzer Körper vibrierte, alle Nervenenden feuerten, ihre Brust hob und senkte sich heftig.

Sie drückte sich ab und brach neben Ruth zusammen, die Füße am Kopfteil, beide schauten an die Decke, lagen in entgegengesetzter Richtung nebeneinander. Ihr Körper war leer, klingend und klar, ein Kristallglas, über das jemand mit dem nassen Finger fuhr. Ruth ergriff ihre Hand und verschränkte die Finger mit ihren.

Sie würden am nächsten Morgen darüber reden.

KAPITEL 24

Immer noch Samstag, 29. Oktober
Immer noch 25 Tage seit der plötzlichen Wendung

Am nächsten Morgen redeten sie nicht darüber.

Bette hatte nicht gut geschlafen. Sie war immer wieder aufgewacht und hatte sich auf der Suche nach einer bequemeren Position herumgewälzt. In dem Einzelbett war einfach nicht genug Platz, aber sich in das andere zu legen, war mit Ruth an ihrer Seite auch keine Option. Das käme ihr vor, als würde sie sie verlassen. Als könnte es als Statement verstanden werden. Um halb fünf stand sie auf und zog ihren Schlafanzug an, damit sie sich hoffentlich wohler fühlte und endlich einschlief. Aber ihre Sorge galt nicht ihrem Rücken auf der ungewohnten Matratze, dem platten Hotelkissen oder dem Umstand, dass jemand Nacktes neben ihr lag. Es war das unangenehme Gefühl in der Magengrube. Sie hätten darüber sprechen sollen, bevor sie einschliefen. Hielt Ruth die Nacht für nichts als ein bisschen tequilageschwängerten Spaß? Würde sie alles bereuen? Bette drehte sich auf die Seite und betrachtete Ruth, ihre Mascara war vom flüchtigen Gesichtwaschen verschmiert, ihr Haar zerzaust und ihr Mund leicht geöffnet. Würde sie nicht. Bestimmt nicht. Ruth hatte klipp und klar gesagt, dass sie nichts Zwangloses wollte, dass sie kein Interesse an One-

Night-Stands hatte. Aber sie hatte ebenso darauf bestanden, es langsam angehen zu lassen. Und diese Nacht fühlte sich alles andere als langsam an.

Kurz vor Sonnenaufgang schlief sie ein. Als sie wach wurde, war das Bett neben ihr leer, die fürchterliche Matratze hatte immer noch eine Kuhle, wo Ruth zuvor gelegen hatte. Unter der Badezimmertür schimmerte kein Licht hervor, aber Ruths Hosenanzug für die Hochzeit hing immer noch an seinem Platz – der Haken des Kleiderbügels balancierte gefährlich auf einer Metallkröte an der Wand. Bette atmete erleichtert auf. Wenigstens (und das war wirklich eines der Szenarien, über die sie die ganze Nacht in Panik verfallen war) war Ruth nicht abgehauen.

Wahrscheinlich holte sie Kaffee. Als Bette der Gedanke einmal gekommen war, wurde ihr sofort klar, was für eine gute Idee Koffein jetzt wäre. Auf einem Plastiktablett mit grauenhaften Kröten mit Schleifen um den Hals stand ein kleiner Wasserkocher, und sie ging ins Bad, um ihn zu füllen. Das Waschbecken war flach und der Hahn wahnsinnig kurz, sodass Bette minutenlag erfolglos versuchte, den Kocher unter den Strahl zu halten. Es war sinnlos, das Wasser floss immer direkt wieder heraus. Dann stieg sie in die Dusche und hielt das Gerät stattdessen unter die Brause, wobei sie nur ganz wenig ins Gesicht bekam, und fühlte sich ausgesprochen clever. Aber bis das Wasser kochte und sie es über einen uralten Teebeutel goss, hatte sie jeder Lebenswille verlassen. Also legte sie sich wieder ins Bett. Die Teetasse war winzig, aber sie nahm sie trotzdem mit ins Bett. Sie würde sie austrinken und dabei ein Kreuzworträtsel auf dem Handy machen, dann würde Ruth wiederkommen. Da war sie ganz sicher. Und dann könnten sie reden.

Bevor sie sichs versah, war sie nass und verschlafen, und etwas schüttelte sie am Arm.

»Hey, Bette. Bette, wach auf, wir kommen zu spät.« Sie öffnete blinzelnd die Augen. Ihre Schulter war nass. Oh Gott, der Tee. Er war überall. Oh Gott, die Hochzeit. Sie kamen zu spät zur Hochzeit. Oh Gott, Ruth. Ruth stand da und schüttelte ihre Schulter. Sie war wieder da.

»Fuck, Fuck, *Fuck.*« Das fasste eigentlich alles ganz gut zusammen.

»Ja.« Ruth sah schon jetzt besorgniserregend fertig gemacht aus.

»Ich muss duschen.«

»Stimmt«, bestätigte Ruth. »Hab ich vorhin schon, das Bad gehört also dir. Den Rest mache ich hier, aber wir müssen in zwanzig Minuten echt los. Wenn das geht? Ich war spazieren. Tut mir leid, ich dachte, du bist schon auf oder …«

Sie hatten keine Zeit für Ruths höfliche Beteuerungen. »Du kannst nichts dafür, überhaupt nichts. Hätte mir den Wecker stellen sollen, als ich wieder ins Bett bin«, rief Bette über die Schulter, während sie die Dusche auf die heißeste Temperatur stellte und dann eine übertriebene Menge Zahnpasta auf ihre Bürste drückte und sie sich zwischen die Zähne klemmte. Der Wasserdruck war ungleichmäßig, und Bette wand sich, damit ihre Haare nicht nass wurden. Zwanzig Minuten. Genug Zeit, fertig zu duschen, sich abzutrocknen, sich eine Dose Trockenshampoo auf den Kopf zu sprühen, sich die Haare hoch oder nach hinten zu stecken, ihr Outfit anzuziehen, die Ringe unter ihren Augen notdürftig abzudecken, ihre Füße in die Schuhe zu stopfen und …

Die Zeit reichte hinten und vorne nicht.

Sie schaltete die Dusche aus und sprang heraus, rutschte ein ganzes Stück auf dem Vorleger über den Boden. Großartig. Wenn sie mit dem Kopf gegen die Fliesen knallte und eine Gehirnerschütterung bekam, würden sie noch mehr Zeit verlieren. Mit klopfendem Herzen und etwas vorsichtiger ging sie zum Waschbecken und wischte einmal über den beschlagenen Spiegel. Sie sah erschöpft aus, ihre Haut war stumpf und ihre Augen glasig. Idealerweise würde sie jetzt die nächste halbe Stunde so tun, als könnte sie mit Make-up umgehen, um alles zu kaschieren. Stattdessen hatte sie wahrscheinlich vier Minuten, um alles einfach abzudecken und neu aufzumalen.

Erst als ihr Eyeliner fertig war und ihre Wangen gepudert, fiel ihr auf, dass sie ohne Unterwäsche ins Bad gerannt war, ohne ihr Kleid oder irgendein anderes Kleidungsstück. Ihr Schlafanzug hing am Haken, und sie konnte wieder reinschlüpfen, aber dann müsste sie sich vor Ruth aus- und wieder anziehen. Das Problem war nicht, dass sie nicht längst alles gesehen hätte. Aber am Morgen, bei Tageslicht, mit feuchten Schultern nach dem Duschen, war es noch mal was anderes. Sie zog die Tür einen Spalt auf, sodass sie hindurchsprechen konnte.

»Ruth?« Bevor sie von der Tür zurücktreten konnte, drückte Ruth dagegen und reichte ihr den Bügel mit ihrem Kleid und BH.

»Oh. Danke. Ich ...«

»Drei Minuten.« Ruths Befehlston ließ keine Diskussionen zu, und Bette fand es aufregend. Dabei war das jetzt wirklich nicht der passende Augenblick. Keine Zeit, sich näher mit dem Gefühl zu befassen.

Als sie endlich beinahe angezogen war, ging sie aus dem Bad direkt zu ihrem Koffer. Sie hatte hochgeschnittene Spanx eingepackt, aber die konnte sie nicht vor Ruth anziehen. Es gab keine sexy Art, sich in Spanx zu zwängen. Stattdessen nahm sie ein Höschen aus schwarzer Spitze und zog es hoch. Erst als sie ihren Rock glatt strich, hob sie den Kopf und erhaschte einen Blick auf Ruth.

Ruth sah ... Ruth war ...

Ruth.

Ihr Anzug war an den Hüften und den Schultern weit und fließend geschnitten, aber in der Taille mit einer großen Schleife zusammengebunden. Sie trug ein cremefarbenes Seiden-Top unter dem marineblauen Outfit und irrsinnig hohe goldene Heels, wodurch Bette zum ersten Mal zu ihr aufschauen musste. An ihrer Halsbeuge prangte ein Knutschfleck, den sie so gut es ging mit Make-up abgedeckt hatte.

Gestern, bevor ... bevor das alles passiert war, hätte sie ihr unmissverständlich und ohne nachzudenken gesagt, wie wunderschön sie aussah. Aber sie hatten immer noch nicht geredet. Sie hatte keine Ahnung, was zwischen ihnen los war. Und so konnte Bette nur begeistert erröten und stammeln: »Du siehst ... ja ...« Unglaublich unzureichend. Nicht im Entferntesten, was sie eigentlich sagen wollte.

»Du auch«, erwiderte Ruth. Ihre Stimme blieb in ihrer Kehle stecken und schaffte es kaum über ihre Lippen. Bette schaute nach unten, Ruth hatte sie so sehr aus dem Konzept gebracht, dass sie sich bewusst erinnern musste, was sie anhatte. Ihr Kleid war aus Samt, eng und so dunkelrot, dass es fast schwarz aussah, außerdem verlieh es ihr ein schier unglaubliches Dekolleté und hatte einen Schlitz am Oberschenkel. Sie hatte sich wochenlang den Kopf darüber zerbrochen, was Mei wohl denken würde, wenn sie sie darin sah. Hatte gehofft, dass es ihr ein bisschen den Tag versaute.

Der Ausdruck in Ruths Gesicht sagte ihr, dass die Möglichkeit bestand. Vielleicht.

»Können wir ...« Bette machte einen Schritt auf sie zu.

»Nicht ... Ich meine, wir haben keine ...« Ruth sah auf ihr Handgelenk, als wäre dort eine Uhr. Sie hatte recht, das wusste Bette. Sie waren richtig spät dran. Wenn sie jetzt anfingen, würden sie es so oder so nie aus dem Zimmer rausschaffen.

»Später?« Bette wollte wenigstens vermitteln, dass sie – zumindest ihrer Meinung nach – was zu besprechen hatten.

»Komm, wir müssen jetzt los.« Das war keine Antwort. Bettes Nerven meldeten sich, und sie biss sich von innen auf die Wange.

»Ja. Müssen wir.« Sie schlug einen künstlich fröhlichen Ton an und verstaute ihre Bankkarte, ihr Handy und den Zimmerschlüssel in ihrer Clutch.

***

Hunderte Ballons in grünen und weißen Farbtönen füllten die Location. Dadurch fühlte sich die langweilige Mehrzweckhalle einladend und gemütlich an, Lichterketten und Girlanden schimmerten durch die transparenten Ballons.

»Erin wollte eigentlich alles voller Pflanzen haben«, erinnerte sich Bette. »Aber dafür wollten die einen sechstausend haben und die nächsten achttausend. Also haben sie lieber die Ballons genommen.«

»Sieht echt schön aus.« Ruth schaute sich im ganzen Raum um, als wollte sie unbedingt Bettes Blick ausweichen. Die Taxifahrt zur Feier war eine Qual gewesen, Ruth hatte höflich mit dem Fahrer geplaudert, während Bette nervös auf ihrer Lippe kaute, bis sie Blut schmeckte. Und nun waren sie umgeben von Menschen. Also wieder keine Möglichkeit, die Sache namens *Hey, wir haben letzte Nacht miteinander geschlafen, und dich bedrückt offensichtlich was* anzusprechen, was dringend nötig war. Außerdem dachten alle auf der Hochzeit, sie wären ein Paar. Genau das war ursprünglich Sinn der Sache gewesen. Sie waren von Louise begrüßt worden, die in ihrem schwarzen Jumpsuit und mit perfektem Eyeliner total elegant aussah, und ihr Augenzwinkern hatte Bette daran erinnert, dass sie gestern Abend verschwunden waren, ohne sich zu verabschieden. Dass sie knutschend abgezogen waren und dabei die Hände nicht voneinander hatten lassen können.

Also hielt sie Small Talk über Luftballons und versuchte, die merkwürdige Stimmung zwischen ihnen zu überspielen. Dann nahm Ruth ihre Hand, strich ihr mit dem Daumen über die Fingerknöchel und verschränkte die Finger mit ihren. Ruth kam einen Schritt näher, und Bette stieß einen erleichterten Seufzer aus, den sie bis in die Zehenspitzen spürte. Es fühlte sich an, als hätte sie seit dem Aufwachen die Luft angehalten. Es war also alles gut. Ruth hielt ihre Hand.

»Ich glaube, Mei hat uns gerade gesehen und gedacht: *Fuck*«, raunte Ruth. Bette schaute hoch und begegnete Meis überraschtem Blick vom anderen Ende des Raumes. Bette hatte sich wochenlang den Kopf zerbrochen, wie es wäre, Mei wiederzusehen. Hatte sich vorgestellt, wie ihr Herz sich überschlagen würde und sie komplett die Kontrolle darüber verlor. Hatte sich vorgestellt, wie die Wut, die in ihr brodelte, überkochen würde. Aber obwohl sie bei ihrem Anblick einen Stich verspürte – eine dumpfe Sehnsucht, eine Mischung aus Anziehung und Lust überlagert von greifbarer Enttäuschung und Trauer, das alles so hatte enden müssen –, war es, als versuchte sie den Mond zu betrachten, während neben ihr die Sonne stand und ihre Hand hielt.

Sie dachte wieder darüber nach, worum es bei der Fake-Beziehung eigentlich ging, wie sie Ruth den Vorschlag am Kai unterbreitet hatte. Wie sehr sie die Sache noch vor vierundzwanzig Stunden beschäftigt hatte. Es hatte funktioniert. Mei schien aus allen Wolken zu fallen, und Bette hatte so gesehen gewonnen. Aber das war ihr völlig egal. Sie wollte nur noch, dass Ruth aus freien Stücken ihre Hand hielt.

»Darum geht es doch, oder?« Ruths Stimme klang gepresst, ihr Lächeln war grauenhaft unecht, und sie hielt immer noch Bettes Hand fest. »Dass du jemanden dabeihast – egal wen.«

Ihr gezwungener Ton war schrecklich. Gerade lief Belle and Sebastian, einer der Songs vom ersten Album, dessen Titel

Bette sich einfach nicht merken konnte. Sie wollte am liebsten heulen. Von der Hochzeit verschwinden und in Ordnung bringen, was auch immer schiefgegangen war, seit sie eingeschlafen waren.

»Tut es nicht … ich meine, das weißt du doch. Du musst es wissen. Darum geht es nicht. Nicht mehr. Ich will …«

Ruth holte angestrengt Luft und sah Bette zum ersten Mal seit dem Abend zuvor so richtig in die Augen.

»Bette, ich …«, setzte sie an, aber ein klimperndes Glas über Lautsprecher lenkte ihre Aufmerksamkeit nach vorn.

Bette hätte schreien können.

»Sucht euch bitte alle einen Platz, wo ihr gut sehen könnt.« Louise dirigierte sie in Richtung der Fenster auf einer Seite der Halle, wo offensichtlich die Zeremonie stattfinden sollte. »Mir wurde aus gesicherter Quelle zugetragen, dass die Bräute draußen warten. Wer lieber sitzen möchte, kann auf einer der Bänke Platz nehmen!«

»Ruth?« Bette drückte ihre Hand, als sie sich auf den Weg machten.

»Nicht jetzt.« Ruth schüttelte den Kopf und entzog ihr ihre Hand. Sie sah Bette wieder in die Augen. »Alles okay zwischen uns. Ich bin nur … nicht jetzt, ja?«

Bette nickte, erbärmlich dankbar für den Zuspruch und von Ruths *Alles okay zwischen uns* getröstet, als wären es die letzten zwei Prozent Handyakku, die sie gerade noch am Leben hielten.

Sie fanden ein Plätzchen hinten in der Menge, und die Gespräche um sie herum wurden leiser. Dann erklangen die Drums eines Songs aus *Dirty Dancing,* den Bette liebte, und die Türen im hinteren Teil des Saals öffneten sich. Erin und Niamh standen Hand in Hand davor und strahlten so breit, dass Bette ein Schluchzen in der Kehle aufsteigen spürte. Der Morgen hatte sie ganz schön mitgenommen. Sie hatte Hunger, war nervös und müde und wahrscheinlich in Ruth verliebt, und gleichzeitig konnte sie nicht anders, als das zu betrauern, was sie mit Mei gehabt hatte, da konnte man unmöglich von ihr erwarten, diese Zurschaustellung von Glück und den Text von »Be My Baby« zu überstehen.

»Die *Outfits*«, hauchte Ruth, und Bette nickte hektisch blinzelnd. Erin trug einen perfekt geschnittenen weißen Anzug und das Haar an den Seiten zurückgekämmt und oben auf dem Kopf als Lockenschopf. Niamhs Anzug war softer, sein Hellgrün passte zu einigen der Ballons über ihnen, die Hose war weit und raschelte beim Gehen. Sie sahen so verliebt aus, warfen sich alle paar Schritte einen Blick zu. Auf halbem Weg mussten beide kichern, und Bette war ganz ergriffen. Als das Paar vorn angekommen war, gab Bette jeden Versuch auf, sich nichts anmerken zu lassen, richtete den Blick zur Decke, um die Tränen aufzuhalten, und wünschte sich, sie hätte eine richtige Handtasche voller Taschentücher dabei und nicht alles in die winzige Clutch gestopft.

Bis zu Erins und Niamhs Eheversprechen hatte sie sich wieder unter Kontrolle, aber die Ernsthaftigkeit und lange Liste an Schwüren machte ihr schon wieder zu schaffen. Dann wurden endlich die Ringe getauscht, und alle jubelten. Als die Gäste sich um die Bar am anderen Ende des Saales versammelten, konnte Bette tief durchatmen. Sie entschied sich dagegen, ihr Gesicht auf der Toilette zu überprüfen, nahm zwei Gläser mit etwas Sprudelndem von einem vorbeikommenden Tablett und reichte Ruth eines davon.

»Alles klar?«, fragte Ruth.

»Ja, ganz großartig. Richtig fantastisch.« Bette nahm einen so großen Schluck, dass ihr die Kohlensäure in der Kehle brannte. Ruth nickte und trank ebenfalls einen guten Schluck. Bevor eine von ihnen etwas sagen konnte, gesellte sich Maddy/Maggie mit ihrem Partner Simon zu ihnen, und noch jemand kam mit einer Flasche und schenkte allen nach. So war es leicht, Konversation zu machen, über die anderen Gäste zu tratschen und die süße Kellnerin mit Haggis im Blätterteig zu verfolgen.

Sobald sie nicht mehr zu zweit waren, war alles leichter.

Es gab keine Sitzordnung, also schlossen sie sich Simon und Maggie (Gott sei Dank für Simons klare Aussprache) an, als es Zeit zum Essen war. Sie wurden Mike und Harry vorgestellt, die ebenfalls mit Erin studiert hatten, und als Bette gerade die letzten beiden freien Plätze am Tisch betrachtete, setzte sich Mei auf einen davon. Neben ihr verbarg Ruth ein resigniertes Lachen hinter einem Husten.

»Mei.« Bette hatte keine Ahnung, was sie sonst noch sagen sollte, also schwieg sie einfach.

»Echt schön, dich zu sehen«, erwiderte Mei.

Höfliche Freundschaft also. Es fühlte sich gut an, dass sie nicht Meis Meinung war. Sie fand ganz und gar nicht, dass es *schön* war, Mei zu sehen.

»Das ist Ruth.« Bette dachte, die Vorstellungsrunde sollten sie lieber gleich hinter sich bringen.

»Mei, oder? Ich glaube, Bette hat dich mal erwähnt.« Ruths Stimme klang so unbeschwert wie den ganzen Tag noch nicht. Was für ein filmreifer Spruch, was für ein offensichtlicher Köder, Bette hätte beinahe laut gelacht. Mei dagegen wirkte getroffen und verwirrt, Ruths Schlag hatte wie geplant gesessen.

»Ach ja, genau.« Mei sah sich rastlos um und zeigte auf eine Frau an der Bar. Bette fiel auf, dass sie die Person gar nicht beachtet hatte, die vorhin neben Mei gestanden hatte. Ein Monat voller Panik, Angst und Hass wegen dieser Fremden, und sie hatte sie nicht mal wahrgenommen. »Und das ist Tamara. Ich stelle euch noch richtig vor, wenn sie zurückkommt. Ich wollte nur … Also, das ist Tamara. Und du bist Ruth.«

»Und ich bin Maggie«, sagte Maggie, und Bette prustete erleichtert los.

»Genau, das ist Maggie. Und Simon, Mike und Harry. Leute, das ist Mei.«

Maggie zog eine Augenbraue hoch, als würde sie merken, dass da was unter der Oberfläche ablief, aber die Männer waren so sehr in eine Unterhaltung über jemanden von der Uni vertieft, dass sie nur kurz in Meis Richtung nickten. Das unangenehme Schweigen an ihrer Hälfte des Tischs wurde von Tamaras Ankunft beendet, deren kurzes Kleid um ihre trainierten Oberschenkel schwang und die eine Flasche Weißwein in der einen und eine mit Rotwein in der anderen Hand hielt.

»Dachte, wir legen langsam mal los.« Ihrer Stimme nach hätte sie am besten in die Reality-Show *Made in Chelsea* gepasst. »Hi, ich bin Tamara.«

Das Essen war nett, in erster Linie, weil Maggie, Harry und Mike immer wieder Geschichten über Erin aus dem ersten Jahr an der Hull erzählten. Tamara schien die Tatsache überhaupt nichts auszumachen, dass ihr gegenüber am Tisch die Ex ihrer Freundin saß, und Bette konnte sich nicht entscheiden, ob sie das beruhigend oder beleidigend fand. Ruth hingegen war perfekt. Charmant und locker freundete sie sich sofort mit allen am Tisch an. Alles lief genauso, wie sie es sich erhofft hatte, genauso, wie sie es geplant hatten. Ruth stieß hin und wieder mit ihrem Knie gegen Bettes, und einmal ergriff sie auf dem Tisch ihre Hand. In diesen kurzen Augenblicken fühlte es sich echt an und machte beinahe die Panik wett, die Bette am Anfang des Tages empfunden hatte.

Es folgten ein paar Reden – Louise bot einen Rap dar, der erschreckend gut ankam, und Erins Mum brachte Harry dazu, sich mit einer Serviette die Tränen wegzuwischen. Dann kam die Torte, gefolgt vom ersten Tanz zu Taylor Swifts »Stay«, von dem Bette wünschte, Ash hätte ihn sehen können, und am

Ende stand sie neben Ruth, während alle auf die Tanzfläche strömten.

»Willst du …?« Bette hielt ihr die Hand hin.

Ruth schaute nach unten, und einen Moment war Bette überzeugt, dass sie ablehnen würde. Sie fragte sich, ob ihr Herz das verkraften würde.

»Klar«, erwiderte sie endlich, und Bette erfasste eine Welle der Erleichterung. »Ja, tanzen wir.«

Es war noch viel zu hell erleuchtet, und die Tanzfläche war völlig anders als die am Tag zuvor. Aber Ruths Körper so nah an ihrem und das Gefühl ihres Herzschlags waren beinahe zu viel für Bette. Sie wollte sie wieder küssen. Sie mussten reden, und das ohne die ganzen Leute hier. Sie musste unbedingt rausfinden, was in Ruths Kopf vorging, was sie dazu bewogen hatte, am Tisch ihre Hand wieder wegzuziehen.

Sie tanzten zu so vielen Songs, dass Bette nicht mehr mitzählte und aus den Augen verlor, was um sie herum geschah. Wäre es nur ein Lied gewesen, hätte Bette es als Show eingestuft, als reine Vorführung für Mei. Aber sie tanzten immer noch langsam, Ruths Wange lag an ihrer. Nach dem ersten Song sorgte sie sich nicht mehr darum, Ruth könnte die Speckrolle über ihrem Hintern fühlen und dass sie doch lieber die Spanx angezogen hätte. Ruth berührte sie und strich mit den Fingern immer wieder über die Kontur ihres Slips am Rücken, genau die Stelle, die sie gern glatter gehabt hätte. Sie war dankbar für die Spitze und die Abwesenheit der Spanx, sonst hätte sie Ruths Hände nicht so gut spüren können.

Schließlich löste Bette sich von Ruth.

»Ich geh mal Wasser holen. Willst du auch was?«

»Ja, gerne.« Ruth nickte. »Ich geh aufs Klo. Treffen wir uns an der Bar?«

Sie blieb auf der Tanzfläche stehen und sah Ruth nach, bis sie durch die Tür verschwunden war, das Herz voller haarsträubender Hoffnung. Bette stellte sich in die Barschlange und antwortete knapp auf eine Nachricht von Ash – jetzt war keine Zeit für die ganze Geschichte. Sie hatte gerade eine Nachricht von Carmen geöffnet, die unbedingt Hochzeits-Selfies sehen wollte, als sie jemanden viel zu nah neben sich stehen spürte. Jemand, der nicht Ruths Parfum trug, also drehte Bette sich um.

Es war Mei. Wer sonst.

»Amüsierst du dich gut?«

Um sie herum kannte sie niemand, und Bette hatte keine Lust mehr, etwas vorzuspielen.

»Ist das jetzt dein Ernst?« Ihre Stimme klang eiskalt. »Wir tun einfach so, als wären wir Freunde, die sich gegenseitig nach ihrem Befinden fragen?«

»Nein.« Meis Augen waren klar und konzentriert. »Nein, hast recht. Ich hab Scheiße gebaut. Und zwar so richtig.«

»Allerdings.«

»Ich kann nicht fassen … Ich hab nicht nachgedacht.«

»Du hast nicht nachgedacht? Du hast einfach … ja, was denn? Du hast dir aus Versehen eine neue Freundin gesucht? Sie aus Versehen zu Erins Hochzeit eingeladen? Du hast aus Versehen aus einer vorübergehenden Trennung eine endgültige gemacht und vergessen, mir Bescheid zu sagen?«

»Hey, ich würde dir auch gerne einen Grund liefern. Ich glaube, ich bin einfach durchgedreht. Ich habe dir geschrieben, und du hast nicht geantwortet. Dann dachte ich, ich treffe dich im Büro, aber du warst irgendwie verschwunden und hast alle meine Nachrichten ignoriert. Also bin ich einfach davon ausgegangen, dass du nichts mit mir zu tun haben willst. Zu dem Zeitpunkt habe ich es schon bereut. Ich habe es bereut, dass ich dich losgeschickt habe, damit du dich mit anderen Frauen amüsierst, anstatt mit mir. Du solltest die Chance haben, mich zu verlassen, wenn du das willst, bevor es für mich zu ernst wird. Aber das war es schon. Und als du mir dann an dem Tag nicht zurückgeschrieben hast, dachte ich, gut, ich gehe jetzt auf Abstand. Tue das Richtige. Gebe dir, was du willst.«

Bette erinnerte sich ganz genau daran, wie sie nicht in der Lage gewesen war, Mei zu treffen, und sich auf dem Klo versteckte, wie ihr das Herz bis zum Hals schlug.

»Wieso hast du das nicht einfach *gesagt*? Du hast mir das Herz gebrochen. Ich habe dich so sehr vermisst, dass ich nicht damit umgehen konnte, dir über den Weg zu laufen und so zu tun, als wäre alles gut. Ich wollte dich! Und sonst gar nichts. Aber der ganze bescheuerte Plan war doch deine Idee! Ich wollte es dir bloß recht machen!«

»Ich weiß, ich weiß.« Mei sah sich hilflos um. »Ich wusste, dass ich es versaut hab, dass ich nur Angst hatte. Aber ich wollte großzügig sein und dir Zeit geben, dich nicht in eine feste Beziehung zwingen. Ich wollte sicher sein, dass du mich aus freien Stücken wählst, dass du das Gleiche empfindest wie ich.«

Wie seltsam, das jetzt zu erfahren. Nach allem, was passiert war. Zu erfahren, dass Mei es bedauerte, zu erfahren, warum sie das überhaupt getan hatte. Die Wut und die Verachtung, die sie gefühlt hatte, nicht erst seit dem grauenhaften Mittagessen mit Erin, sondern von Anfang an, brachen sich endlich Bahn.

»Also hast du was getan? Mich gezwungen, es mit anderen zu treiben? Mir den Gedanken eingeimpft, wenn ich es nicht tue, bin ich nicht die Richtige für dich? Oder nicht bereit für dich?«

Unvorstellbar, wie sie sich jetzt fühlen würde, wenn sie sich nicht in Ruth verliebt hätte. Wenn sie allein zur Hochzeit gekommen wäre und die letzten Wochen damit verbracht hätte, darauf zu hoffen, sich sogar danach zu sehnen, Mei zurückzugewinnen. Stattdessen stand eindeutig fest, dass es kein Zurück gab. Wenn sie hier eine Entscheidung zu fällen hatte, gab es überhaupt keinen Zweifel, wie die aussah. Sie wollte Mei nicht zurück.

»Ich weiß. Ich weiß, und es tut mir so leid. Ich habe mir eingeredet, das wäre das Richtige.«

Mei ließ den Kopf hängen und raufte sich mit beiden Händen die Haare. Es war kurz, bemerkte Bette, kürzer, als sie es je gesehen hatte. Stand ihr und passte schön zum breiten, eckigen Ausschnitt ihres schwarzen Kleids.

»Ich weiß nicht, was du von mir hören willst. Ich hoffe, du bist richtig glücklich mit Tamara. Sie scheint nett zu sein. Ich hoffe, das war es wert.«

»War es nicht.« Mei griff nach Bettes Hand. Ihre Berührung fühlte sich heiß an. Elektrisch. Aber nicht auf die gute, Funken sprühende Art, die am ganzen Körper kribbelte. Nicht wie Meis Berührungen sich früher angefühlt hatten. Diese Art Elektrizität war gefährlich. Sie konnte zu Kurzschlüssen führen und (wenn man es dramatisch ausdrücken wollte, und danach stand Bette der Sinn) alles in die Luft jagen. »Ist es nicht. Ich ... ich will nicht mit Tamara zusammen sein. Ich will ... ich will, dass das alles nie passiert ist. Ich will, dass alles wieder so ist wie früher. Ich will dich.«

Bette lachte, hohl und leise. Sie bereute den Impuls sofort, aber der ganze Moment war einfach so verrückt. Vor einem Monat wäre das hier noch genau das gewesen, was sie gewollt hätte. Genau der Ausgang, auf den sie gehofft hatte. Und jetzt konnte sie sich nicht vorstellen, Ja zu sagen.

»Das glaube ich nicht. Du denkst, du willst die Art Frau, die du um Mitternacht ins Krankenhaus bestellen kannst. Und das verstehe ich. Genau so eine bin ich. Aber ich glaube nicht, dass du wirklich *mich* willst.« Sie drückte Meis Hand und wartete auf den richtigen Augenblick, sie loszulassen. Mei hatte

Tränen in den Augen, und Bette fühlte sich merkwürdig ruhig. Sie musste Nein sagen. Ihr ganzer Körper sagte Nein. »Ich vermisse es auch. Was wir in den guten Zeiten hatten. Aber jetzt ... jetzt will ich das nicht mehr.«

Mei schüttelte den Kopf, kurze, abgehackte Bewegungen, mit denen sie Bettes Antwort aus ihrem Kopf zu schleudern schien, sie kurzerhand ablehnte.

»Tut mir leid.« Bette ließ ihre Hand los. Sie schaute hoch, quer durch den stimmungsvoll beleuchteten Saal, und begegnete dem Blick der einzigen Person, die sie sehen wollte, die jedoch gleichzeitig die letzte war, die dieses Gespräch mitbekommen sollte.

Ruth.

Ruths Kiefer spannte sich an, Resignation stand ihr deutlich ins Gesicht geschrieben. Genau das hatte Ruth kommen sehen, wurde es Bette schlagartig klar. Darauf hatte sie sich den ganzen Tag gefasst gemacht. Dann hatte sie von Weitem gesehen, wie Bette Meis Hand hielt, beide in ein inniges Gespräch vertieft, Meis Gesicht schuldbewusst. Ruth wollte den Raum verlassen, und Bette musste es ihr erklären. Sie rannte ihr hinterher, durch die Tür auf den Parkplatz, dann bereute sie ihre ungestüme Reaktion gleich wieder. Bestimmt gab es irgendwo einen Korridor, der besser für diese Unterhaltung geeignet war. Es war beinahe November. In Schottland. Es war kalt.

»Also, ja, ich ... ich kann das nicht.« Ruth drehte sich zu ihr um und sah so entschuldigend aus, dass es Bette im Herzen wehtat. Die Gänsehaut an ihren Armen und ihrer Brust war plötzlich ihre geringste Sorge. »Ich kann einfach nicht. Nicht schon wieder, nicht, wenn du immer noch an deiner Ex hängst. Ich habe mir geschworen, dass mir das nie wieder passiert.«

»Ich hänge nicht mehr an Mei«, protestierte Bette, und Ruth schnaubte. Es war so wichtig, es ihr begreiflich zu machen.

Bette hatte es satt, dass andere ihr sagten, wie sie sich fühlte oder was sie wollen sollte. »Ich schwöre es dir. Ich bin sauer auf sie. Ich bin sauer, dass ich mir ihretwegen so blöd vorkam. Ich bin sauer auf sie und ihren blöden Plan, und weil sie gar nicht interessiert hat, was ich wollte, und ich bin sauer auf mich selbst, weil ich das Spielchen mitgespielt habe. Ich hänge nicht an ihr. Ich hänge an *dir*. Ich wollte das hier – dich – schon seit Monaten. Wahrscheinlich von Anfang an. Nein, ganz sicher. Von Anfang an.«

»Ich ... ich hätte dich gestern nicht küssen dürfen. Ich wollte dich auch. Will ich immer noch. Aber ...«

»Kein Aber!« Bette wurde lieber an der passenden Stelle laut, als sich weiter darum zu scheren, keine Aufmerksamkeit zu erregen. »Kein Aber! Ich will dich, und du willst mich, alles andere ist doch egal, oder?«

»Ich bin mit dir auf dieser Hochzeit hier, weil deine Ex dir so das Herz gebrochen hat, dass du nicht allein herkommen konntest. Und jetzt will sie dich offensichtlich zurück. Und selbst wenn du das jetzt nicht willst, morgen könnte es anders aussehen. Das kann ich nicht noch mal riskieren. Ich kann nicht springen. Ich kann nicht. Es tut zu sehr weh.«

Das Schlimmste daran war, erkannte Bette, dass sie es vorher gewusst hatte. Das war nichts Neues. Ruth hatte es ihr gesagt, hatte in aller Deutlichkeit ihre Beweggründe dargelegt. Mit Gabe hatte sie es langsam angehen lassen, extrem langsam. Das konnte sie gar nicht genug betonen. Er war der Richtige für sie, und sie hatten es langsam angehen lassen und jetzt ... Was hatte sie gestern Abend gesagt? Dass es kein Problem war? Herrgott, warum hatte Bette nicht wenigstens ein bisschen genauer nachgefragt?

Gabe hin oder her, Bette hatte Ruths Wünsche ignoriert, dass sie sich Zeit lassen wollte, und sie trotzdem geküsst. In der Hoffnung ... worauf? Dass sie die Ausnahme wäre? Dass es nicht darauf ankam? Dass Ruth ihre Meinung ändern würde? Aber gestern hatte es sich so angefühlt. Wie Ruth ihren Kuss erwidert hatte, war nicht nur gespielt. Sie hatte es genauso gefühlt wie Bette. Urplötzlich wurde Bette wütend. Wütend auf alle, die dachten, sie würden so gute, vernünftige Entscheidungen treffen, obwohl sie in Wirklichkeit bloß alles in den Sand setzten.

»Was für ein Schwachsinn. Man kann sich nicht verlieben, wenn es einem gerade in den Kram passt. Manchmal passiert es eben! Und jetzt willst du einfach weglaufen, weil du Angst hast? Weil wir uns nicht an den Plan in deinem Kopf gehalten haben?«

Draußen vor der Halle war es kalt und still, und ihre Worte hallten durch die Dunkelheit. Sie sah Ruth an und war sich sicher, jetzt würde sie erkennen, wie albern sie sich verhielt. Sicher, sie würde sie küssen, und dann würden sie wieder reingehen und tanzen und knutschen, und dann wäre wieder alles, wie es sein sollte.

Aber Ruth schaute hoch und brach das lange Schweigen.

»Ja. Tut mir echt leid, aber ja. Genau das werde ich.«

Dann drehte Ruth sich um und tat exakt das, was sie angekündigt hatte. Sie lief weg.

KAPITEL 25

Sonntag, 30. Oktober
1 Tag nach Ruth

In der Filmversion der Hochzeitssaga wäre Ruth nach dem Gespräch davongestürmt und einsam und allein mit dem Zug zurück nach Bristol gefahren, während Bette verzweifelt zurückblieb. Aber das hier war kein Film. Ruth war eine Doktorandin mit wenig Geld, und Bette hatte eine Fahrt mit mehreren Umstiegen und Zugbindung gebucht, außerdem war der letzte reguläre Zug Richtung Süden schon weg. Als Bette also zurück ins Zimmer kam, lag Ruth schon im Bett, mit dem Gesicht zum Fenster. Was für ein gegensätzliches Bild zum Abend zuvor. Bette kaute auf ihrer Lippe und kämpfte mit den Tränen. Sie hatte heute schon genug geweint. Ihr blieb nichts anderes übrig, als ins Bett zu gehen und zu versuchen, zu schlafen. Im Bad putzte sie sich die Zähne und schminkte sich sorgfältig ab, dann schlug sie die Decke zurück (wieso gab es überhaupt eine Firma, die Bettwäsche mit Krötenmuster herstellte?) und machte sich vor, sie könne irgendwie einschlafen.

Die zwanzig Minuten zwischen dem Aufstehen und Zum-Bahnhof-Laufen am nächsten Morgen gehörten zu den schlimmsten in Bettes Leben. Das Zimmer war zu klein, um sich aus dem Weg zu gehen, und sie wusste nicht, was sie sagen sollte. Sie konnte Ruth nicht noch mal anflehen. Konnte sie nicht bitten, ihre Bedenken außer Acht zu lassen, ihren Instinkt zu ignorieren und es einfach zu versuchen. Wie sollte man jemanden immer wieder bitten, verliebt zu sein, ohne dass es demütigend wurde? Bitten kam nicht mehr infrage.

Die Vorstellung, die ganze siebenstündige Rückfahrt nebeneinanderzusitzen, war einfach unerträglich. Also stellte Bette auf dem Weg die Treppe hinunter, während ihr der Koffer immer wieder gegen die Schienbeine schlug, den Alternativplan vor, den sie sich in der schlaflosen Nacht überlegt hatte.

»Hey.« Sie schluckte, bevor sie fortfuhr, und versuchte, den Kloß im Hals loszuwerden. »Ich glaube, wir brauchen beide ein bisschen Zeit. Für uns, meine ich. Also wie wärs, wenn ich dir einfach das Ticket schicke und wir …«

Sie verstummte, wusste nicht genau, wie sie es ausdrücken sollte. Im Kopf war es ihr so klar vorgekommen.

»Jede für sich fahren?«, vervollständigte Ruth.

»Genau.«

»Ich glaube, das wäre gut für uns beide.« Ruths Stimme klang zerbrechlich. Unglaublich dünn. Es hörte sich an, als könnte sie jeden Moment in Tränen ausbrechen. »Ich sollte dir das Geld für …«

Bette hielt es nicht aus. Natürlich hätte sie das Geld gebrauchen können, das Ticket war ja nicht gerade billig gewesen. Sie sah einem sparsamen November entgegen. Aber der Gedanke, dass Ruth ihr aus schlechtem Gewissen Geld zahlte, war zu schrecklich.

»Hör auf. Das war nicht so abgemacht. Du … du bist mitgekommen, damit ich nicht alleine bin. Ich bin dir echt dankbar.«

Ruth zuckte die Schultern, und der Kummer verschwand etwas aus ihrer Miene. Sie standen schweigend da und sahen einander nicht direkt an.

»Okay.« Am Fuß der Treppe reichte Bette Ruth ihren Zimmerschlüssel und holte ihr Handy raus. »Ich schick es dir eben, und du gibst die Schlüssel ab.«

Sie machte Screenshots von Ruths Ticket, leitete sie weiter, wischte die unzähligen Benachrichtigungen vom Display und steckte das Handy wieder ein. Draußen vor dem Hotel hing Novemberniesel in der Luft, und Bette spürte sofort, wie ihr Haar sich kräuselte.

»Also.« Ruth trat hinter ihr ins Freie und mied ihren Blick. »Dann sehen wir uns in Bristol.«

»Ja, ich melde mich.« Bettes Worte waren seltsam förmlich und absolut unzureichend.

Ruth nickte und drehte sich um. Bette sah zu, wie sie am Ende der Straße um die Ecke bog, und wünschte sich, sie würde umkehren und ihre Meinung ändern. Das tat sie nicht. Als sie fort war, fing Bette an zu weinen.

***

Bette hatte am Bahnhof nicht an Essen denken können und bereute nun zutiefst, dass sie sich nicht gezwungen hatte, irgendwas zu kaufen. Der Geruch der warmen Sandwiches bereitete ihr Übelkeit, und der Anblick der Chips machte sie traurig, also hielt sie sich mit Tee und KitKats am Leben und starrte voller Selbstmitleid aus dem Fenster.

Ungefähr eine Stunde vor Birmingham atmete sie tief durch und holte ihr Handy aus der Tasche. Ruth hatte sich nicht gemeldet, fragte nicht verzweifelt nach ihrer Wagennummer, um alles zurückzunehmen. Sie hatte nichts anderes erwartet, aber weh tat es trotzdem. Zum Glück hatte sie auch keine Nachricht von Mei bekommen. Ihre Mutter fragte sie nach ihren bisher nicht existenten Plänen für Weihnachten. Natürlich waren da auch einige Nachrichten von Ash, die von Mal zu

Mal mehr Großbuchstaben enthielten. Sie scrollte zurück und überflog sie nur grob, dann stöpselte sie ihre Kopfhörer ein und drückte auf den Anruf-Button.

»Also bist du nicht tot.« Ash nahm beim zweiten Klingeln ab. Bette fühlte sich schlecht, normalerweise antworteten sie einander immer. Im umgekehrten Fall hätte sie Ash umgebracht.

»Nein. Tot nicht.«

»Na, dann rufst du hoffentlich an, um mir zu erzählen, dass du widerlich viel Sex hattest. Das ist die einzige akzeptable Begründung, dass du mich seit gestern ignoriert hast.«

»Ich ...« Vor Bettes tränennassen Augen verschwamm alles. »Ich ...«

»Bette, hey. Hey, was ist denn los? Wo bist du?«

»Ich bin hier«, presste Bette sinnloserweise hervor, dann ließ sie ihre Tasche auf ihrem Platz liegen und stolperte durch den Gang, wobei sie den Blickkontakt zu anderen Fahrgästen mied. Im Türbereich zwischen den Waggons angekommen, ließ sie sich an der Wand zu Boden sinken, bis ihr Hintern ihre Fersen berührte. Auf den Boden würde sie sich in einem CrossCountry-Zug nicht setzen. Auf keinen Fall.

»Bist du noch dran?«, erklang Ashs Stimme in ihrem Ohr.

»Ich hatte Sex.«

»Okay.« Ash schwieg, damit sie weitererzählen konnte.

»Nicht mit Mei.«

Ash lachte am anderen Ende los, riss sich aber schnell wieder zusammen. »Klar.«

»Ich hatte Sex mit Ruth.«

»Mit wem sonst.«

Ash hatte es gewusst, erinnerte sich Bette. Sie hatte es die ganze Zeit gewusst.

»Ich habe mit Ruth geschlafen, und ich glaube, ich bin wirklich in sie verliebt, aber Mei will mich zurück, und Ruth hat gesehen, wie sie meine Hand gehalten hat, und jetzt will sie mich nicht mehr.«

Eine ganze Weile herrschte Stille.

»Was?«

»Sie ist auch irgendwo im Zug, aber ich weiß nicht, wo. Wir fahren nicht zusammen. Aber wir müssen noch dreimal oder so umsteigen, also kann es gut sein, dass ich sie am Bahnsteig treffe. Mein Gott, wir fahren durch scheiß Wales, weil ich mir keine anderen Tickets leisten konnte. Wir haben immer noch Stunden vor uns, in denen wir uns über den Weg laufen können. Ich hab alles versaut. Ich hätte sie nie küssen dürfen. Ich … oh Gott, ich hab es so verkackt. Ash, ich hab es total verkackt …«

»Hey«, fiel ihr Ash ins Wort. »Schon gut. Das wird schon wieder. Bald bist du wieder zu Hause. Ganz bald. Dann bereden wir alles.«

»Wie denn, Ash? *Wie* soll das wieder werden?«

»Ganz ehrlich? Weiß ich auch nicht. Aber du musst die nächsten paar Stunden durchstehen, dann bin ich da.«

Die nächsten drei Stunden fühlten sich an wie siebzehn. Am Bahnhof Birmingham New Street erspähte Bette vor dem Prêt a Manger Meis Hinterkopf. Sie drehte sich um und sah stattdessen Ruth, die hoch auf eine Anzeigetafel schaute. Es kam ihr vor wie eine Erfahrung, bei der sie weise nicken sollte, als wäre es genau das, womit sie nach den letzten achtundvierzig Stunden rechnen musste: ein deprimierendes Aufeinandertreffen einer Nicht-wirklich-Dreiecksgeschichte in einem großen Bahnhof. Es fühlte sich an wie irgendein kosmischer Blödsinn, als würde das Universum sie auslachen. Dabei glaubte sie gar nicht an so was, und tatsächlich befanden sie sich alle bloß am selben Ort und fuhren mit denselben Zügen, weil Bette diese Reise für sie alle drei geplant hatte.

Sie schaffte es in den nächsten Zug, versteckte sich, behielt die Kopfhörer auf und zählte nach, wie oft sie bis Bristol noch umsteigen musste. Als Bette im Bahnhof Temple Meads durch die Ticketschranke ging, stand Ash mit einem Thermobecher dahinter.

»Ich dachte, du kannst einen Tee gebrauchen.« Ash nahm Bette den Koffer ab und drückte ihr den Becher in die Hand.

Die letzte Viertelstunde nach Hause war irgendwie noch schlimmer als alles andere davor. Die Stunden im Zug waren gar nichts gegen die Anstrengung, einen Fuß vor den anderen zu setzen und sich den Berg hoch zu quälen. Ash an ihrer Seite zu haben, war zwar eine Hilfe, aber sie hatte nichts mehr gesagt, seit sie ihr den Tee überreicht hatte.

»Falls das hilft, sie sah mindestens genauso fertig aus wie du«, sagte Ash endlich, wich einem Passanten aus und ließ den Koffer beinahe auf die Straße rollen.

Das tat es wirklich. Einen Moment lang half es immens und nährte die blöde Hoffnung in ihrer Brust. Wenn Ruth genauso niedergeschlagen war wie sie, dann war es doch sicher nur noch eine Frage der Zeit, bis sie beschloss, Bette sei das Risiko wert. Den Sprung von der Klippe. Aber sie verbannte die Hoffnung, bevor sie sich festsetzen konnte. Vielleicht sah man auch einfach fertig aus, wenn man bei einer Hochzeit eine Nacht mit unglaublich gutem und unfassbar kompliziertem Sex verbracht hatte.

***

Die ganze Woche lebte Bette ein kleines Leben. Klein und still und darauf ausgerichtet, sich nicht zu verlieren, nicht in ein Loch aus Verzweiflung zu fallen. Dabei wäre es ein Leichtes gewesen, sich darin zu suhlen, wieder der Ästhetik des gebrochenen Herzens zu verfallen. Aber sie gab sich alle Mühe, es nicht zu tun, gab sich so viel Mühe, dass es sich eher wie Winterschlaf anfühlte, als würde sie ihre ganze Energie darauf fokussieren, die wichtigsten Lebensfunktionen (zur Arbeit gehen, essen, was auch immer Ash gekocht hatte, Zähne putzen, schlafen) aufrechtzuerhalten. Sie konnte nicht mal Eistanz schauen. Alles in ihr war erstarrt. Pausiert. Das war sicherer als Verzweiflung.

Schließlich und unvermeidlich war wieder Sonntag, und eine ganze Woche war vergangen. Um ihrem Wochenende einen Sinn zu geben und irgendwas zu tun zu haben, beschloss Bette, ihre Nonna zu besuchen. Auf der vertrauten Zugfahrt betrachtete sie die vorbeiziehende Landschaft. Niemand wollte irgendwas von ihr, niemand fing ein Gespräch an. Sie hatte Spotify durchforstet und hörte nun eine Playlist namens »Sad Classical«, die das komplette Spektrum von Trübsal bis Seelenqual abdeckte. Abgesehen von den regelmäßigen Unterbrechungen durch Werbung für Milchalternativen war es eigentlich ziemlich perfekt.

Am Abend zuvor hatte Bette ihrer Mutter eine Nachricht geschickt und versucht, ihr ganz nebenbei die Sonntagspläne der Familie zu entlocken. Ein echter Drahtseilakt, genug Interesse am Sonntagsgottesdienst und am Mittagessen zu zeigen, damit sie sich sicher war, in der Pflegeeinrichtung nicht dem Rest der Familie in die Arme zu laufen, aber nicht so viel, dass sie am Ende noch eingeladen wurde. Dafür hatte sie einfach keine Energie. Die Möglichkeit, ihnen zu begegnen und dabei so offensichtlich deprimiert zu sein, hatte sie belastet. Es war schon schwierig genug, das Gefühl zu haben, ihr Leben verteidigen zu müssen, wenn sie auf Wolke sieben schwebte. Aber wenn ihr Herz gebrochen war und sie nicht darüber sprechen konnte, warum sie so traurig war? Wenn sie wieder allein war und genau das Leben führte, für das die anderen sie so leicht bemitleiden konnten? Denn genau das befürchteten sie: ein einsames, todunglückliches Dasein. Und das traf gar nicht zu. Aber es war auch kein Wochenende, an dem sie gut lauthals verkünden konnte, wie wunderbar alles lief.

Der Weg zum Pflegeheim war lang und verschlungen, und es war November. Bette hatte ihre Kapuze auf, und der Sprühregen verwandelte sich auf ihrer Haut nach und nach in richtige Tropfen, die ihr den Hals hinunterliefen. Als sie ankam, war sie klamm. Auf die englische Art, die man nicht ganz als durchnässt bezeichnen konnte, dank der man sich beim Jackeausziehen aber klebrig, unangenehm und grauenhaft fühlte.

Am Empfang war niemand, der beobachten konnte, wie sie sich aus der Jacke quälte, was für eine Erleichterung. Sie musste nicht lange warten, bis die Oberschwester mit der gleichen Energie wie immer den Flur entlangkam: als würde sie alles mit 1,2-facher Geschwindigkeit ausführen und dabei die ganze Zeit mit der Welt um sie herum hadern.

»Leone, nicht wahr?« Ihr selbstsicherer Ton machte Bettes bestätigendes Nicken eigentlich überflüssig. Es war der Nachname ihrer Nonna, nicht ihrer, aber jedes Mal, wenn man sich an sie erinnerte, dämpfte das ihr schlechtes Gewissen, nicht oft genug zu Besuch zu kommen. Die Schwester fackelte nicht lange, was weder barsch noch unterkühlt war, sie hatte einfach kein Interesse an belanglosem Geplänkel, und Bette war dankbar dafür. Ihre Temperatur wurde gemessen, dann bekam sie eine Maske und wurde ohne Small Talk den Korridor entlang gebeten.

Ihre Nonna hatte ihr Zimmer ganz am Ende neben dem großen Gemeinschaftsraum, von dem aus man auch in den Garten gelangte. Sie ging an Zimmern mit anderen Bewohner*innen und ihren Familien vorbei und wollte der Versuchung widerstehen, in jede offene Tür zu spähen. Aber ihre schmatzenden Schritte auf dem quietschenden Boden erregten Aufmerksamkeit. Der musikvernarrte Mr. Law, der einen Plattenspieler und einen riesigen Stapel Jazz- und Blues-Platten am Fenster stehen hatte, winkte ihr zu. Dann kam Jean, die engste Freundin ihrer Nonna, ein unverbesserliches Klatschmaul, und versperrte ihr praktisch den Weg, als sie an ihrem Zimmer vorbeigehen wollte.

»Ein Vögelchen hat mir gezwitschert, dass du ein Programm für Pflegeheime gestartet hast, und wir stehen nicht auf der Liste.«

»Hi, Jean.« Bette fügte sich in die Umarmung, die Jean ihr aufzwang. Sie war nicht darauf vorbereitet, hatte sich nicht darauf gefasst gemacht wie bei Ash die ganze Woche, und es trat etwas in ihr los. Sie räusperte sich, ihre Stimme war ganz kratzig und unbenutzbar, nachdem sie sie den ganzen Vormittag nicht gebraucht hatte. »Das wird bloß regional gefördert, tut mir leid. Wir haben es aber versucht! Wir werden einen Riesenerfolg draus machen, dann können wir es nächstes Jahr größer aufziehen. Ich halte Nonna auf dem Laufenden.«

»Ich mein ja nur, wir haben den Eulenkerl. Ein bisschen Kunst könnte nicht schaden. Wie auch immer. Das überlasse ich dir. Ich muss mich noch schön machen, mein Date wartet nicht.«

Sie eilte wieder in ihr Zimmer und ließ Bette verdattert stehen. Einen Augenblick später kam Marina, ihre Lieblingsangestellte der Einrichtung, mit einem Tablett unterm Arm aus Jeans Zimmer.

»Morgen, Liebes.« Marina war eigentlich zu jung, um Bette Liebes zu nennen, höchstens Mitte zwanzig. Aber sie trug auch einen Verlobungsring, die Bewohner*innen vergötterten sie, und sie war so kompetent und gelassen. Ihr Haar war immer elegant mit einem Tuch hochgesteckt, und ihre Eyeliner-Wings saßen makellos. In ihrer Gegenwart fühlte Bette sich beinahe wie eine Teenagerin, die ihr Leben kaum im Griff hatte.

»Hey, Marina.« Und dann, als ihr Jeans Worte noch mal durch den Kopf gingen: »Eulenkerl?«

»Ach, das ist Pascal. Der bringt donnerstags eine Eule mit.« Sie lächelte Bette an, als sei das Erklärung genug.

»Ach so.«

»Ihre Nonna hatte keine gute Nacht, Liebes. Sie konnte nicht durchschlafen, deshalb ist sie jetzt müde. Ist zwar aufgestanden und hat sich angezogen, als ich zuletzt nach ihr gesehen habe, hatte sie sich allerdings wieder hingelegt. Aber vielleicht wacht sie bald wieder auf, wenn Sie sich zu ihr setzen wollen? Sie freut sich bestimmt, wenn Sie da sind und mit ihr plaudern.«

Bette nickte und merkte, wie viel es ihr abverlangte, zu lächeln.

»Sie können sonst auch gern vorher anrufen und nachfragen, bevor Sie kommen.«

Marina drückte ihre Schulter und ging durch den Flur davon.

Natürlich konnte sie das. Anrufen ergab Sinn. Aber sie konnte ohnehin nur am Wochenende und war abhängig vom Zugfahrplan, und sie wollte ihren Eltern aus dem Weg gehen. Also war der Sonntagvormittag im Grunde die einzige Möglichkeit. Und selbst wenn es so ein Tag war, keiner von den guten, wenn Bette sich bloß zu ihrer Nonna ins Zimmer setzen und lesen konnte, falls sie kurz wach wurde, sie würde sich trotzdem gern auf den Weg machen.

Bei der Zimmervergabe hatte ihre Nonna Glück gehabt: Es gab genug Platz für ein großes Bett, ein paar Stühle, kleine, verstellbare Tische und eine hohe Kommode. Klein und beengt fühlte es sich nur an, weil es so vollgestopft war, mit Stapeln handgestrickter und handgenähter Decken und Patchworkdecken, der Reihe auf Hochglanz polierter Schuhe, die Nonna selten anzog, aber gern anschaute, und den unzähligen gerahmten Familienfotos, die auf einer Spitzendecke standen. Dazwischen gerahmte Bilder von Jesus und Maria, Ehrenmitglieder der Familie, auf denen sie die Hände vor die heilig leuchtende Brust hielten.

Ihre Nonna lag auf der Seite in dem Bett mit Kunststoffgestell, auf der Decke und bekleidet mit ihrer üblichen Hose mit elastischem Bund und einem formlosen, fliederfarbenen Pullover. Von den Knien bis zum Fuß des Bettes war sie mit einer Steppdecke zugedeckt. Bette fragte sich, ob das Marina gewesen war, und beschloss, dass ihr die Vorstellung gefiel. Sie sah es vor sich: wie die sanfte, gewissenhafte Marina die Decke ausschüttelte und über die notorisch kalten Füße ihrer Nonna ausbreitete.

Ihre erste Eingebung war, aufzuräumen und das Zimmer so herzurichten, wie ihre Nonna es gernhatte, aber es war alles in bester Ordnung. Kein Bilderrahmen stand schief. Also konnte sie nichts weiter tun, als sich hinzusetzen und zu warten. Sie schob einen Stuhl ans Bett und packte ihren Rucksack aus: eine Thermosflasche Kaffee (Nonna gefiel vieles am Leben im Pflegeheim ganz gut, aber die Kaffeequalität ließ zu wünschen übrig) und zwei Stück Kuchen, die Ash am Tag zuvor bei Hart's ausgesucht hatte. Sie schaute runter auf die Schachtel und war zum ersten Mal diese Woche wirklich den Tränen nahe. Was für ein Glück sie hatte. Sie hatte Ash gar nicht verdient.

Beim Losgehen war Bette nicht nach Lesen gewesen, aber jetzt bereute sie, kein Buch dabeizuhaben. Durch Instagram zu scrollen, barg die Gefahr, in ihrem Zustand das Fass zum Überlaufen zu bringen. Aber irgendwas musste sie tun. Marina hatte gesagt, sie solle mit Nonna plaudern, also konnte Bette vielleicht einfach ... reden. Das war bestimmt besser, als endlos zu grübeln. Ihr wurde bewusst, dass sie bei ihrem letzten Besuch bei Nonna wegen Mei total verletzt gewesen war. Das kam ihr eine Ewigkeit her vor, seitdem war so viel passiert.

Aber es war gar keine Ewigkeit. Und trotz allem, was in Edinburgh geschehen war, war der alte Schmerz noch nicht ganz verschwunden.

Vielleicht wäre es einfacher gewesen, wenn das mit Ruth sie so sehr getroffen hätte, dass alles andere in den Hintergrund trat. Aber in Wahrheit war es einfach die Kombination aus allem: die Demütigung wegen Mei, die Einsamkeit, die Verzweiflung, wieder von vorn anfangen zu müssen, war immer noch da und verstärkte den neuen Schmerz.

»Ciao, Nonna.« Bette legte eine Hand auf das Bett, räusperte sich noch mal und sprach mit sanfter, leiser Stimme. Nach dem ersten Schlaganfall hatten sie alle so mit ihr gesprochen. Als könnte sie sie hören und ließe sich so überzeugen, zurückzukommen. »Tut mir leid, dass du keine gute Nacht hattest. Ehrlich gesagt verpasst du nicht viel. Hier ist heute anscheinend nichts los. Und die Woche war scheiße. 'tschuldigung. Sie war nicht schön. Ich hab die Nachrichten in letzter Zeit zwar nicht so genau verfolgt, aber da stehen die Zeichen auch auf Weltuntergang. Aber das ... das weißt du ja wahrscheinlich. Von der Familie gibt es auch Neuigkeiten, aber die hast du bestimmt schon von Mum gehört, und ich weiß nicht ...«

Bette wusste gar nichts, so einfach war das. Sie wusste nicht, was sie Nonna erzählen konnte, was die nicht schon wusste. Nichts über die Familie, das war klar. Und um ihre Familie drehten sich Bettes Gedanken ohnehin nicht.

»Ich hab gelogen, Nonna. Als ich letztes Mal hier war, habe ich dir gesagt, dass es mir gut geht. Das stimmte nicht. Ich konnte es nicht besonders gut verbergen, also überrascht dich das jetzt bestimmt nicht sonderlich. Wahrscheinlich hast du es schon gewusst. Mir wurde das Herz gebrochen. Es tut immer noch weh, ein bisschen zumindest. Es gab da ... jemanden, und dann war Schluss. Und ich vermisse s... so viele Sachen. Wie einfach und schön es war. Ich weiß immer noch nicht, wie ich ohne klarkommen soll. Und es nicht schlimm finden soll. Alle anderen finden es besser so, und ich weiß auch, dass es richtig ist. Aber ich … ich bin so traurig wegen allem, was wir gehabt hätten, aber jetzt niemals haben werden. Ich bin traurig, dass es auseinandergegangen ist, weil wir beide dem anderen Sachen unterstellt haben, die gar nicht wahr waren. Ich will nicht mehr traurig sein, aber es hört einfach nicht auf.« Es war gut, dachte sie. Sinnvoll, all das sagen zu können, ohne zu viel darüber nachzudenken. Traurig wegen Mei zu sein, von der Ash garantiert nichts mehr hören wollte. »Ich habe mir eingeredet, dass es egal ist, deshalb bin ich jetzt sauer, weil es doch nicht so ist. Weil ich nämlich auch noch … jemand anderen kennengelernt habe. Und vor allem habe ich endlich verstanden, was ich schon länger für die Person empfinde. Deshalb ging das irgendwie ganz schnell. Es schien so, als ob ich mich rasend schnell verliebt hätte. So war es aber gar nicht. Aber ich habe es versaut …«

Sie verstummte, als die Atmung ihrer Nonna sich veränderte und der Mund, der beim Schlafen offen gestanden hatte, sich gezielt schloss.

»Elisabetta?«, fragte sie mit geschlossenen Augen.

»Ich bin's, Nonna. Hallo.« Bette drückte ihre Hand. »Möchtest du aufstehen?«

Ihre Nonna nickte auf dem Kissen, war immer noch nicht ganz wach. Bette zog ihren Stuhl zurück an seinen ursprünglichen Platz mit Blick in den Garten. Es dauerte einen Moment, ihre Nonna auf ihren Stuhl zu setzen, dann nahm Bette neben ihr Platz.

»Hast du …?« Nonna schwieg zufrieden lächelnd, als Bette den Tisch mit der Thermosflasche und der Kuchenschachtel herüberrollte. Sie goss den Kaffee in die Lieblingstassen ihrer Nonna mit dem Weidenmuster und erzählte von Workshops und anderen Arbeitsthemen. Eine Weile war es angenehm, sich so abzulenken. Aber es kam ihr vor, als würde sie Selbstgespräche führen, eigentlich hatte sie mit Fragen und Anmerkungen gerechnet, um die ihre Nonna sonst nie verlegen war.

Doch die Art Unterhaltung schien ihre Nonna nicht führen zu wollen.

»Diese Person, die du liebst, liebt sie dich auch?«

Bettes Magen verkrampfte sich. Natürlich hatte Nonna zugehört. Irgendwie hatte sie vergessen, dass der Schlaganfall inzwischen Jahre her war. Dass sie Nonna nicht zurück in die Wirklichkeit holen musste. Sie war schon da, hielt einfach ein Nickerchen. Und hörte anscheinend zu.

»Ich glaube nicht. Ich meine, die Person ist nicht bereit dafür. Sie ist noch nicht über jemand anderen hinweg. Und das wusste ich.«

»Man muss doch ständig über irgendwen wegkommen. Menschen sterben. Menschen verlassen einen. Jeder ist traurig, aber du darfst nicht immer nur traurig sein. Man sollte auch lieben.«

»Ich glaube, es ist nicht nur Traurigkeit. Eher … Angst. Wenn man schlimm verletzt wurde, ist es wahrscheinlich ein beängstigendes Gefühl, sich neu zu verlieben.«

»Wer könnte Angst davor haben, dich zu lieben?« Sie nahm Bettes Hand, ihre dunklen Augen aufrichtig. »Dich zu lieben, ist so einfach.«

Dagegen ließ sich kaum was sagen. Bette zuckte die Achseln und nickte, als sei es wahr. Als stimme sie zu. Als sei es wirklich so einfach.

»Wie heißt sie denn?«

»Ruth«, antwortete Bette, ohne nachzudenken. Dann fühlte sie sich plötzlich, als würde ihr Gesicht von innen in Flammen aufgehen: heiß und unangenehm. Ihr Herz raste, ihre Zunge und ihre Zähne fühlten sich zu groß für ihren Mund an. Sie hatte nicht … Sie wollte nicht … Wieso hatte sie …?

»Schöner Name.« Ihre Nonna nickte still und nachdenklich. »Noomi, Orpa, Rut.«

Namen aus dem Alten Testament, erkannte Bette. Sie konnte sich nicht an die Einzelheiten der Geschichte erinnern, konnte sich nicht darauf konzentrieren.

Ihre Nonna wirkte völlig unbeeindruckt, als sei das keine Neuigkeit. Lag es an der schwammigen Ausdrucksweise mit »die Person«? Oder hatte ihre Mutter was gesagt? War Bette selbst was rausgerutscht? Sie hätte heulen können. Sie hätte ihre Nonna am liebsten ausgefragt. Aber die nippte an ihrem Kaffee und griff nach dem Kuchen. Vielleicht war es nicht richtig, Aufmerksamkeit darauf zu lenken. Vielleicht konnten sie es einfach … lassen. Also holte Bette ihren Laptop raus, schaltete die *Golden Girls* ein, lehnte sich zurück und lachte mit ihrer Nonna, als Blanche in italienischer Synchronisation flirtete.

Nach ein paar Folgen schielte sie rüber zur Uhr über der Kommode – sie hatte noch einen Putznachmittag mit Ash vor sich. In einer halben Stunde fuhr ein Zug, den musste sie nehmen.

»Dein Zug?«, fragte Nonna und wischte Bettes Entschuldigungen beiseite. »Danke fürs Kommen. Fürs Bei-mir-Sitzen. Bring Ash doch mal mit. Nächstes Mal?«

Bette schraubte die Thermosflasche wieder zu und schloss ihren Rucksack. Sie drückte den maskierten Mund an die Wange ihrer Nonna und drückte ihre Hand.

»Versprochen. Ciao, Nonna.«

***

Am Montagmorgen hatte Bette eine Entscheidung getroffen. Sie konnte Ash nicht länger das Leben schwer machen. Sie konnte nicht die Art Mitbewohnerin sein, die weder einkaufte noch sauber machte, sondern nur bedröppelt in der Wohnung rumhockte. Das hier war ja nicht mal eine Trennung, und sie würde auf gar keinen Fall trauern, als wäre es eine. Als Ash sie vor der Arbeit wach und angezogen in der Küche vorfand, lächelte Bette und reichte ihr den Kaffee, den sie gekocht hatte.

»Danke.« Ash konnte es offensichtlich kaum fassen. Sie war die ganze Woche so lieb und vorsichtig gewesen, hatte sich nach dem Putzen hingesetzt und mit Bette geredet. Später, beim Ins-Bett-Gehen, hatte Bette vorausgesehen, wie der Rest des Monats, der Rest des Jahres ablaufen könnte. Sie wusste, dass Ash den gleichen Gedanken hatte. Sie sah die Mahlzeiten, die Ash ihr hinstellte, die Abende auf dem Sofa. Vielleicht konnte sie das alles ja überspringen. Vielleicht konnte sie eine bessere Freundin und ein besserer Mensch sein als die letzten Wochen und sich nicht auch noch den restlichen November in den Mittelpunkt drängen. Sie konnte auch die Art Mitbewohnerin sein, die Kaffee kochte.

»Ich dachte, es wäre schön, am Wochenende was mit Tim zu machen? Ist ja ewig her, dass ich ihn mal länger als zum Hallosagen gesehen habe.«

»Okay, Moment. Was ist hier los?«

»Was meinst du?« Bettes Tonfall war fröhlich und unbeschwert, sie strengte sich an, nicht wieder in den kalten Winterschlafmodus zu rutschen.

»Nichts. Überhaupt nichts. Alles ganz normal. Machen wir einfach einen Termin.« Ashs Stimme triefte vor Sarkasmus.

»Prima!« Bette war überzeugt, dass sie das Ganze nur mit überschwänglicher Heiterkeit durchstehen würde. Die würde sie so lange vorspielen, bis sie tatsächlich voller überschwänglicher Heiterkeit war.

Ash betrachtete sie, trank ihre Tasse aus und gab sie zurück. Sie drehte sich um, holte ihr Mittagessen aus dem Kühlschrank und sah Bette von der Tür aus noch mal an.

»Das war komisch.« Sie machte eine allumfassende Geste in Bettes Richtung. »Das weißt du selber. Die ganze Interaktion gerade war komisch. Aber an den Kaffee am Morgen könnte ich mich gewöhnen, wenn du die Nummer durchziehen willst. Na ja, egal. Bis heute Abend.«

Im Verlauf der Woche wurde es sogar noch einfacher. Irgendwie peinlich, dass sie es noch nie so versucht hatte, nicht mal eine Woche vorher. Anstatt jedes einzelne Gefühl zu fühlen und sich todtraurig aufs Sofa zu werfen oder im Bett Trübsal zu blasen, statt alternativ komplett dichtzumachen und gar nichts mehr zu fühlen, konnte sie auch einfach ... leben.

Auch wenn Ash auf Bettes Vorschlag hin zunächst Bedenken gehabt hatte, schrieb sie Tim Mitte der Woche und plante einen langen Winterlunch im Pub am Sonntag. Wenn es ihr wieder gut gehen sollte, musste sie etwas mit ihrer Zeit anfangen. Dann durfte sie nicht immer wieder an Ruth im BH im Bett denken, wie ihr Oberkörper errötet war und ihre Augen halb geschlossen. Wenn es ihr wieder gut gehen sollte, musste sie am Wochenende und abends was vorhaben, durfte gar keine Gelegenheit haben, deprimiert und allein zu sein. Beschäftigt zu sein, war die Lösung.

Als Ash am Donnerstag bei Tim war, wollte Bette sich erst Essen bestellen: Schachteln voller Hummus und gefüllter Weinblätter und Falafel und Salat mit Kräutern. Es wäre so einfach gewesen, was zu bestellen und sich aufs Sofa zu schmeißen, aber sie musste daran denken, wie gut es sich angefühlt hatte, die Muscheln zu kochen, wie befriedigend es gewesen war, den Deckel vom Topf zu heben. Sie stellte sich vor, etwas zu tun zu haben und sich nützlich zu machen, ihren Kopf zu beschäftigten. Außerdem dachte sie an die Zugtickets und den sparsamen Monat, den sie sich vorgenommen hatte.

In der Küche standen Kochbücher – Ashs natürlich –, aber sie würde schon was finden. Im Laden an der Ecke gab es nicht alles, aber den Rest hatte Ash zum Großteil im Schrank. Das Internet war der Meinung, dass die Soße auch ohne eingelegte Artischocken was werden würde. Bette aß ihre Nudeln am Tisch und hörte dabei Musik übers Handy, dann schaute sie in der Wanne *The Great British Bake Off.* Als Ash am nächsten Abend nach Hause kam, stand der Rest der Nudeln in einer Frischhaltebox im Kühlschrank. Sie aßen sie kalt im Stehen in der Küche, indem sie die Box und eine Gabel hin und her reichten. Ash klebte ein Post-it neben das Rezept ins Kochbuch und schrieb das Datum und Bettes Namen darauf, außerdem *sehr gut (nächstes Mal mit Artischocken probieren),* und Bette hätte Ruth am liebsten eine Nachricht deswegen geschrieben. Sie widerstand der Versuchung.

Am Sonntag gab es ziemlich gutes Ofengemüse, überraschend essbaren Yorkshire Pudding und richtig großartige Pints in dem Pub in der Nähe von Ashs Schule. Es war zwar erst Anfang November, aber die Lichterketten hingen schon. Auf Schildern im Pub wurden Weihnachtsliedersingen und Weihnachtsquiz-Abende angekündigt und das Hinterzimmer für Weihnachtsfeiern angepriesen. Der Boden war aus Holz und nicht aus Teppich, Ashs einzige Bedingung. Es herrschte Hochbetrieb, jeder Tisch war besetzt und die Stimmung ausgelassen. Ein guter Plan, die perfekte Ablenkung.

Total einfach, dachte Bette, während sie das uralte Scrabble-Spiel aus dem Stapel auf der Fensterbank holte, nicht ständig an Ruth zu denken. Ruth würde so was hier wahrscheinlich gefallen, aber das traf auf viele Menschen zu. Es war nichts Außergewöhnliches, eine Frau kennengelernt zu haben, die höchstwahrscheinlich was für Sonntagsbraten und Brettspiele übrighatte. Davon gab es etliche.

Total einfach, dachte Bette an der Bar, als sie noch eine Runde bestellen wollte, sich nicht nur auf das zu konzentrieren, was sie nicht hatte, was in ihrem Leben fehlte. Klar wäre es schön, in jemanden verliebt zu sein, der ihre Gefühle erwiderte. Damit stand sie nicht allein da. Das wollte so ziemlich jeder. Sie war nichts Besonderes. Das änderte nichts.

Total einfach, dachte Bette, als sie *Basar* auf ein Feld mit dreifachem Wortwert legte und versuchte, sich nicht zu selbstgefällig zu freuen, an die wunderbaren Bereiche ihres Lebens zu denken und froh zu sein, an einem grauen Sonntag vor Weihnachten mit Tim und Ash hier im Pub zu sitzen. Später würden sie nach Hause gehen und Ash würde sie zwingen, irgendeinen zuckersüßen Streifen aus den Fünfzigern zu gucken. Tim und Bette würden die Augen verdrehen, sie würden Tee trinken, und alles wäre schön. Kein Grund, sich weiter mit einer Sache zu befassen, die lediglich ein paar Stunden lang als Möglichkeit in ihrem Kopf existiert hatte, am Tag vor einer Hochzeit.

In der Zwischenzeit gewann sie beim Scrabble, und sie bekamen Schalen mit Birnen-Crumble und Vanillesoße auf den Tisch gestellt. Tim hatte die unglaublichsten Anekdoten aus dem Laden auf Lager – je näher es auf Weihnachten zuging, desto verrückter und besser wurden sie. Sein Strickpullover sah gemütlich aus, und sein Haar war so lang, dass es schön zottelig wirkte. Ash trug neben ihm eine Oversize-Strickjacke und rosafarbenes Rouge auf den Wangen, sie kratzte gerade den letzten Rest Vanillesoße aus ihrem Schälchen. Die beiden gaben ein so angenehmes, perfektes Bild ab, dass Bette bei ihrem Anblick nur noch blöde grinsen konnte.

»Hey, wir wollen Silvester dieses Jahr vielleicht kleiner feiern.« Ash lächelte zurück, als wüsste sie genau, was Bette gedacht hatte. Bette war enttäuscht. Meistens hatten sie irgendeine Party gefeiert, mal größer, mal weniger groß, aber Ash spielte gern die Gastgeberin und stand aus unerfindlichen Gründen auf Silvester. Bette war es gewohnt, sich keine Gedanken darüber machen zu müssen, die Party würde einfach um sie herum steigen. Die Vorstellung, sich etwas anderes suchen und die beiden allein lassen zu müssen, war fürchterlich.

»Vielleicht essen wir einfach zu dritt was?« Ash riss Bette aus ihren katastrophalen Grübeleien. Sie spürte die warme, tröstliche Erleichterung, die sich in ihrem ganzen Körper ausbreitete wie Tee nach einem langen Spaziergang.

»Klingt perfekt. Ein kleines Familienessen ist perfekt.«

Tim lächelte ebenfalls, dann lachten alle drei los. Es war albern und schön, und so gut hatte sie sich lange nicht gefühlt.

KAPITEL 26

Donnerstag, 15. Dezember
Sechs Wochen später

Im Dezember hatte Bette bei der Arbeit so viel zu tun wie nie zuvor, haufenweise Events, auslaufende Projekte und die bevorstehenden Workshops im Januar. Während Erins Hochzeitsreise hatte Bette sich auch noch um ihre Events gekümmert, und als sie gebräunt und voller Fragen zu Ruth und Mei ins Büro zurückkehrte, rettete sich Bette mit ausweichenden Antworten.

Bette ging früher ins Büro und kam später nach Hause. Sie kochte ein paarmal für Ash und widerstand der Verlockung, öfter Essen zu bestellen, als sie sich leisten konnte. Sie gewöhnte sich an, aufzustehen und Kaffee zu kochen, bevor Ash morgens losmusste. Ihr Nagellack war nicht abgeblättert, und sie ging mit einigermaßen trockenen Haaren ins Bett. Sie besuchte ihre Nonna noch zweimal, schaute noch mehr *Golden Girls* mit ihr und brachte wie versprochen Ash mit. Sie dachte darüber nach, den *New Yorker* zu abonnieren, aber dann wurde ihr klar, dass sie nur wegen der schön gestalteten Cover in Ruths Küche mit dem Gedanken spielte, und entschied sich dagegen. Zum Yoga zog sie die Leggings an, die das ganze Jahr in ihrer Schublade gelegen hatten, und nicht einfach ein T-Shirt und ihre normalen Hosen. Sie las drei Bücher. Sie machte einen Plan für Weihnachten und schrieb ihrer Mutter eine Antwort.

Und sie buchte ein Ticket für ein queeres Treffen, das sie im Internet entdeckt hatte.

Der Gedanke, wieder mit einer App anzufangen und jemand Neuen zu daten, behagte ihr überhaupt nicht. Eine Weile allein sein war genau das Richtige für sie. Aber ihr fehlte das queere Element, das mit Ruth in ihr Leben getreten war. Sie hatte sich ganz darauf verlassen. Und solange sie keine Nachricht von Ruth mit dem Vorschlag bekam, sie sollten doch versuchen, wieder Freunde zu sein, musste sie eben neue Leute kennenlernen.

Als sie ankam, war die Bar brechend voll. Es war Donnerstag, eine Woche vor Weihnachten, und die Hälfte der Frauen trug lustige Weihnachtspullover, die in etwa so hässlich waren wie der von Mark Darcy. Aber es war eine Bar voller queerer Frauen. Das hatte sie noch nicht so oft erlebt, dass ein paar Glitzerbommeln sie hätten abschrecken können. An der Tür konnte man sich ein Namensschild zum Ankleben holen, und die süße Frau mit Stift wurde rot und lachte, als Bette darauf hinwies, dass ihr Name hinten mit E geschrieben wurde.

»Ach so, nicht wie das Bett, verstehe. Das hier ist deine Getränkemarke.« Sie deutete hinter sich zur Bar. Sie trug einen Jumpsuit mit Turnschuhen und war so warmherzig und locker, als hätte sie es oft mit nervösen Fremden zu tun. »Das erste ist inklusive. Ich muss dich warnen: Der Wein hier ist nicht so doll. Wenn du Bier magst, nimm lieber das.«

»Und, äh, ich meine, gibt es irgendwie einen festen Ablauf? Oder soll ich einfach …«

»Das ist bloß ein Treffen heute. Ganz zwanglos.« Die Frau lächelte ermutigend. Ein schönes Lächeln. Die Frau – auf ihrem Namensschild stand Claire – hatte tolle Lippen und eine

Lücke zwischen den Schneidezähnen, durch die eine Münze gepasst hätte. »Such dir einfach eine Gruppe, der du dich anschließen willst. Oder sprich jemanden an, der nervös aussieht. Wenn du die Nervöse bist, kommt gleich jemand von uns zu dir.«

»Ich rede mit jemandem, versprochen.« Bette schämte sich für ihren offensichtlichen Eifer, alles richtig machen zu wollen.

»Okay!« Claire störte es anscheinend gar nicht. »Dann bis später!«

Bette lehnte an der Bar, während der Typ dahinter ihr ein Glas zapfte, und dachte, dass es das Ganze jetzt schon wert war, auch wenn sie nur diese eine Unterhaltung führen sollte. Sie war in einem queeren Space und trug ein Namensschild, das ihre Zugehörigkeit unter Beweis stellte. Gut, dass sie es gemacht hatte.

»Bette!«, hörte sie von hinten, drehte sich um und erblickte Heather, die auf schwindelerregend hohen Absätzen und in schwarzer Lederhose auf die Bar zukam. Natürlich war Heather auch da. Natürlich. »Wusste gar nicht, dass du auch zu den Treffen gehst!«

»Tue ich auch nicht! Also, bis jetzt nicht. Ich dachte, das wäre gut – gut für mich.«

»Gibt kaum was Besseres als bestärkende soziale Kontakte, um sich gut mit seinem Leben zu fühlen.«

»Sorry, ich meinte jetzt nicht *gut* für mich wie Brokkoli oder so. Ich meinte, was Gutes, was ich tun kann. Weil es gut ist.«

»Ich zieh dich doch nur auf, Babe.« Heather legte ihr die Hand auf den Arm. »Vielleicht – keine Ahnung – solltest du mal durchatmen oder so.«

Das tat Bette, und dann gleich noch mal. Es half.

»Also, wie geht's dir so?«, fragte Heather. Bette musterte ihr Gesicht und fragte sich, wie viel sie wusste. Aber Heather wirkte ganz gleichmütig. Wie ein Schwan. Eventuelle Regungen waren ganz tief unter der Oberfläche verborgen.

»Gut.«

Heather nickte, legte den Kopf schief und bestellte über die Bar gebeugt zwei Shots Tequila. Sie schwieg, während sie eingeschenkt wurden, dann reichte sie Bette einen.

»Oh, ich …«

»Hey, ich zwing dich nicht, irgendwas zu trinken. Das wär uncool. Und stillos. Also überhaupt nicht mein Vibe. Aber vielleicht willst du ja doch?«

Irgendwie schon. Also trank sie, das Bier immer noch in der anderen Hand, und verzog das Gesicht, als die Flüssigkeit durch ihre Speiseröhre rann. Sie hasste Tequila schon immer. Beziehungsweise den Kater, der sie nach tequilafröhlichen Nächten an der Uni immer heimgesucht hatte. Sie hasste, dass sie Tequila zum letzten Mal mit Ruth getrunken hatte. Und sie hasste, dass er sie jetzt an jenen Abend erinnerte.

»Okay.« Heather sah sie durchdringend an. »Wie geht es dir wirklich?«

Kein übler Trick. Bettes Kehle brannte immer noch, und das Lügen fiel ihr zu schwer.

»Gar nicht mal so gut.« Sie wünschte sich, dass sich das Geständnis angefühlt hätte, als würde eine Last von ihren Schultern fallen, vor allem, weil sie hier und heute ehrlich zu Heather war. Aber so war es nicht. Sie fühlte sich leer, traurig und töricht. »Ehrlich gesagt nicht besonders toll.«

»Dachte ich mir nämlich.« Heathers Stimme war warm und voller Mitgefühl. Sie deutete über Bettes Schulter. »Kommst du mit zu den anderen Girls?«

Bettes Herz raste, sie rechnete fest damit, beim Umdrehen Auge in Auge Ruth gegenüberzustehen. Plötzlich wurde ihr bewusst, dass sie dafür nicht stark genug war, und bereit auch nicht. Wahrscheinlich würde sie einfach verschwinden, wenn Ruth hinter ihr stand. Sie drehte sich um.

Ruth stand nicht hinter ihr.

Heather zeigte auf eine Gruppe Frauen, die Bette nicht kannte. Sie waren genauso glamourös gekleidet wie Heather und sahen aus wie eine Band, die nach dem Gig in irgendeiner Bar gelandet war. Ein einschüchterndes Kollektiv: die einzige Gruppe im Raum, in der nicht wenigstens eine Person einen Weihnachtspullover trug und die den nötigen feierlichen Touch allein durch glitzernde High Heels und Statement-Schmuck verströmte. Bette fühlte sich großartig mit ihrer dunklen Jeans, dem goldenen Top und dem geschwungenen Lidstrich, mit denen sie das Haus verlassen hatte, aber in dieser Gruppe kam sie sich doch eher vor wie die Journalistin im Tourbus mit abgegriffenem Notizbuch in der Hand.

Zum Glück hießen sie alle willkommen. Das war sicherlich Heathers Anwesenheit zu verdanken, und Bette warf immer wieder suchende Blicke durch den Raum, die den anderen Anwesenden ihr Bewusstsein signalisieren sollten, dass sie nicht zu der glamourösen Truppe gehörte. Aber allzu lange ließ sich das Gefühl nicht aufrechterhalten. Erst recht nicht mehr, nachdem Zoe gefragt hatte, wo sie ihr Oberteil gekauft hatte, Ola sieben neugierige Nachfragen zu ihrem Job stellte und Molly sich nach ihrer zu Hause mittels Drogerieware bewerkstelligten Haarfarbe erkundigte.

»Also wart ihr alle schon mal hier?«, fragte Bette. Sie mischten sich nicht gerade unters Volk, und Bette verstand nicht recht, was sie hier wollten, wenn sie den ganzen Abend unter sich blieben. Das könnten sie doch auch in anderen Bars. Schickeren, schöneren mit weniger grellem Licht.

Die Gruppe schwieg einen Moment und warf Zoe verstohlene Blicke zu.

»Ja, ist ja gut.« Sie hob die Hände, wobei ihre zahlreichen Armreife klimperten. »Ich bin bi. Hab mich gerade geoutet. Also vor einem Monat. Deshalb fanden die Girls, wir sollten das irgendwo feiern. Eigentlich wollten wir in einen Club, aber als wir nach Sachen für queere Frauen in Bristol gegoogelt haben, kam echt nur das hier als Ergebnis.«

Bette grinste Zoe an, weil sie exakt das Gleiche getan hatte, und wollte sie am liebsten umarmen. Sie wollte wild gestikulieren und sagen: *Ich auch! Ich auch! Wie hätten wir uns das entgehen lassen sollen?!*

»Wir sind alle schon seit Ewigkeiten befreundet, weißt du?«, erklärte Heather. »Seit der Grundschule. Und zu zwei Dritteln queer sind wir seit, na ja ...«

»Dem zweiten Jahr an der Uni«, übernahm Molly. »Seit der Saufparty, auf der ich Anna geküsst und gemerkt habe, dass ich das wieder machen will. Aber Heather war schon immer lesbisch, und Ola hat sich in der Schule geoutet. Jetzt sind wir vollständig!«

»Jedenfalls ist es eigentlich keine große Sache.« Zoes Wangen liefen rot an. »Aber mein Mann ist zu Hause, und wir verbringen ein langes queeres Wochenende. Das hier ist die erste Station. Wahrscheinlich ganz schön unhöflich, herzukommen und mit niemandem zu reden. Also abgesehen von dir natürlich. Aber ist ganz nett.«

»Ja, oder?«, erwiderte Bette. »Echt schön, in einem Raum voller queerer Frauen zu sein.«

»Ja!«, stimmte Heather energisch zu. »In Gay Bars sind immer lauter Schwule und Hetero-Frauen. Verstehe ich ja! Bin voll dafür, dass queere Männer safe Orte haben, wo sie feiern, flirten und ficken können. Wo Frauen tanzen können, ohne begrapscht zu werden. Aber für uns gibt es das nicht so richtig. Ab und zu mal gibt es Partys speziell für uns. Dieses Wochenende allerdings nicht, deshalb sind wir hier. Wegen Zoe.

Dann gehen wir tanzen. Gay Bars sind zwar nicht immer der beste Ort für queere Frauen, aber wenigstens stimmt die Musik. Wir haben ein AirBnb übers Wochenende.« Sie sah rüber zu Zoe und hob einen Mundwinkel. »Also hör nicht auf sie. Es ist nämlich sehr wohl eine große Sache. GROSSES LESBEN-WOCHENENDE!«

»Ich bin aber gar keine Lesbe«, korrigierte sie Zoe.

»Ich auch nicht«, fügte Ola hinzu.

»Heather ist tatsächlich die einzige Lesbe.« Molly sah Bette schulterzuckend an. »Aber sie hat alles geplant, es ist ihre Stadt, und wir sind streng genommen alles Frauen, die auf Frauen stehen. Von daher ...«

»Pfft, Begrifflichkeiten.« Heather winkte gelangweilt ab.

Alle lachten, dann wandte sich Ola an Bette.

»Und woher kennst du Heather?«

Damit hätte sie rechnen müssen. Und sich eine Ruth-freie Antwort einfallen lassen sollen. Natürlich würden sie das fragen.

»Ich hab Bette im Sommer bei Jodys Geburtstag kennengelernt«, sagte Heather. Das war die Wahrheit und verschwieg trotzdem den Teil, der Bette den Schweiß über den Rücken laufen ließ.

»Ach, cool.« Ola war zufrieden. Das Gesprächsthema wechselte wieder. Keine besonders interessante Begebenheit. Was sollte man dazu noch sagen? Deshalb kam es Bette auch so lächerlich vor, dass ihre Finger immer noch kribbelten und ihre Atemzüge es nur unter Schwierigkeiten bis in ihre Lunge schafften.

»Tolles Haus, oder?«, fragte Zoe an Bette gewandt. »Vor allem die Küche ist der Hammer.«

Bilder über Bilder: wie sie mit Heather und Ruth in der Küche stand, die gerahmten Zeitschriften-Cover an der Wand, wie Ruth sich in ihrem Paillettenkleid im Kreis drehte, die

Kräuter auf der Fensterbank. Ruth mit der Tüte Salt-and-Vinegar-Chips in der Hand, Ruths Gesicht, als Heather nach Charlie gefragt hatte, Ruth unter ihr im Bett.

Ruth.

Ruth.

Ruth.

Bettes Herz hämmerte wie wild, sie schmeckte es in der Kehle, eisenhaltig und schwer. Ihr Gesicht fühlte sich so heiß an, dass die anderen die Hitze bestimmt spüren konnten. Sie nickte Zoe krampfhaft zu und versuchte zu lächeln. Den Gesichtsausdrücken der anderen nach zu urteilen, gelang ihr das nicht.

Sie musste hier raus.

»Ich ... ich hab vergessen, dass ich ... Ich muss gehen. Ich hoffe, euer Wochenende wird lustig. War echt schön, euch alle kennenzulernen. Danke, dass ihr so nett wart.« Sie wollte draußen sein, bevor sie eine ausgewachsene Panikattacke bekam. Eigentlich war das überfällig. Hatte sie sich extra für einen Augenblick wie diesen aufgehoben. Sie schob sich an Jumpsuit-Claire an der Tür vorbei, rief ihr eine Entschuldigung zu und entfernte sich schwer atmend, wollte so weit wie möglich kommen, bevor sie zusammenbrach.

Sie war in der Mitte des Piers und hielt immer noch ihren Mantel in der Hand, als Heather sie einholte. Sie sparte sich jegliche Vorrede und gab Bette keine Zeit, sich vorzubereiten.

»Ruth geht es auch nicht gut.« Heather rieb sich über den Mund und hielt sich die Wange, als hätte sie Zahnschmerzen. »Das sollte ich dir gar nicht erzählen, aber sie ist ziemlich am Boden. Und wenn du irgendwas zu ihr sagen kannst, was das ändern könnte, dann solltest du es wahrscheinlich tun.«

»Sie hat sich sehr deutlich ausgedrückt.« Bettes Herzschlag dröhnte immer noch in ihren Ohren. Sie fühlte sich gefangen. Saß in der Falle. Sie verschränkte die Arme. »Ich glaube, da gibt es nichts mehr zu sagen.«

»Du musst eins über Ruth wissen – also ich weiß eins über Ruth, und das macht mir Sorgen, nämlich, dass sie sich selbst am meisten im Weg steht. Sie will auf keinen Fall noch mal verletzt werden. Aber nicht jeder ist wie Martha.«

Zum ersten Mal hörte Bette ihren Namen.

»Ich hab alles gegeben, Heather, wirklich. *Sie* ist weggelaufen. Und ich kann sie nicht zwingen, mit mir zusammen sein zu wollen.«

»Nein. Kannst du nicht. Aber das Wollen ist auch nicht das Problem. Das weißt du, oder?«

Heather drückte ihren Arm, dann drehte sie sich gnädigerweise um und ging zurück in die Bar. Ein paar Meter entfernt stand ein Baum, und Bette taumelte darauf zu. Sie lehnte die Stirn an den Stamm, die kalte Luft schmerzte in ihrer Brust.

Sie wusste es, natürlich wusste sie es. Sie war an dem Abend vor der Hochzeit schließlich dabei gewesen. Dass Ruth sie nicht wollte, war nie das Problem gewesen. Aber Ruth traute Bette nicht, traute sich selbst nicht, wollte den Sprung nicht wagen. Sie war weggelaufen.

***

Irgendwo nach dem ersten perfekt arrangierten Zimmer hakte Ash sich bei Bette unter. Bette wusste, dass die Jagd nach Tims Weihnachtsgeschenk nur ein Vorwand war. In Wahrheit beruhigten die gewundenen Pfade von IKEA und die Pfeile auf dem Boden Ash auf merkwürdige Weise. Hier konnte sie besonders gut nachdenken. Also bedeutete ein Besuch aus heiterem Himmel am Freitag nach Feierabend, dass sie reden wollte, dass sie etwas auf dem Herzen hatte.

Bette drückte die Hand in ihrer Armbeuge. »Also. Willst du jetzt reden, oder erst Köttbullar holen?«

Ash seufzte und sah sie an. »Erst Köttbullar. Ist das okay? Ist nichts Schlimmes. Ich will dir dabei nur ins Gesicht schauen können. Und am Tisch sitzen.«

»Klar.« Sie bogen um die Ecke in die Sofaabteilung. Eine gute Stunde später waren sie endlich durch die Kasse und schoben ihre Einkäufe zum Restaurant. Sie hatten es nur geringfügig mit Sachen beladen rausgeschafft, ohne die sie aus heiterem Himmel nicht mehr leben konnten: neue Sofakissen, drei Topfpflanzen für das Badregal, ein paar unverschämt schicke Trinkgläser und eine Tüte Daim-Schokolade. Ein riesiges Plüschkrokodil für Tim (»Er meint, er kann besser schlafen, wenn ich da bin, also kriegt er einen fürchterlichen Ersatz zu Weihnachten«) guckte bedrohlich aus dem Einkaufswagen. Sie nahmen einen großen Tisch in Beschlag, im Restaurant war kaum noch was los, und Ash stellte sich an, um das Essen zu holen.

Es ging um Ash und Tim, da hatte Bette keinen Zweifel. Ash hatte so lange es ging gewartet, bis Bettes Ausnahmezustand vorbei war, aber jetzt stand sie wieder ganz am Anfang, und Ash war bereit, mit Tim zusammenzuziehen, damit sie für eine Anzahlung sparen und den nächsten Schritt machen konnten, und Bette würde so tun müssen, als ob sie sich freute, was sie natürlich auch tat, aber sie fürchtete diesen Tag auch schon seit zehn Jahren, und meine Güte, bereit war sie wahrscheinlich nicht dafür, wenn das überhaupt je möglich war. Aber jetzt war es so weit, und sie hatte keine Wahl.

Ash hatte sich gerade hingesetzt und einen Bissen gegessen, als Bette die Geduld verlor, an die sie sich im Laden geklammert hatte. »Also gut, du musst es mir sagen.«

Ash nickte, trank einen großen Schluck aus ihrem Plastikbecher und legte ihr Besteck neben den Teller.

»Ich habe darüber nachgedacht, was du vor einer Weile gesagt hast, dass Mei der erste Mensch war, bei dem du das

Gefühl hattest, du selbst sein zu können.« Bette zog die Augenbrauen hoch, das erwischte sie völlig auf dem falschen Fuß. Das hörte sich nach einem ganz anderen Gespräch an als das, für das sie sich gewappnet hatte. Sie nickte, tunkte ihre Pommes in die Soße und beugte sich vor, damit sie sich nicht den Pullover vollkleckerte. »Und das verstehe ich gut. Ich erinnere mich noch an den Typen mit dem Stock im Arsch, oder den Pseudofeministen, der Swing getanzt hat und auf Virginia Woolf stand, oder den, der mit dir Tennis spielen wollte. Du hast dir so eine Mühe gegeben, die perfekte Freundin zu sein, ihnen alles zu geben, was sie wollten, alles, was sie brauchten. Das hätte mir damals schon auffallen sollen, aber jetzt ist es total offensichtlich, dass du nicht bekommen hast, was du gebraucht hast.«

Bette lachte, und Ash verdrehte die Augen.

»Ja, blablabla, du bist lesbisch. Ich rede nicht von Sex. Ich glaube nicht, dass sich alles nur darauf zurückführen lässt.« Sie hob die Hand und unterbrach Bettes Widerspruch, bevor sie den Mund aufgemacht hatte. »Ich streite nicht ab, dass das wichtig ist. Ich weiß nicht, wie es ist, Sex mit jemandem zu haben, zu dem ich mich grundsätzlich nicht hingezogen fühle. Aber dahinter hat noch mehr gesteckt, glaube ich.«

Sie schnitt ein Fleischklößchen durch und tauchte es in die Preiselbeersoße, dann spießte sie ein paar Erbsen auf. Bette wartete, dass sie weitersprach, wollte, dass sie den Gedanken weiter ausführte. Ash kaute sorgfältig und legte das Besteck wieder ab.

»Du bist echt gut darin, glücklich zu tun. Dich selbst – und alle anderen – davon zu überzeugen, dass alles genauso ist, wie du es dir wünschst. Genau deswegen habe ich mir auch Sorgen gemacht, als du mit Mei zusammen warst. Du warst immer wie im Tunnel, bevor sie vorbeikam, wolltest die Wohnung perfekt herrichten oder hast dir in der Küche einen abgebrochen, dabei wissen wir beide, dass du Kochen hasst. Du hast dein ganzes Leben nach ihr ausgerichtet und bist immer gesprungen, wenn sie mit dem Finger geschnippt hat. Warst immer angespannt. Aber sobald sie vor dir stand, warst du überglücklich. Alles war perfekt. Selbst, wenn es gar nicht perfekt war.« Sie schaute runter auf ihren Schoß, Bette war sich sicher, dass sie dort die Hände verschränkt hatte, dann sah sie wieder hoch und fing Bettes Blick auf. »Bette, ich wollte dir das sagen, falls du es hören musst. Ich hab dich lieb. Nicht, weil du für mich kochst oder darauf achtest, dass wir immer Klopapier im Haus haben, oder weil du schöne Sachen für uns planst. Oder weil du immer happy und fröhlich bist und über alles lachen kannst. Ich habe dich lieb, *obwohl* du das alles eben nicht draufhast und oft miese Laune hast. Du bist oft ganz schön kacke, und ich liebe dich über alles. Ich meine, wenn wir zusammen wären, würden wir uns wahrscheinlich die Köpfe einschlagen ...«

Sie lachten, und das milderte den Schmerz, der sich in Bettes Brust eingenistet hatte, seit Ash zu reden angefangen hatte. Sie schob ein paar Erbsen auf ihre Gabel.

»Jedenfalls. Bei dir kommen die anderen immer zuerst.« Ash unterbrach sich, als Bette grunzend loslachte, weil sie an Ruth denken musste, an Mei, an Evie und an Netta. Dann schmerzhafterweise wieder an Ruth. »Ach hör doch auf, so meine ich das nicht. Du machst es gern allen recht. Das war schon immer so. Aber ich habe einfach Angst, dass du denkst, Liebe wäre ...«

»An Bedingungen geknüpft.«

Ash nickte und machte ein zärtliches Gesicht. Sie griff nach Bettes Hand. »Ja. Und ich will einfach, dass du jemanden findest, der dir nicht dieses Gefühl gibt.«

»Das ist nicht Meis Schuld.« Bettes Stimme war leiser als beabsichtigt, aber sie wollte Mei verteidigen, wollte die Zeit verteidigen, in der sie so erbittert um sie gekämpft hatte.

»Nein, natürlich nicht. Ich will auch gar nicht sagen, dass alles ihre Schuld ist. Aber deine auch nicht. Ich will bloß, dass du glücklich bist. Dass du weißt, dass du das alles verdient hast, und das nicht nur, weil du dir so große Mühe gibst, die Menschen, mit denen du zusammen bist, glücklich zu machen. Nicht weil du so tust, als wärst du glücklich, auch wenn das gar nicht so ist. Sondern weil du genug bist. Nur du. Selbst an Abenden, an denen du nicht gekocht hast und schlecht drauf bist, oder wenn jemand anderes die Wohnung putzen muss.«

Bette spürte, dass Ash sie zum Lachen bringen wollte. Aber sie konnte es nicht mehr zurückhalten, die Tränen strömten ihr über die Wangen und auf die Köttbullar.

»Bette! Nein! Hör auf! Ich wollte dich doch nicht zum Weinen bringen.« Ash drückte ihre Hände. »Aber ich verspreche dir, dass es Menschen gibt, die dich zu schätzen wissen. Du verdienst jemanden, der auch deine chaotischen Seiten liebt.«

Es war unschwer zu erraten, von wem Ash da sprach. Bette dachte ans Muschelnwaschen, ans endlose Eistanzschauen, ans Streiten beim Essen und Vertragen beim Dessert, ans Lachen und Küssen und Vögeln und Panisch-im-Bett-neben-Ruth-Liegen, während sie schlief.

Aber sie hatte bei der Hochzeit alle Karten auf den Tisch gelegt. Sie hatte Ruth alles ins Gesicht gesagt. Sie hatte ihr alles offenbart, auch die chaotischen Seiten, und Ruth war weggelaufen.

Das Wissen, dass sie Ruth wollte und sie glücklich machen könnte, war nicht genug. Es war nicht genug gewesen. Wie konnte es jemals genug sein?

KAPITEL 27

Sonntag, 18. Dezember
Fünf Monate seit der vorübergehenden Trennung,
zehn Wochen seit der plötzlichen Wendung,
fünfzig Tage ohne Ruth
und sieben Tage bis Weihnachten

Der Weihnachtsbaum war viel zu groß für das Wohnzimmer. Anfang des Monats hatten sie seine Zweige mit ihrem ganzen Christbaumschmuck behängt und dabei ein Weihnachtsalbum mit verschiedenen 90er-Bands gehört, aber er hatte immer noch erschreckend kahl ausgesehen. Als Gegenmaßnahme hatte Bette sechs Lichterketten gekauft, und die Steckerleiste, an der sie alle hingen, summte leise, wann immer sie leuchteten, als wollte sie mit ihrem Einsatz prahlen.

Bette deckte den Tisch, legte Christmas Cracker aus und wischte mit dem Saum ihres Oberteils Fingerabdrücke vom Besteck. Ash hatte ein Weihnachtsessen geplant, am letzten Wochenende, bevor alle sich von Bristol aus auf den Weg zu ihren Familien machen würden. Es waren Ferien, Anton und Carmen kamen vorbei, und Bette war mit ihrem Teil der Vorbereitungen beschäftigt: das Wohnzimmer herrichten.

Es hatte eine Weile gedauert, bis sie sich einen Esstisch zugelegt hatten, und das Zimmer war immer noch nicht wirklich groß genug dafür. Deshalb stellten sie ihn auch nur selten auf. Meistens war er halb eingeklappt und unter Ashs Schulmaterialien begraben. Den Tisch aufzubauen, war ein Aufwand, den sie sich nur für Gäste zumuteten. Heute fühlte es sich besonders feierlich an, weil er festlich mit Glitzer und Gold dekoriert war. Bette sah sich zufrieden um und ließ sich aufs Sofa plumpsen, um ihr Werk zu bewundern.

Aus dieser Perspektive sah der Tisch seltsam aus, dachte sie. Irgendwie weit weg, als würde sie darauf warten, dass das Ensemble die Theaterbühne betrat. Es kam ihr vor wie ein Déjà-vu, als hätte sie genau dieses Gefühl schon einmal gehabt. Und dann sah sie den Tisch beim Muschelessen vor sich: alle saßen auf ihrem angestammten Platz, Gewohnheitstiere durch und durch. Und Ruth war auch da, saß an der Stelle, an die ein sechster Stuhl passen würde.

Es war kein Geheimnis, dass alle anderen am Tisch sich seit Ewigkeiten einen sechsten Stuhl herbeisehnten. Als Mei den Platz eingenommen hatte, war es schön gewesen, leicht, sich vorzustellen, so könnte es bleiben. Aber Bette dachte an die Hochzeit, wie Mei vor ihr gestanden und unbedingt gewollt hatte, dass alles wieder so war wie vorher. Sie unbedingt zurückwollte.

Sie dachte daran, wie sie felsenfest und glasklar gewusst hatte, dass sie Ruth wollte.

Nicht bloß, weil sie einen Stuhl besetzen konnte und alle sie mochten, nicht bloß, weil es einfach war. Nicht bloß, weil sie Bette dazu inspirierte, eine bessere Version ihrer selbst zu sein. Sondern weil sie es Bette leicht machte, voll und ganz sie selbst zu sein.

Sie wollte, dass Ruth auch sie selbst sein konnte. Dass sie sagen konnte, was sie wollte, und es auch bekam. Aber Bette hatte sie geküsst, mit ihr geschlafen und ihr dann auf einem Parkplatz lauthals ihre Liebe gestanden. Das genaue Gegenteil von dem, was sie brauchte: das Gegenteil von langsam.

Und das musste nicht sein.

Es könnte auch alles nach Ruths Regeln laufen. Sie konnte Ruth sagen, dass sie es langsam angehen lassen konnten. Ihr zeigen, dass Bette bereit war und sie ihr vertrauen konnte. Dass sie nicht wieder mit ihrer Ex im Bett landen würde. Dass sie nur Ruth wollte. Sie konnten daten. Und Ruth konnte einfach … zum Essen kommen. Am Tisch sitzen. Ohne Druck, ohne Anspannung, ohne Umzugswagen und lesbischen Übereifer. Bloß zwei Menschen, die sich Zeit ließen.

Und bevor Bette das Ganze bis zum Schluss durchdenken und einen Plan schmieden konnte, ging sie in die Küche.

Beim Kochen war Ash normalerweise die Ruhe selbst. Es war beneidenswert, wie mühelos sie alles hinbekam. Aber Bette hatte das Gefühl, in eine stressigere Situation als sonst gestolpert zu sein.

»Fuck, Fuck, *Fuck*«, brummte Ash, rührte hektisch und starrte in das offene Buch neben sich. »Andicken am Arsch.«

Bette räusperte sich.

»Ja, ich weiß, dass du da bist. Ich kann deine Vibration förmlich spüren. Was ist los? Ist was passiert? Ist der Tisch fertig?« Ash rührte immer noch wie wild im Topf.

»Ich glaube, ich muss mit Ruth reden«, platzte Bette heraus. »Ich meine, ich mag sie wirklich. Das weißt du ja. Und ich glaube, das muss ich ihr sagen. Ihr klarmachen, dass wir auch nach ihren Regeln spielen können.«

Ash stellte den Herd aus und legte den Rührbesen aufs Schneidebrett. Sie hielt sich mit beiden Händen an der Arbeitsplatte fest und ließ den Kopf sinken. Wie nicht anders zu erwarten, durchbrach die Klingel die Stille und schallte unangenehm durch den Flur.

»Bette.« Ashs Stimme klang scharf und gefährlich. »Willst du mich jetzt *verarschen*? Es gab so viele gute Augenblicke für dieses Gespräch. Wochenlang. Aber wir haben hier ein ganzes Lachsdings im scheiß Teigmantel im Ofen, die Soße will einfach nicht binden, und die Gäste stehen vor der Tür. Wortwörtlich vor der Tür. In dieser Sekunde.« Ash drehte sich um und hielt sich die Ellbogen hinter dem Rücken, als müsse sie sich bremsen. »Ich würde dich am liebsten schütteln, du verdammte Nuss.«

»Ich mache auf.« Tim schien Ashs Ausraster gekonnt zu ignorieren. Bette hatte nicht mal bemerkt, dass er da war und auf dem Fensterbrett saß – neben Ashs panischem Rühren und Bettes genialem Einfall war in der Küche gar kein emotionaler Platz für jemand anderen mehr. Er nahm ein Bier aus dem Kühlschrank, öffnete es, gab Ash einen Kuss auf die Wange und verließ leise die Küche.

»Ich weiß, das ist nicht der passende Zeitpunkt dafür«, entschuldigte sich Bette. »Das wollte ich nicht. Wirklich. Aber ich brauche deine Hilfe.«

»Ah ja.« Ash klang völlig erschöpft.

»Falls das wichtig ist, der IKEA-Trip hat das alles in meinem Kopf in Gang gesetzt. Und dass ich Heather zufällig getroffen habe.«

»Na ja – also –, das freut mich.« Ash schien genervt, das zuzugeben. »Das sollte dir ja auch helfen. Also, was hast du vor?«

»Ach, das weiß ich nicht. Überhaupt nicht.«

Ash wandte sich endlich zu ihr um. Sie hatte Soßenflecken oberhalb der Schürze auf dem Oberteil, ihr Eyeliner war bis zur Schläfe verschmiert, und etwas Grünes klebte an ihrer Wange.

»Ich wollte dich um Rat fragen.« Bette verzog schuldbewusst das Gesicht.

Ash nickte mit geschlossenen Augen. »Um das noch mal klarzustellen, dafür hast du dir ausgerechnet diesen Augenblick ausgesucht?«

»Nein, ich bin ja nicht blöd. Das hätte ich niemals mit Absicht gemacht. Immerhin haben wir ein Lachsdings im Ofen, und die Soße bindet nicht«, wiederholte sie und bereute es sofort. Ash war wirklich nicht in der Stimmung, aufgezogen zu werden. »Aber ich war im Wohnzimmer, und da hatte ich eine Idee und dann … hab ich nicht weiter nachgedacht. Ich bin einfach zu dir gekommen.«

»Klar.«

Tim streckte den Kopf zur Tür rein. »Ihr seid ganz schön laut. Ich hab es den beiden erzählt, dachte, das ist okay. Carmen hat ein paar Vorschläge. Also wegen Ruth. Wenn du nichts dagegen hast?«

***

»Das ist das große Finale am Flughafen!« Carmen nahm sich eine Portion grüne Bohnen. Ihr Kleid war aus goldenem Strick und das schickste am ganzen Tisch, auch wenn alle fünf sich mit Pailletten, Schimmer, feinen Hemden und tollem Lippenstift in Schale geworfen hatten. »Das dramatische Ende jeder RomCom!«

»Aber hier verlässt keiner das Land«, erinnerte sie Bette. »Es ist überhaupt kein Verkehrsmittel im Spiel. Wird also nicht passieren.«

»Du weißt, was ich meine!« Carmen winkte ab.

Bette schaute auf der Suche nach einer etwas realistischeren Sichtweise in Ashs Richtung. Aber ihr sentimentaler Gesichtsausdruck verriet Bette, dass sie enttäuscht werden würde.

»Bette, du musst zu ihr gehen und es ihr sagen, das wird *so* romantisch.« Das Essen war fertig, und Ash hatte sich davongeschlichen, um ihren Lidstrich zu richten, bevor sich alle an den Tisch setzten. Sie trug ein frisches Oberteil und war entspannt, glücklich und gänzlich soßenfrei. Außerdem hatte sie sich anscheinend in eine hoffnungslose Romantikerin verwandelt.

»Genau so ist es.« Carmen nahm Ashs Hand, und ihre Augen waren praktisch Herzchen hinter ihrer Brille. Da konnte einem ja übel werden.

»Leute …« Bette schob den Lachs auf ihrem Teller hin und her, die Nervosität verdarb ihr den Appetit.

»Wie am Ende von *Harry und Sally*! Dir ist klar geworden, dass du sie liebst. Und jetzt musst du es ihr sagen!! Damit ihr den Rest eures Lebens zusammen verbringen könnt!!« Tims drittes Glas Cava sprudelte anscheinend in Form von Ausrufezeichen aus ihm heraus.

Bette stützte den Kopf in die Hände. »Noch mal, weil ihr es alle anscheinend vergessen habt, mein Pitch an sie lautet: *Wir können erst mal eine Weile daten* und nicht *Ich will den Rest meines Lebens mit dir verbringen*. Wir lassen Nora Ephron da raus. Ruth will es langsam angehen, und ich will sie nicht verschrecken. Also schrauben wir die Intensität ein kleines bisschen zurück, ja?«

Sie schaute in vier fassungslose Gesichter.

»Okay, na gut.« Anton klang gequält, als würde sie ihm den Nachtisch verbieten. »Ich meine, *Wir können erst mal eine Weile daten* ist zwar nicht so romantisch, aber damit können wir arbeiten.«

»Gehen wir mal mögliche Hindernisse durch, nur damit du vorbereitet bist.« Ash schlug plötzlich einen pragmatischen, geschäftsmäßigen Ton an. Genau die Ash, die Bette brauchte.

»Na ja, eigentlich wollte ich nicht mehr dran denken, aber die Nacht, in der wir, ihr wisst schon …«

»Gefickt haben«, vervollständigte Anton, und Carmen nickte.

»Ja. Jedenfalls, da hat sie zu mir gesagt, Gabe wäre kein Problem, und im Nachhinein habe ich keine Ahnung, was das heißen sollte. Also, kein Problem: Wir haben eine offene Beziehung? Kein Problem: Wir sind nicht mehr zusammen? Kein Problem: Er war in ein komisches Schneeballsystem verstrickt und wurde verhaftet? Kein Problem: Er hat Skorbut und wird in einer Schweizer Spezialklinik behandelt? Keine blasse Ahnung. Also weiß ich nicht, ob er noch eine Rolle spielt.«

»Ich glaube, Heather hätte dir nicht so einen Wink gegeben, wenn das der Fall wäre.« Ash zuckte unbekümmert die Achseln.

Das war einleuchtend. Pragmatisch, rational, offensichtlich. Bette nickte und stieß den Atem aus, den sie unbewusst angehalten hatte.

»Da hast du recht.«

»Also machst du dir nur wegen Gabe Gedanken?« Tim nahm sich noch mehr Soße. Er hatte seinen Lachs schon aufgegessen und tunkte den Finger in die Soße. Sie tropfte ihm aufs Hemd, als er den Finger in den Mund steckte.

»Ich meine, es besteht trotzdem die Möglichkeit, dass sie Nein sagt.« Bette schämte sich ein bisschen, weil sie sich so verletzlich zeigte. Als würde man Bestätigung für ein Selfie erbitten; sonnenklar, welche Reaktion sie sich von den anderen erhoffte. Sie hasste es, bemitleidet und verhätschelt zu werden, aber der Moment war perfekt, um sich ein bisschen Zuspruch zu holen.

»Ja, klar«, erwiderte Anton stattdessen. »Kann schon sein. Aber du musst es versuchen. Du musst ihr einfach beweisen, dass du es wirklich ernst meinst. Du brauchst eine große romantische Geste.«

»Na ja … natürlich meine ich es ernst. Also werde ich einfach – keine Ahnung, ihr in die Augen sehen und es ihr sagen. Oder?«

»Wie, einfach bei ihr zu Hause oder was?«, fragte Carmen entsetzt.

Anton mischte sich ein, bevor Bette ihre Idee verteidigen konnte.

»Nein. Nein, also bitte. Etwas größer muss es schon sein.«

»Du könntest doch was singen?«, schlug Tim vor und zupfte auf einer unsichtbaren Ukulele.

»Ich bin nicht Zooey Deschanel, und wir haben nicht mehr 2011. Außerdem kann ich nicht singen.«

»Es muss aber was sein, wozu sie nicht Nein sagen kann«, überlegte Carmen. »Ein bedeutungsvolles Geschenk. Oder du gehst mit ihr an einem besonders schönen Ort essen? Sag es ihr bei Austern und einem Cocktail.«

Bette konnte sich nicht vorstellen, dass Ruth sich von einem Geschenk oder einem schicken Restaurantbesuch umstimmen lassen würde.

»Ich glaube ... Leute, ich glaube, ich muss es ihr einfach sagen.« Bette war sich bewusst, dass sie möglicherweise längst aus der Unterhaltung ausgeschlossen worden war.

»Du hast doch was von einer Klippe erzählt«, warf Anton ein, als hätte sie gar nichts gesagt. »Sie will von einer Klippe springen, oder?«

»Nein, ganz im Gegenteil. Sie hat gesagt, sie kann nicht noch mal von der Klippe in eine Beziehung springen. Genau darum ging es ja. Sie wollte sich unbedingt Zeit lassen und sichergehen, dass wir dasselbe wollen. Ehrlich gesagt war es wohl die immer noch in meinem Leben rumgeisternde Ex, die sie verschreckt hat. Also muss ich nur sagen: *Mei ist Geschichte, gehen wir es langsam an*. Aber das muss ich jetzt machen. Bevor ich den Mut verliere.«

»Fahr doch mit ihr an die Steilküste.«

Alle starrten Anton schweigend an und versuchten zu beurteilen, ob er das ernst meinte.

»Wir brauchen gar keine Klippe.« Bette war etwas eingefallen. »Ich muss ihr zeigen, dass ich langsam machen kann. Wo ist hier der nächste Strand?«

***

Bette saß am Steuer von Ashs Wagen, und aus den Lautsprechern schallte MUNA. Sie war beinahe bei Ruth und machte sich bereit, ihr überzeugendstes und charmantestes Ich zu sein. Die romantische Geste, die endlich von der gesamten Gruppe abgesegnet worden war, verlangte nach einer speziellen Location. Und jetzt hatte sie Angst vor dem ersten Schritt: Ruth zu überreden, zu ihr ins Auto zu steigen.

An der Haustür angekommen, bibberte sie vor Nervosität, ihre Hand zitterte sichtlich beim Anklopfen. Heather machte im gestreiften Pyjama mit Tee in der Hand die Tür auf. Ihre Augen leuchteten, und sie ließ Bette unbehaglich auf der oberen Stufe stehen.

»Jody?«, rief Heather ins Haus, ohne den Blick von Bette abzuwenden. Bette hörte Schritte, zu viele für Jody allein.

»Eigentlich wollte ich zu …«

»Oh, ich weiß.« Heather grinste breit.

Jody erschien in einem Oversize-Hoodie im Flur, der eine Schulter entblößte. Die andere Person musste Leon sein. Bette erinnerte sich dunkel, ihn auf der Party gesehen zu haben, er war groß und schlaksig, hatte volles Haar und die Mütze bis fast in die Augen gezogen.

»Ich glaubs ja nicht«, hauchte Jody.

»Jap«, bestätigte Heather und ließ Bette immer noch nicht aus den Augen, als hätte sie Angst, sie würde sonst verschwinden.

»Schön, euch alle zu sehen.« Bette grub sich die Nägel in die Handfläche, damit das Zittern aufhörte. »Ich hab mich gefragt, ob …«

»Sie ist nicht da«, erwiderte Jody freudestrahlend.

»Sie ist nicht …«

»Nicht zu Hause«, bestätigte Leon. Seine Stimme war weicher als erwartet. »Hallo, übrigens. Du musst Bette sein.«

»Jap. Und du bist Leon? Ist echt … Na ja, also ich … ich

wollte eigentlich …« Bette spürte, wie ihre Worte verklebten. Sie atmete durch. »Wisst ihr, wo Ruth ist?«

»In der ASS-Bibliothek«, antwortete Jody und wackelte mit den Augenbrauen.

»Ach so. Dann werd ich …«

»Komm doch rein«, schlug Heather vor und trat zurück. »Trink einen Tee und erzähl uns, warum du so aufgebracht bist. Wir können Ruth schreiben, damit sie nach Hause kommt.«

Die Vorstellung, den Plan noch einmal auszubreiten und von noch mehr Menschen zerpflücken zu lassen, bevor sie ihn an Ruth testete, war grauenhaft. Bette taumelte rückwärts und stolperte beinahe die Treppe hinunter.

»Dann eben nicht«, meinte Heather gelassen. »Wie Jody schon sagte, sie ist in der ASS-Bibliothek und arbeitet.«

»Können wir dann heute noch mit ihr rechnen?«, fragte Jody. »Wir warten nur noch auf sie, damit wir *Die Muppets Weihnachtsgeschichte* anmachen können, also …«

»Sie … Keine Ahnung.« Bette wusste wirklich nicht, wie Ruth reagieren würde. »Aber ich muss einfach … Ich sage ihr, dass sie euch eine Nachricht schicken soll, okay? Wenn ich sie finde.«

»Viel Glück«, rief Heather ihr nach und dehnte das Wort Glück dabei auf zwei Silben aus.

Bette tippte die Arts and Social Sciences Library in ihre Navigations-App und setzte sich wieder ins Auto. Jetzt stand sie unter Druck, unter Zeitdruck. Sie wollte nicht, dass Ruth die Bibliothek verließ, bevor sie dort ankam. Sie wollte nicht, dass sie nach Hause kam und hörte, Bette hätte vor der Tür gestanden und wäre »voll komisch gewesen«. Sie musste sie finden.

***

»Wohin fahren wir?«

Sie saßen seit fast zehn Minuten im Wagen und hatten die ganze Zeit kaum ein Wort gesprochen. Ruth im zweiten Stock zu finden und zum Mitkommen zu bewegen, woraufhin sie stapelweise Papiere in ihrem Rucksack verstaut und ihren Tisch der gierigen Meute überlassen hatte, war so eine Riesenerleichterung gewesen, dass Bette beinahe vergessen hätte, dass das nur der erste Schritt war. In Bettes Fantasie fuhren sie in einträchtigem Schweigen aus Bristol raus, durch die Straßen von Clifton, wo sie früher gewohnt hatte, und waren beide gespannt auf das, was da kommen würde. Sie hatte sich vorgestellt, wie der Wind ihr durch die geöffneten Fenster über den Arm strich, der halb draußen lag. Wie sie einander über die Mittelkonsole hinweg angrinsten. Aber natürlich war es Dezember. Eine Woche vor Weihnachten. Es war eiskalt, von dem Schneefall vor einer Woche waren immer noch vereinzelte Flecken liegen geblieben. Die Fenster waren geschlossen, und sie fuhren durch das Nadelöhr in Richtung Hängebrücke. Von den Bremslichtern der anderen Autos bekam sie Kopfschmerzen.

»Bette, wohin fahren wir?«, wiederholte Ruth.

Sie konnte sie nicht einfach ignorieren, bis sie am Strand ankamen. Dann würde Ruth womöglich die Tür aufmachen und einfach gehen, also musste Bette sie irgendwie beruhigen.

»Du hast doch gesagt, du liebst Roadtrips.« Bette merkte sofort, wie blöd sich das anhörte.

»Was?«

»Vor Ewigkeiten!« Jetzt gab es auch kein Zurück mehr. »Als ich von Horrorbusfahrten erzählt habe, und du meintest, du liebst Roadtrips.«

»Ich sehe dein Navi.« Ruth beugte sich rüber. Bette wollte ihr Handy auf dem Schoß verstecken, wollte sie mit dem Strand unbedingt überraschen. Aber Ruth sah ja nicht, was ihr Ziel war, nur wie lange sie noch fahren mussten. »Sechzehn Minuten sind auch kein Roadtrip, das ist wie zur Arbeit fahren.«

»Bei einem Roadtrip geht es aber auch um die besondere Energie«, widersprach Bette, als sie sich der Brücke näherten und sie die Karte zum Bezahlen an den Scanner hielt. Die Schranke ging hoch, und sie fuhren im Schneckentempo hindurch. »Das Ziel ist nicht alles. Guck doch mal! Siehst du, wie schön Bristol ist?«

Das ließ sich kaum abstreiten, und Ruth betrachtete die Stadt von der Brücke aus, drehte sich um und sah aus dem Fenster.

»Die Brücke ist nicht schlecht, das gebe ich zu. Aber am Sonntagabend durch die Vororte von Bristol zu fahren und das Gefühl zu haben, ich sei entführt worden, ohne zu wissen, wo es hingeht, ist jetzt nicht gerade, wie ich mir den idealen Roadtrip vorstelle.« Sie klang genervt, als hätte sie es jetzt schon satt, und Bette wollte ihr gut zureden, wollte sie bei der Stange halten.

»Das wird sich gleich ändern«, sagte Bette vage. »Wir sind gleich raus aus der Vorstadt.«

Ein hoffnungsvoller Gedanke. Aber Bette sah, wie Ruth nervös die Hände im Schoß immer wieder neu faltete. Sie vibrierte förmlich auf der Beifahrerseite.

»Ich glaube …« Ruths Stimme klang gepresst. »Ich will nicht … Können wir nicht einfach anhalten und reden?«

Shit, Shit, Shit. Nein.

»Ruth, auf der Straße hier darf man nicht anhalten. Ich … bitte mach dir keine Gedanken. Wir sind bald da, du wirst schon sehen, und dann können wir reden. Ich habe … ich will dir ein paar Sachen sagen. Aber bitte nicht hier und jetzt in Ashs Auto. Und auch nicht am Straßenrand. Ich will mich ganz auf dich konzentrieren können.«

Daraufhin herrschte anhaltendes Schweigen, und Bette wünschte, sie hätte Musik angemacht. Es hätte die Spannung aus der Situation genommen, wenn jemand wie Paul Simon einen schönen, neutralen Hintergrund geliefert hätte.

»Wir fahren zum Strand«, sagte sie, als würde das ausreichen.

»Zum Strand?«, wiederholte Ruth. Bette spürte, dass der Satz eigentlich noch weiterging. Natürlich warf das Fragen auf. Was auch sonst. »Bette, es ist dunkel. Wir sind meilenweit vom nächsten Strand entfernt. Fahren wir jetzt ernsthaft den ganzen Weg zum Strand? Zu welchem überhaupt? Welcher Strand ist denn zehn Minuten entfernt?«

Bette wollte es ihr noch nicht verraten. Der Sinn der ganzen Aktion war schließlich, dass es eine Überraschung war, die Ruth umhauen sollte. Die so unerwartet und romantisch war, dass sie gar nicht anders konnte, als Ja zu sagen. Aber das hatte sie schon versaut, weil sie das mit dem Strand verraten hatte, was eigentlich die ganze Überraschung war, und inzwischen konnte man auf der Straße auch anhalten. Bette wog ihre Möglichkeiten ab. Sie näherten sich dem großen Kreisverkehr, und die Schilder ließen keinen Zweifel daran zu, wohin sie fuhren, welchen Pfeilen sie folgten.

»Portishead.«

»Was?«

Kein neugieriges, fröhliches oder interessiertes »Was?«.

»Portishead. Wir fahren zum Portishead Beach.«

»Und warum um alles in der Welt fahren wir zum Portishead Beach?«

»Darum«, erwiderte Bette sinnlos.

»Du zerrst mich also ins Auto und fährst mich an den schlimmsten Strand von England. Im Dunkeln.« Ruth klang fassungslos. »Das ist nicht mal ein richtiger Strand, Bette. Das ist eine Flussmündung. Da kann man nicht schwimmen.

Da fahren Schiffe. Und es gibt Strömungen. Und … Gezeiten. Außerdem ist Dezember. Also könnten wir sowieso nicht schwimmen, selbst wenn der Strand schön wäre. Was, wie gesagt, nicht der Fall ist.«

Bette fuhr am Ortseingangsschild von Portishead vorbei und hielt an einer roten Ampel. Sie schaute rüber zu Ruth. Anton hatte Portishead empfohlen, und urplötzlich hasste sie ihn dafür. Sechsundzwanzig Minuten waren ihr ideal vorgekommen, als er ihr das Handy hingehalten hatte. Aber sie hätte sich ein paar Fotos ansehen sollen.

»Du kennst dich ja echt aus mit Portishead Beach.« Bette versuchte, gelassen und unbeschwert zu klingen. »Wie kommt es … Wieso kennst du dich so gut aus mit Portishead Beach?«

»Hör auf Portishead zu sagen. Ich glaube es einfach nicht, dass ich einen Tisch in der Bibliothek, einen richtigen *Tisch*, aufgegeben habe, um mitten im Winter mit dir zu diesem dämlichen Nicht-Strand zu fahren.«

»Na ja, jetzt sind es ja nur noch fünf Minuten!«, verkündete Bette, als würde es irgendwas besser machen, bald den Strand zu erreichen, den Ruth offensichtlich verabscheute.

Der nächste Kreisverkehr führte sie aus der Stadt in Richtung Küste. Das Auto fuhr bergauf, immer höher, dann um eine scharfe Kurve abwärts auf mehrere leere Parkplätze zu. Außer ihnen wollte offenbar niemand seinen Winterabend am Strand von Portishead verbringen. Wenig verwunderlich: Hier gab es nichts als Schlamm, Tanker, Schneematsch und Dunkelheit. Unglaublich trostlos.

Bette stellte den Wagen in eine Parklücke in der Mitte der leeren Reihe. Sie schaltete den Motor aus.

»Na, das ist ja herrlich«, meinte Ruth. »Willst du mich jetzt ermorden? Wäre der perfekte Ort dafür.«

»Hey, ach Mist, ich wollte, dass wir die Schuhe ausziehen!« Bette riskierte einen Blick in Ruths Richtung und stellte fest, dass sie sie mit weit aufgerissenen Augen anstarrte. »Ich wollte mit dir am Strand stehen und dir sagen, dass wir nicht springen müssen. Dass ich dich daten will und wir es so langsam angehen lassen können, wie du willst. Dann wären wir ins Meer gewatet. In die Flussmündung. Egal. Das sollte richtig romantisch werden.«

In der Dunkelheit sah sie ein leuchtend gelbes Schild aufblitzen. Darauf stand *ACHTUNG, SCHLICK* in einer Schriftart, die man ernst nehmen sollte. Sie würde Anton kaltmachen. Ihn abmurksen.

Es folgte quälend langes Schweigen, und Bette wollte der Versuchung nicht nachgeben, wieder nach links zu schauen.

»Bette.«

Scheiß auf den Schlick. Sie machten das jetzt.

»Also, kommst du jetzt bitte mit zum ...«

»Bette.«

»Tut mir leid. Ehrlich, es tut mir wirklich leid. Es tut mir leid, dass ich dich aus der Bibliothek geholt habe, ohne mir was Nettes für die Fahrt zu überlegen, und dass wir nach Portishead gefahren sind, was allerdings Antons Vorschlag war, weil ich einen Strand in der Nähe wollte, aber im Nachhinein betrachtet ist es eine echt beschissene Stelle für eine romantische Geste. Das seh ich jetzt natürlich auch. Aber bitte komm einfach ...«

»Bette.«

Bette drehte sich um. Ruth hatte wieder ihren liebevoll-genervten Gesichtsausdruck aufgesetzt, genau wie damals, als sie Tessa und Scott beim Eislaufen zugesehen hatten. Jetzt war der Ausdruck ganz unzweideutig. Bette verstand gar nicht, wie ihr das die ganze Zeit hatte entgehen können. Sie spürte, wie ihr ängstliches Herz in ihrer Brust weich wurde und dahinschmolz wie Eiscreme an einem heißen Sommertag, und ihr wurde ganz warm in der Magengegend.

»Wenn du mit mir zusammen sein willst«, sagte Ruth langsam und bewusst, während sie wieder die Hände im Schoß verschränkte und löste und wieder verschränkte, »wenn du wirklich mit mir zusammen sein willst und niemandem sonst, dann brauchen wir nicht ins Wasser zu gehen.«

»Nein?« Bettes Verstand war sofort zur Stelle, ihr Herz voller Hoffnung. Sie legte sanft die Hand auf Ruths.

»Nein. Ich hatte Angst. Angst, wieder verletzt zu werden. Aber vielleicht kann ich auch einfach versuchen ... keine Angst zu haben. Oder ich kann Angst haben und trotzdem springen. Von der Klippe, meine ich. Metaphorisch«, fügte sie überflüssigerweise hinzu, obwohl Bette auch von einer buchstäblichen Klippe gesprungen wäre, wenn Ruth sie darum gebeten hätte. »Vermutlich. Ich meine, wenn du willst. Ganz ehrlich, ich kann mir kaum vorstellen, dass du so entspannt sein kannst, dass wir uns tatsächlich Zeit lassen können. Und ich will auch keine zwanglosen Dates mit dir. Ich denke einfach, vielleicht sind wir längst gesprungen. In Edinburgh. Und jetzt ... Keine Ahnung. Jetzt wird es uns erst klar. Mir geht es zumindest so.«

»Ruth, ich ...«

»Ich weiß«, erwiderte Ruth, was keine Antwort auf irgendeine der Fragen war, die Bette stellen wollte, aber irgendwie doch. Dann beugte Ruth sich vor und küsste sie. Was exakt, exquisit und endlich die Antwort war, die Bette gebraucht hatte.

Auch wenn es ganz anders war als in ihrer Vorstellung. Sie standen nicht barfuß bibbernd im knöcheltiefen Wasser, im Schein der Lichter des Yachthafens von Portishead Beach – Lichter, die es anscheinend gar nicht gab. Sie saßen in Ashs Auto, im Schein der kleinen Leuchte über ihnen. Der Wind pfiff um den Wagen, der Gurt schnitt ihr in die Hüfte, weil sie tatsächlich immer noch angeschnallt war und zurückgezogen wurde, als sie sich weiter vorbeugen wollte. Aber es war auch genauso, wie Bette es sich ausgemalt hatte. Es war Ruths Mund, heiß und feucht und geschickt. Der mit ihr spielte und sie verführte. Gab und gab. Der Bette alles gab, was sie sich wünschte. Die Lichter, die Romantik und das Kribbeln. Bette spürte, wie Ruth seufzte, die Handbremse zwischen ihnen war im Weg.

»Warte.« Bette riss die Tür auf, löste ihren Gurt und lief rüber auf Ruths Seite. Ruth war schon ausgestiegen, bevor sie ankam, und dann schmiegte sie sich an Bettes Körper, ihr Rücken an der Tür zur Rückbank, die Beifahrertür stand immer noch offen. Sie küssten sich wieder und wieder und wieder, wobei Ruths Hände immer nah an Bettes Gesicht blieben, an ihrem Kiefer, ihrer Wange, ihrer Stirn, ihrer Lippe, als müsste sie sich alle Einzelheiten einprägen. Als müsste sie sich Bettes vergewissern, während sie die Augen geschlossen hielt, obwohl sie sie die ganze Zeit an sich drückte. Bette löste sich kurz von ihren Lippen und knabberte stattdessen an ihren Fingern, nahm sie in den Mund und strich mit der Zunge dazwischen entlang.

»Wir ficken jetzt aber nicht im Auto«, raunte Ruth und keuchte an ihrer Wange.

»Einverstanden. Wir sind erwachsen. Erwachsene ficken nicht im Auto.«

»Und ob Erwachsene im Auto ficken«, widersprach Ruth, und Bette wurde ganz heiß. »Aber wir sind am schrecklichsten Strand der Welt, und das Auto hat einen furchtbaren Rücksitz. Und selbst wenn man das alles außer Acht lässt, es ist eiskalt und achtzehn Uhr, da sind wahrscheinlich Kids in dem Skatepark da drüben. Ich will ehrlich gesagt lieber nach Hause und ins Bett – meins oder deins –, als mich wegen Erregung öffentlichen Ärgernisses verhaften zu lassen.«

»Guter Grundsatz.« Bette fröstelte in ihrem Pullover und der Strumpfhose, nachdem Ruth sich ein Stück von ihr entfernt hatte. »Kein Sex an schrecklichen Stränden am Sonntagabend.«

»Können wir zu dir? Bei mir kriegen wir es mit Heather und Jody und einem Grad an Begeisterung zu tun, der vielleicht alles ruiniert.«

»Klar können wir zu mir. Ash ist nicht da. Sie ist bei Tim. Kommt heute auch nicht wieder.«

»So zuversichtlich warst du?« Ruth schmunzelte.

»Nein. Nein, war ich echt nicht. Ich war sogar ziemlich sicher, dass du Nein sagst. Aber Ash war zuversichtlich. Ich habe mir den Plan beim Mittagessen überlegt. Also wir zusammen. Na ja, besser gesagt ...« Sie plapperte schon wieder los, spürte, wie ihr Mund sich zu schnell bewegte, die Worte rauspurzelten und sich überschlugen, zu kurz aufeinanderfolgten, um klar verständlich zu sein. Doch darum konnte sie sich jetzt nicht kümmern, wo Ruth von einem Ohr zum anderen strahlte. »Tim weiß es auch. Und Carmen. Und Anton. Die finden dich alle ganz toll, ist ja klar. Sie wollten, dass ich es auf keinen Fall verkacke. Eigentlich peinlich, wie tief sie in der Sache drinstecken. Sie sind total versessen darauf, dass du *Teil der Gang* wirst. Das hat Carmen wörtlich so gesagt, und jetzt habe ich es dir erzählt. Jedenfalls habe ich mir das Auto geliehen, und Ash ... sie wusste es. Sie wusste schon länger als ich, was ich für Gefühle hatte. Was ich für Gefühle habe.«

»Ach ja?« Ruth ging wieder auf ihre Tür zu, wollte Bette jedoch anscheinend nicht loslassen und hielt sie an der Taille fest. »Was für Gefühle hast du denn?«

»Klappe.« Bette wurde rot. »Steig ein. Und fass mich nicht an, bis wir da sind. Sonst halte ich an, und wir werden doch noch verhaftet.«

EPILOG

Samstag, 31. Dezember
13 Tage mit Ruth

Die Reste des Essens standen noch in der Mitte des Tischs: ein Hähnchen, von dem das meiste Fleisch abgelöst war, ein Laib Brot, von dem sie sorgfältig eine Scheibe nach der anderen geschnitten hatten, ein paar Salatblätter in einer Schüssel. Ihre Gläser waren voller schmieriger Fingerabdrücke und den ganzen Abend immer wieder mit Sekt gefüllt worden. Im Gefrierfach wartete Eiscreme, ein Rezept mit Kardamom und Milchkaramell, das Ash den ganzen Vormittag beschäftigt hatte. Die Kerzen waren ziemlich weit runtergebrannt und warfen Schatten in den Raum.

»Halbe Stunde noch.« Ash stand auf und stapelte wahllos Teller aufeinander. »Dann hol ich mal Papier und Stifte?«

Zu Silvester trommelte Ash immer kurz vor Mitternacht alle zu einem Ritual zusammen, das sie von ihrer Cousine übernommen hatte. Einmal waren es nur sie und Bette gewesen, so beschwipst von Schaumwein und Robyn, dass sie es kaum noch hinbekamen. Beim ersten Mal waren sie noch an der Uni gewesen, bei einer riesigen Hausparty, und Bette hatte beeindruckt zugesehen, wie Ash eine Küchenrolle und ein paar Stifte zusammensuchte und alle dazu brachte, sich auf den

Boden zu setzen. Jedes Jahr, egal, mit wem sie den Abend verbrachten, landete eine Sammlung von Wünschen, Hoffnungen und Sehnsüchten für das neue Jahr auf Papierschnipseln zusammengefaltet auf einem Haufen. Es war ihr zehntes gemeinsames Silvester. Bette musste nicht mehr fragen, wofür sie Stifte und Papier brauchten.

Aber es gab jemanden, der fragen musste. Jemand, der zum ersten Mal mitspielte.

»Papier und Stifte?«, wiederholte Ruth und sah Bette amüsiert an. »Spielen wir Stadt, Land, Fluss? Sind uns schon die Gesprächsthemen ausgegangen? Oder wollen wir einfach ein bisschen kritzeln?«

»Ash erklärt es gleich.« Bette legte den Arm über Ruths Stuhllehne und gab ihr einen Kuss auf den Hals. »Sie liebt das. Sie würde mich sofort umbringen, wenn sie denken würde, ich will ihr das wegnehmen.«

Wie versprochen kam Ash mit einem Stapel Papier in Pastelltönen und einer alten Goldsaft-Dose mit Stiften zurück. »Umbringen würde ich dich nicht«, sagte sie nachdenklich und stellte alles auf den Tisch. »Aber ich würde dir das nächste Jahr zur Hölle machen. Na ja, nicht ich persönlich, dafür würde ich einen meiner Schnipsel benutzen. Dann würde das Universum das für mich erledigen.«

»Okay, jetzt versteh ich echt gar nichts mehr.« Ruth schenkte allen am Tisch nach.

»Ich hasse gute Vorsätze«, sagte Ash, als sei das eine Erklärung.

»Stimmt«, erwiderte Ruth. »Januar ist auch ein schrecklicher Zeitpunkt, um sich was vorzunehmen.«

»Siehst du, deshalb bin ich froh, dass wir dich jetzt haben.« Ash war offensichtlich sehr erfreut, und Bette platzte beinahe vor Glück. »Du verstehst das mit Sicherheit.«

»Sollen wir dabei das Dessert essen?«, schlug Tim vor.

»Auf keinen Fall. Multitasking kriegst du nicht hin, du musst dich konzentrieren. Erst das Feuerwerk, dann der Nachtisch.«

Tim hielt genervt die Hände hoch, aber seine Mundwinkel umspielte ein Grinsen.

»Okay, zuerst das Blatt in zwölf Teile reißen«, erklärte Ash und machte es mit ihrem eigenen vor. »Dann schreibst du auf jedes Stück etwas, was du dir für das nächste Jahr wünschst. Entweder was Gutes, oder was Schlechtes, was du hinter dir lassen willst. Zum Beispiel einen Steppkurs besuchen oder nicht mehr sonntags an die blöde Schulleiterin denken …«

»Sehr schöne allgemeingültige Beispiele, Ash«, warf Tim ein. Ash hielt ihm den Mund zu und fuhr fort.

»Oder einmal im Monat einer Freundin einen Brief schreiben. Etwas Konkretes oder Unkonkretes, von dem du glaubst, dass es dein Leben besser machen würde. Oder was, was du bis nächstes Jahr Weihnachten schaffen willst. Damit fangen wir an, dann erkläre ich, wie es weitergeht.«

Ruth nahm sich einen grünen Stift und prustete los.

»Serienkiller«, flüsterte sie. Bette warnte sie nicht, sie solle lieber einen anderen Stift nehmen, weil sie sonst das ganze Jahr mit einem Zettel leben müsste, der in Serienkillergrün beschrieben war. Stattdessen schob sie unter dem Tisch die Hand zwischen Ruths Oberschenkel und streichelte darüber. Ruth spannte die Muskeln an, hielt so Bettes Hand fest und sah sie strafend an. »Ash hat gesagt, wir sollen uns konzentrieren. Kein Multitasking.«

»Das galt nur für Tim«, protestierte Bette. »Ich bin total gut in Multitasking!«

»Tja, ich aber nicht. Hände weg, ich hab zu tun.«

Ash lachte herzhaft und anhaltend, dann strahlte sie Bette so aufrichtig und selig an, dass sie hätte weinen können. Der Sekt tat ein Übriges.

Jetzt aber.

Die ersten paar waren einfach – Yoga, ein Wanderurlaub mit Ruth, weil ihr das gefallen würde (leider Gottes), mehr Bücher lesen, zum Schwimmen nach Wales fahren, alle zwei Wochen ihre Nonna besuchen. Die nächsten paar waren schwerer in Worte zu fassen, die Art Wünsche, die ihr die ganze Zeit im Kopf herumspukten, ohne dass sie sie je laut aussprach. Sich um eine Geldanlage kümmern, klar, aber auch über die nächsten Schritte nachdenken. Mit Ash über die Zukunft sprechen. Es nicht mehr aufschieben und einen richtigen Plan für die nächsten paar Jahre aufstellen. Überlegen, was für eine Tante sie sein wollte. Dann war noch Platz für angenehmere Sachen: sich von Ruth Bowling beibringen lassen, mit Jody Drag-Shows besuchen, Wing Women für Heather spielen, Ash an einem Wochenende nach Hause begleiten und zu viel vom Biryani ihrer Mutter essen. Mehr ... Dinge ... mit Ruth ausprobieren. Rausfinden, welche davon ihr Ding waren.

Was für ein tolles Jahr das werden würde, dachte sie, wenn sie alles auf ihrer Liste in die Tat umsetzte. Ein richtig tolles Jahr.

»Okay, jetzt alle ganz klein zusammenfalten. So, dass ihr sie nicht mehr auseinanderhalten könnt«, erläuterte Ash.

»Habt ihr gewusst, dass man ein Blatt Papier, egal wie groß es ist ...«, setzte Tim an.

»Nur siebenmal falten kann! Krass oder?«, rief Ruth dazwischen. »Aber ich glaube, ein Mädchen in Amerika hat ein Stück Klopapier zwölfmal gefaltet? Seitdem scheint irgendwie alles möglich.«

Tim klappte die Kinnlade runter.

»Na toll«, meinte Ash. »Genau das erzählt er uns jedes Jahr an dieser Stelle. Jetzt wird es noch schlimmer.«

Aber Ruth hatte schon den entsprechenden Artikel rausgesucht und reichte ihr Handy über den Tisch an Tim weiter.

»Kann nicht sein!«

»Ja, oder?!«

»Hey, freut mich ja echt für euch zwei, aber könnt ihr auch nach Mitternacht noch Papier-Physik-Nerds sein? Wir haben nämlich nur noch eine Viertelstunde.«

»Sorry, sorry, sorry«, entschuldigte Ruth sich bei Ash. »Also, jetzt haben wir zwölf Wünsche? Zwölf Pläne? Zwölf Papierschnipsel? Was machen wir damit?«

»Wir werfen sie in eine Schale«, sagte Ash. »Einen nach dem anderen, bis jeder nur noch einen übrig hat.«

Ruth warf einen Schnipsel, und Bette tat es ihr gleich. So ging es reihum weiter, bis alle nur noch ein winziges Stück Papier in der Hand hielten.

»Die verbrennen wir um Mitternacht.« Ash deutete auf die Schale mit den Schnipseln. »Draußen auf der Straße. Dann wird das Universum sich um alles kümmern. Aber der Wunsch in deiner Hand, das ist deiner. Für den bist du selbst verantwortlich.«

»Müssen wir …«, setzte Ruth an und faltete ihren Zettel auf. »Müssen wir es vorlesen?«

»Nur wenn du willst. Das hätte ich vorher sagen sollen. Wenn du nicht willst, macht das gar nichts.«

»Ich finde, dieses Jahr lassen wir das.« Bette betrachtete das Wort »Tante«, das auf ihrem halb geöffneten Schnipsel zum Vorschein kam. Wahrscheinlich sollte sie Ruth von ihrer Familie erzählen. So, wie es zwischen ihnen lief, war das unvermeidlich. Aber nicht jetzt. Nicht heute. Sie steckte den Zettel in die Tasche.

Ruth sah sie aufmerksam an, als sei sie komplett auf Bettes Stimmung eingespielt und habe sofort bemerkt, dass sie umgeschlagen war. Sie nahm ihre Hand.

»Gehen wir die fürs Universum verbrennen.« Ruth steckte ihren Papierschnipsel ebenfalls in die Tasche. »Noch jemand Sekt?«

Auf dem Weg nach draußen brach Hektik aus: Gläser wurden aufgefüllt, Ruth zog Bette an sich und küsste sie flüchtig, Ash holte Streichhölzer und einen Kochtopf, Tim eilte zurück und schnappte sich den Deckel. Dann standen sie auf der Straße, auf der lauter Menschen auf der Suche nach dem perfekten Aussichtspunkt für das Feuerwerk waren.

»Was stand letztes Jahr auf deinem Zettel?« Ruth ergriff Bettes Hand und verschränkte die kalten Finger mit ihren.

Bette lachte.

»Das kann ich dir nicht sagen. Du würdest es eh nicht glauben.«

»Oooh, geht es um den Zettel vom letzten Jahr?« Ash war direkt hinter ihnen.

»Ja.« Ruth drehte sich um. »Moment, also weißt du es auch noch? Dann kannst du Bettes Geschichte ja bestätigen! Mit einer Zeugin glaube ich es!«

»Ich habe sogar das Beweisstück zu Hause«, meinte Bette. »Hängt über meinem Spiegel.«

»Und, was war es?«, wollte Ruth wissen. »Komm schon, hast du es geschafft?«

»Das … habe ich.« Bette drehte sich zu Ruth um, ein breites Lächeln im Gesicht.

»Aber so was von!«, rief Ash von hinten, und Tim jubelte laut.

»Wir suchen uns mal ein Plätzchen.« Tim zog Ash an ihnen vorbei, und Ash begegnete Bettes Blick. Sie machte wieder das gleiche selig-überglückliche Gesicht wie vorhin. Bette erwiderte es.

Letzte Woche schien es ihr noch zu früh, es laut auszusprechen. Sie hatten auch kaum Zeit miteinander verbringen können, bis Bette nach Devon gefahren war. Als sie am zweiten Weihnachtstag zurückgekehrt war, war Ruth bei ihren Eltern in London. Natürlich wusste sie, was Ruths Metapher mit der

Klippe bedeutete. Deswegen zogen sie einander die ganze Zeit auf. Also hatte es ihr seit zwei Wochen auf der Zunge gelegen. Aber Bette wollte es nicht im Freudentaumel darüber sagen, dass alles so gut lief, oder aus Erleichterung, weil Ruth zu ihr zurückgekommen war. Sie wollte es bei klarem Verstand, aufrichtig und voller Überzeugung sagen, sodass sie es im ganzen Körper spürte.

»Bette …« Ruths Stimme klang weich, ihre Füße standen still. »Ich …«

»Letztes Jahr stand auf meinem Zettel … Da stand …«, unterbrach sie Bette, weil sie unbedingt die Erste sein wollte. »Da stand: mich verlieben, und diese Party nächstes Jahr mit ihr an meiner Seite feiern.«

Es fühlte sich so gut an, es endlich laut zu sagen: angetrunken vom Sekt, um Mitternacht, mit dem Feuerwerk über Bristol im Rücken. Und dann sagte Ruth es auch.

DANKSAGUNG

Obwohl dieses Buch mein Debüt ist, ist es eigentlich mein zweiter Roman. Meinen ersten Absatz Belletristik schrieb ich im Oktober 2016, anschließend verbrachte ich die nächsten fünf Jahre jede freie Minute damit, an dem zu arbeiten, was sich letztlich als sehr trauriges gayes Buch entpuppte: Es spielte in der Vergangenheit, steckte voller Schuld und Sehnsucht, und alles drehte sich um einen Mord. Genau die Art Buch, die ich gern lese, aber leider – so hart das klingt – nicht schreiben kann. Deshalb gilt mein erster und tief empfundener Dank auch meiner liebsten Ella Risbridger, einer traumhaften Lektorin – die Allererste, die mir versichert hat, dass ich Literatur schreiben kann, die über meine Witze gelacht hat, meine Figuren berührend fand, mehrere Fassungen jenes ersten Romans gelesen, mich geduldig vorangetrieben und mit mir Probleme gelöst hat – und die mir zu verstehen half, dass von vorne zu beginnen kein Versagen ist. Ebenfalls vielen Dank an meine unvergleichliche Agentin Zoe Ross, die jenen ersten Roman gelesen und mir geraten hat, alles aufs Wesentliche zu reduzieren und herauszufinden, was für ein Buch ich da eigentlich hatte schreiben wollen. Wie sich herausgestellt hat: das falsche.

Dann brauchte ich noch ein Jahr, um das richtige zu schreiben. Dieses hier.

Ich hatte riesiges Glück, die letzten anderthalb Jahre mit einem traumhaften Team von Lektor*innen arbeiten zu können, die das Buch vollkommen verstanden haben, von Anfang an voller Enthusiasmus waren und wussten, was noch zu tun war: Katie Bowden (und Lola Downes) von 4th Estate, Marie Michels von Pamela Dorman und Bhavna Chauhan von Penguin Random House. Auf unseren Computern existiert ein Word-Dokument, in dessen Kommentarbereich von Caroline Calloway über die beste Chipssorte und alle Gründe, warum Tessa und Scott magisch sind, bis hin zur Mechanik und Choreografie von lesbischem Sex alles abgehandelt wird. Ich bin so dankbar, ein derart inspirierendes, cleveres und witziges Team gefunden zu haben, das so unermüdlich darauf geachtet hat, dass jedes Detail sitzt.

Außerdem danke ich: Barbara (mach's gut, fabelhafte Lady Ford, du fehlst mir) und Rút (meine Gefährtin, mein edler Škoda). Ein beträchtlicher Teil dieses Buchs wurde auf langen Fahrten in euch beiden entworfen – und oft in Sprachmemos am Straßenrand festgehalten. Mein Dank gilt ebenso MUNA, Kelly Clarkson, The Shirelles, Tegan and Sara, Robyn, Taylor Swift, The Ronettes, HAIM, The Mountain Goats, Lizzo und (vielleicht am wichtigsten) Michelle Branch für den Soundtrack, den ich nun seit zwei Jahren im Kopf habe.

Bry und Dan (RomCom-Club): Ich schulde euch – und den forensischen Analysen, die wir zu unendlich vielen RomComs angestellt haben, so viel.

Für immer und ewig zu Dank verpflichtet bin ich den Freund*innen und anderen lieben Menschen, die ganz frühe Fassungen auf Handys, Laptops oder spätabends im Büro ausgedruckten Seiten gelesen haben. Ich werde euch hier nicht alle aufzählen, weil ich mir nur Sorgen machen werde, jemanden zu vergessen, und dann würde ich nie wieder schlafen können. Aber ihr müsst wissen, dass ich an euch, ja, EUCH denke, wenn ich sage: Danke für euer Feedback und euren Rat, für eure langen Sprachnachrichten und Namensvorschläge, als es sich ganz am Anfang noch angehört hat, als wären alle Figuren 1932 geboren; danke, dass ich euch beim Mittagessen Fragen über Pflegeeinrichtungen stellen durfte; dass ihr mich darauf aufmerksam gemacht habt, wenn die Australierin in mir durchkam; dass ihr entsetzt von Brunch-Dates wart; dass ihr schwierige Fragen gestellt habt; dass ihr Screenshots von euren Lieblingszitaten gemacht habt; dass ihr um eine zensierte Version ohne sexy Badeszene gebeten habt; dass ihr mir von der Zigarette erzählt habt, die ihr nach Kapitel 23 geraucht habt; und danke, dass ihr mit mir über Bette, Ruth und Ash gesprochen habt, als seien sie wirklich unsere Freundinnen.

Außerdem danke ich allen Freund*innen und Kolleg*innen in Verlagen und Buchhandel, die so freundlich, warm und begeistert auf die Existenz dieses Buchs reagiert haben, und das vom ersten Augenblick an. Eine wahre Freude, nach Jahren des Schreibens über Essen mit einer völlig anderen Geschichte zu euch zu kommen. Ich freue mich so auf alle zukünftigen Gelegenheiten, mit euch zusammenarbeiten zu können.

Danke an meine Eltern (Mum, Dad, Cheryl, Geoff und Chris) und meine Geschwister (Luce, Anna und Tom). Danke, dass ihr so wahrlich außergewöhnlich seid, dass ihr mich so großartig liebt und unterstützt – und wirklich alles lesen wollt, das ich schreibe (sogar das Apfel-Mord-Buch – danke, Anna). Und danke noch mal, dass ihr die Kapitel 8, 15 und 23 übersprungen habt. Oder wenigstens so getan habt.

Zum Schluss möchte ich mich bei der Familie, die ich selbst gewählt habe, und die mich ebenfalls gewählt hat, bedanken: Ella, Tash, Rich, Andy, Rocket und Sydney. Danke für die Janes, die Auktionsdiagramme, feierliches Dumpling- und Ofenkartoffel-Essen; danke für die Tage, die wir auf unterschiedlichen Sofas (und manchmal im Freien) verbracht haben. Danke für alles, aber ganz besonders für den ganzen Spaß und dafür, dass ihr mein Leben so mit Liebe und Freude erfüllt, dass ich dieses Buch schreiben konnte. Ohne euch hätte ich das alles weder geschafft noch erlebt. Ich kann mein Glück immer noch kaum fassen.